The Socrates
EXPRESS

蘇格拉底
哲學特快車

In Search of Life Lessons
from
Dead Philosophers

艾瑞克.魏納 Eric Weiner —— 著
陳芙陽 —— 譯

獻給莎倫

「遲早有一天，
生活會讓所有人都成為哲學家。」

——莫里斯・瑞斯令（Maurice Riseling）

目錄

前言 出發

我們飢餓，我們時常一再又一再地吃東西，卻還是感到飢餓。有時候，我們只隱約感受到飢餓的存在；而其他時候，當世界顛覆、恐懼不受拘束地出沒時，飢餓膨脹，並威嚇著要吞沒我們。

我們拿起智慧型手機，手指一滑就可以接觸到人類的一切智慧：從古埃及到量子物理學。我們狼吞虎嚥，卻還是覺得飢餓。

這種無法饜足的飢餓是什麼？那就是，我們以為自己想要的東西，其實並不是我們想要的。我們以為自己想要資訊和知識，但並不是如此，我們想要的，其實是「智慧」。這兩者有所區別：「資訊」是一團糾結的事實，「知識」則是較有條理的糾結；而智慧解開事實，讓它們有道理，而最重要的是，提出運用它們的最佳方法。如英國音樂家邁爾斯・金頓（Miles Kington）所說：「你知道番茄是水果，這是知識；但你不將它放入水果沙拉中，則是智慧。」知識是「知道」，智慧則是「理解」。

知識和智慧是不同種類的東西，兩者的差異不在於程度上的多寡。較高深的知識未必會轉變成較高深的智慧，甚至還可能反倒讓我們較無智慧。我們有可能知道太多，也可能誤解。

知識是一種持有，而智慧是一種行為。智慧是一種本領，就像其他本領一樣，是可以學習的東西，只是需要努力。若你期待靠運氣就能獲得智慧，就像期待靠運氣也能學會拉小提琴一樣。

然而，智慧在本質上就是我們的行為。我們在人生道路蹣跚而行，希望能在各處拾取零碎的智慧。與此同時，我們也困惑，把急迫之事誤以為是要事，把冗長廢言誤認為是深思熟慮，甚至以為流行的就是好的。如同一位當代哲學家所指稱的，我們這是「錯活」（misliving）。

◊

我也飢餓，比大多數的人都更飢餓。我想，原因是因為自有記憶以來，我就一直被我的恆久憂鬱所籠罩。多年來，我試過各種滿足飢餓的方法：宗教、心理治療、心靈自助書籍、旅行，及有一次嘗試險些致命的迷幻蘑菇。每一次都紓解了飢渴，卻始終無法完整又持續地滿足我。

後來，一個星期六上午，我冒險進入冥府——我的地下室，用來存放那些被認為不適合客廳的書籍。而在《通行身體的氣體》（*The Gas We Pass*，暫譯）、《笨蛋也做得到的個人理財》（*Personal Finance For Dummies*，暫譯）等書目當中，我發現美國哲學家威爾．杜蘭（Will Durant）在一九二六年的著作《哲學的故事》（*The Story of Philosophy*）。這真是一本厚重的書，我翻開封面，惹起一片塵埃，我拭去灰塵，開始閱讀。

杜蘭的文字沒有讓我得到振聾發聵的啟示，也沒有如「前往大馬士革路[1]」那樣的重要時刻，卻不知怎地讓我一直讀下去。與其說是因為沉醉於書中的觀念，不如說是字裡行間所呈現出的熱情。杜蘭無疑是墜入情網的人，只是對象是誰？抑或是什麼事物？

「哲學家」是從希臘文「philosophos」而來，意指「熱愛智慧的人」。正如美國獨立宣言沒有提及「取得快樂」，哲學家的定義也沒有提到「擁有智慧」。你可以熱愛自己並未擁有、甚至永遠不會持有的事物，重要的是尋求的過程。

◊

寫下這些文字時，我搭著火車，可能來到了北卡羅萊納州，也可能是南卡羅萊納州，我並不

1 出自聖經「保羅歸信」的故事。原本掃蕩基督徒最力的保羅，在往大馬士革的路上被擊倒時，聽見耶穌的聲音，後來便決定改信基督教。

確定。在火車上，很容易就迷失方位，甚至迷失於時間之中。

我喜歡火車，更精確來說是「我喜歡搭火車」。我不是鐵道迷，不是那種光看到SD45柴電火車頭，就激動到口吐白沫的火車狂。我完全不在乎噸數或軌距，我喜愛的是經驗：唯有藉由搭乘火車旅行，才能提供的那一種舒適和遼闊的絕妙體驗。

火車內部讓人覺得身處於羊膜之中，暖洋洋的溫度及溫暖的光線中，火車引領我到達更為快樂的前意識狀態；那是用不著理會報稅單、大學教育存款、牙醫保險和車流，以及娛樂圈寵兒卡戴珊家族等俗世時刻的狀態。

我的岳母現今飽受末期帕金森氏症之苦。這是一種殘酷的疾病，會奪去她的能力和記憶。她已經忘記許多事，卻仍保留兒時在紐約州北部，從奧本尼搭乘火車到康寧、羅徹斯特，再回到奧本尼的鮮明回憶。這些景色、聲音和味道湧現，彷彿昨日才經歷。火車與我們同在，的確有其獨到之處。

哲學和火車相當匹配。我可以在火車上思考，在巴士上卻完全不能。我猜想，這是因為感覺或聯想不同：巴士讓我想到小時候去學校、營隊等我不想去的地方；火車卻能帶我到想去的地方，亦帶我踏上思想的旅程。

只是，哲學和火車都帶有某種霉味，原本是生活中不可或缺的一部分，後來卻淪為不合時宜的古趣。現在，很少人搭火車，能免則免；而也沒有人研讀哲學，只要父母來得及勸阻。讀哲學就像搭火車一樣，是人們少不更事時的作為。

我訂閱了《現今哲學》雜誌，它像色情刊物裝在牛皮紙袋，隔月寄一次。最新一期的主題是「這世界是假象嗎？」，另一個提問則是「真實和真理一樣嗎？」。我將標題唸給妻子聽，她大翻白眼。和許多人一樣，對她來說，這樣的文章，正是哲學大有問題的證據——總是問那些荒謬、不可知的問題。「哲學」和「實際」根本只有在字典裡才會是鄰居[2]。

科技誘使我們相信哲學不再重要，有了演算法，誰還需要亞里斯多德？數位科技如此擅長回答生活的小問題——哪裡可以找到波夕市最好吃的墨西哥捲餅？上班的最快速路線怎麼走？——於是，我們認定它也善於回答大哉問。然而，事實並非如此。Siri 或許很會找好吃的墨西哥捲餅店，但當你問「怎樣吃最好」時，她可就一無所知了。

或是說到火車旅行，科技及它的老大——科學，可以告訴你火車的速率、重量和質量，以及火車上的網路為何會一直卡住。但是，科學卻無法告訴你，是否應該搭火車參加高中同學會，或是去探望一直讓你很不快、但現在病重的卡爾叔叔。科學沒辦法告訴你，若你對那踢你椅背、拚

---

2 以字母順序排列的英文字典中，p 開頭的「哲學」（philosophy）和「實際」（practical）位置相鄰。

命尖叫的小孩施加肉體傷害，道德上是否能被接受。科學無法告訴你，窗外的景色是美麗還是千篇一律。雖然哲學也沒有明確的辦法回答上述提問，但卻可以協助你透過不同的鏡頭觀賞，而其中自有重大意義。

在我家附近的地方書店，我注意到有兩個分類：「哲學」和相鄰的「自我轉化」。如果古代的雅典有書店，這兩個分類會屬於同一區。哲學就是自我轉化，哲學是實用的，哲學是療法，是靈魂的藥物。

哲學是一種治療，卻不是像熱石按摩那樣的治療方式。哲學不像水療，也不像健身，它並不舒適，並不宜人，且並不緩和。

◇

法國哲學家莫里斯．梅洛龐蒂（Maurice Merleau-Ponty）稱哲學是一種「激進反思」（radical reflection），而我喜歡他為哲學注入應有的危險銳利感。哲學家一度捕捉了這世界的想像力，他們是英雄，願意為哲學而死，蘇格拉底等哲學家的確是如此。然而，現在所謂的哲學英勇事蹟，卻是漫長且艱苦地爭取學院教授的終身職。

目前，大部分學校教的不是「哲學」，而是「關於哲學」；學校並不教學生如何進行哲理思考。哲學和其他科目不一樣，它不是知識本體，而是思考方式；是一種存在於世界的方式，不是「何物」（what）或「為何」（why），而是「如何」（how）。

現今，「如何」這個詞並未受到太多尊重。在文學界中，教人「如何做」的指引書籍地位很尷尬，有如事業成功但舉止粗野的親戚。認真的作家不寫指引書，認真的讀者也不看（至少不會承認他們有讀）。但是，我們多數人都不會徹夜思索「真實的本質是何物」或「為何是有物而非無物」，卻會思索「如何」的問題——如何生活？——這問題緊抓著我們不放。

哲學具有開放性，和科學不同。它不只描述世界現有的樣貌，還加上可能的樣貌，讓我們得以放眼可能性。美國作家丹尼爾．克萊因（Daniel Klein）對於古希臘哲學家伊比鳩魯（Epicurus）的描述，適用於所有好的哲學家：別把他們當成哲學來閱讀，而是當成「讓人滿足愉快的詩集」來閱讀。

近幾年來，我蠶居在火車靠窗的位子，以思考的進度，慢慢吸收這樣的詩集。只要地點許可、時間許可，我就會搭上火車，前往歷史上最偉大思想家進行思考的地方。我勇敢面對懷俄明州的斯多噶（Stoic）哲學營，以及德里的印度鐵路官僚，也搭乘紐約市 F 線地鐵，比任何人搭得都更頻繁。這些旅程是我的歇息，給予了我最棒的暫停。在哲學行動之間，我得到了伸展雙腳和心靈的機會。

若你搜尋「哲學家」這個詞，會找到數以百計、或是數以千計的人名。在本書我選擇了其中十四位，這是怎麼決定的？答案是「精挑細選」。儘管方向不同，但他們全是睿智人士，擁有不同方面的智慧。他們橫越浩瀚的時間長河——蘇格拉底在西元前五世紀，而西蒙．波娃生在二十世紀；同時，我也橫跨空間，從希臘到中國，從德國到印度。這十四人都已逝去，但優秀的哲學家不死，他們永遠活在他人的心靈。智慧可以隨身攜帶，它超越空間和時間，永不過時。

◊

儘管我的名單上有許多為歐洲哲學家，但也不全然是，因為西方並未壟斷智慧。這些哲學家有的非常多產，像是尼采；有些人，如蘇格拉底、愛比克泰德，卻沒有留下任何文字（幸好他們的學生為他們寫下）。有些人生前就獲得盛名，有些則沒沒無聞地死去。有些人被認定是哲學家，卻也有些人如甘地一樣，可能不被認為是哲學家（但他確實是）。然而，也有些名字，像日本女官清少納言，這可能是你首次聽聞她的名字。這都沒有關係，說到底，我的選擇標準是這些思想家是否熱愛智慧，而這樣的熱愛是否具有感染力。

一般而言，我們認為哲學家是不具形體的心靈，然而，這些人並不是如此。他們是有血有肉的活躍存在，會長途跋涉，也會騎馬；會打仗、喝酒及做愛。不論男女，他們全是實際的哲學家。他們感興趣的，不是人生的意義，而是過著有意義的人生。

他們並不完美，各有缺點過失。例如，蘇格拉底會恍神，有時甚至持續數小時；盧梭曾公然暴露他的臀部，而且還不只一次；叔本華會和他的貴賓犬說話（可別讓我說起尼采），就接受這樣的他們吧。智慧不在表面，應該也不太會穿布克兄弟的高級西服，只是誰知道呢。

我們一直都需要智慧，但在人生不同階段需要不同的智慧。對十五歲來說很重要的「如何做」提問，在三十五歲或七十五歲卻已不是重要的問題。哲學對於各個階段，都有其要傳達的重要事物。

我已體認到，這些人生階段稍縱即逝。許多人嗡嗡嗡過日子，心中塞滿瑣碎蠢事，彷彿擁有全世界的時間，但事實上他們沒有，而我也沒有。我總愛說自己是個中年人，但我那堪稱數學小天才的青春期女兒，最近卻指出，除非我可以活到一百一十歲，否則嚴格說來，我並不算是個中年人。

因此，儘管寫下這些文字時，我搭著慢調子的火車，卻有種迫切感讓我奮筆疾書，那是一種「不想還沒好好活過就死去」的迫切感。對我而言，人生不是個問題，至少現在還不算是，但我卻感受到時間架在我脖子上的灼熱氣息，而且逐日增強。我想要——不，是我需要——及早知道何者重要，何者不重要。

「遲早有一天，生活會讓所有人都成為哲學家。」法國思想家莫里斯．瑞斯令如是說。幾年前，當我第一次看到這句話的當下，這個世界是個更快樂的地方，因為大規模流行的疫情，只存在於史書及好萊塢劇本裡。然而，即使在當時，瑞斯令的說法仍讓我感動，因為我始終懷疑自己錯活了人生。

我像是帶著異樣的預知感，衝動地想著：何必等待呢？為何要等到人生成了我的問題時呢？為何不在當下，趁我們還有時間，就讓人生使我成為一位哲學家？

第一部

黎明

DAWN

① 如何像馬可・奧理略一樣起床

Marcus Aurelius

清晨七點〇七分，北達科塔州某處，我搭乘著從芝加哥開往波特蘭的美國國鐵帝國建設者號列車。

透過艙房車窗，晨光斜照進來，我雖然很想說它輕輕喚醒了我，但實際上，我並未入睡。我的頭像剛被滾筒烘乾似的，隱約的抽痛從太陽穴擴散到身體各部位。我的腦袋裡裝著一團濃厚有毒的雲霧，而我是一副靜止中的身體，而不是休息過的身體。

說到睡覺，有兩種人。第一種視睡眠為人生中的煩人干擾，第二種則視睡眠為人生中真正的快樂。而我屬於後者，我沒有太多生活鐵則，但其中一點是，絕不打亂睡眠。但美鐵[3]卻打亂我的睡眠，讓我不太開心。

如大部分的關係一樣，火車旅行和睡眠之間的關係複雜。對，晃動的火車行進讓我昏昏欲睡，但不久後，側傾、急顛、高低起伏（就像海浪）等動能運作使我驚醒，就這樣重複了一整晚。

太陽以教官式的和藹從床上喚起我。我們的黑暗邪念，並不在夜晚時分縈繞心頭，而是在清晨入侵。醒來的當下，是我們最為脆弱的時候，因為此刻，我們會再度憶起我們是怎樣的人，又是如何變成這樣。

我翻身，拉起美鐵的淡藍色毯子蓋住身體。當然，我可以起床——真的可以——但我何必呢？

◊

「大家早！」

我迷迷糊糊打盹，卻被驚醒了。不是因為火車側傾或起伏不定，而是因為聲音，一句朝氣十足的清脆問候。

是誰？

3 美國國家鐵路客運公司，創立於一九七一年，英文名稱「Amtrak」是由「美國」（America）及「鐵軌」（track）組成。

「我是餐車服務員奧利弗小姐，餐車已經開放，現在開始供餐。不過，如果想要奧利弗小姐為您服務，請務必穿上鞋子及上衣，並帶上友善的態度！」

老天，現在沒辦法再睡了。我伸手到背包裡找書，同時小心翼翼不弄亂毯子。找到了，是《沉思錄》（*Meditations*），薄薄一本，不到一百五十頁，而且頁面的邊界很大。書衣是一位騎在馬上的男子浮雕像，他肌肉強勁、留著落腮鬍，眼神帶著無需證明的沉靜力量。

羅馬皇帝馬可．奧理略（Marcus Aurelius），駕馭近五十萬雄兵，統轄的帝國人口占世界五分之一，領土從英國橫越至埃及，從大西洋沿岸來到底格里斯河畔。但是，馬可（我們直呼其名為原則）並不是習慣早起的人。他喜歡賴床，大部分的工作到下午才做，而且是在午睡過後。這樣的日常行事，讓他在羅馬同胞中顯得相當特立獨行。大部分的羅馬人在黎明前起床，街道上更有睡眼惺忪的孩子，在破曉前的黑暗中步行上學。幸好馬可擁有菁英背景，得以在家接受教育並賴床晚起，而他終其一生也確實都這麼做。

我和馬可似乎沒有什麼共同點，我們相隔近兩千年，更別提還有不容忽視的權力差異。馬可掌控的帝國區域，約略相當於半個美國本土，我掌控的區域，則大約只有我書桌大小的範圍，而說實話，就連這樣也是經營維艱。我總是遇到各種妨礙的叛亂，像是造反的名片、雜誌訂閱到期通知、貓毛、放了三天的鮪魚三明治、貓咪、佛教飾品、咖啡杯、過期的《現今哲學》、狗兒、稅務表單，然後又是貓咪，以及出現原因不明的沙子（最近的一處海邊，明明就離我家兩百四十公里遠）。

但是，當我閱讀馬可的書時，這些差異就跟著化解。我和馬可，我們是兄弟。他經營帝國，和他的黑暗邪念角力；而我餵食貓咪，和我的黑暗邪念角力。我們有一個共同的敵人，那就是「早晨」。

早晨能為你的一天定調。若早晨的情況不佳，接下來一整天都不會好。雖然並非總是如此，但大多是這樣。在冰冷、灰濛濛的星期一早晨，當你躲在被窩裡，地位和特權也顯得無足輕重。在人生其他方面，看似大有幫助的財富，也顯得毫無用處。真要說有的話，那就是富裕勾結羽絨被，讓人以躺平的姿勢被拘留。

早晨激發我們強烈的矛盾情緒。一方面，早晨的空氣中有希望的味道，每個黎明都是重生時刻。第四十任美國總統雷根（Ronald Reagan）的選舉口號，並不是「午後美國」，讓他躍入白宮的承諾，正是「讓美國迎來拂曉」。同樣地，偉大的想法不是踏著暮色而來，而是如破曉般啟迪我們。

不過，對有些人來說，早晨醞釀的是絕望的氣味。如果你不熱愛人生，很可能就不愛早晨。對於不快樂的人生來說，早晨就像電影《醉後大丈夫》（*The Hangover*）第三集的開場場景，有一種山雨欲來的感覺。

早晨是轉換、過渡的時刻，而轉換向來不容易。我們從睡眠到清醒，轉換到不同的意識狀態。以地理術語來說，早晨是意識的邊境城鎮、心靈的提華納市[4]，讓人迷失方向，並帶來隱約的危險跡象。

以各個哲學家來說，他們對於早晨的理解也有所分歧，和其他事物一樣。尼采（Nietzsche）破曉即起，以冷水洗臉，喝一杯熱牛奶後就去工作，直到上午十一點。而伊曼努爾・康德（Immanuel Kant）讓尼采看起來像是個懶惰鬼，他在清晨五點鐘，當柯尼斯堡的天空仍是一片漆黑時就起床，喝一杯淡茶，抽根菸斗（永遠只抽一根）就去工作。而西蒙・波娃（Simone de Beauvoir），且讓我們祝福她，則睡到上午十點，然後流連於她的義式濃縮。唉，馬可倒是沒有這種奢侈享受，因為在他誕生的一千兩百年後，咖啡才發明。

◇

關於「自殺」，法國存在主義學者阿爾貝・卡繆（Albert Camus）這麼說：「自殺是唯一真正嚴肅的哲學議題。」人生值得活下去嗎？除了這個，其餘全是形而上的廢話。簡單地說，沒有哲學家，就沒有哲學。

卡繆的主張合乎邏輯，但就我看來，卻不完備。等全力思索過他的自殺議題後，你會得到一個結論：「是的，人生值得活下去」（暫且值得——存在主義的結論，總是視情況而定）。但是，你又得面臨另一個讓人更心煩的問題：「我是否應該起床？」。我相信，這個問題是唯一真正嚴肅的哲學議題。如果哲學不能將我們拉離被窩，它有何用處？

就像所有的大哉問一樣，這個起床大哉問，其實是許多問題偽裝成同一個問題。現在，讓我們來蓋好被子，好好檢視這問題。就某種程度來說，我們問的是「我能起床嗎？」，除非有殘疾，不然答案一定是肯定的，「你能夠起床」。但是，我們也同時提問，「起床有好處嗎？」，最重要的是「你應該起床嗎？」。問題這時開始變得棘手了。

類似這樣的問題，是蘇格蘭哲學家大衛 休謨（David Hume）經常思考的，只是很少在床上思索。他把所有疑問分成兩部分：「實然」和「應然」。「實然」的部分屬於觀察，也就是我們不帶任何偏見地察知起床的實際好處，例如，可以增進血液流量、賺取潛在收入等。

「應然」的部分包含道德判斷。講的不是起床的好處，而是我們為何應該這麼做。道德上的「應然」，絕對不會直接從事實上的「實然」推出結果（這也是為何實然和應然的問題，也被

4 Tijuana，與美國接壤的墨西哥城市。

稱作「休謨的斷頭臺」（Hume's Guillotine），因為他區隔了「應然」及「實然」，主張兩者之間有一道鴻溝）。盜用雇主的錢財，實然很可能導致負面結果，所以應然不該盜用？

休謨指出未必如此。人們無法從事實陳述，移向道德陳述。起床或許有益健康，而且可以賺錢，但這並不表示就「應然」這麼做。或許，我們不想增進血液流量及賺取潛在收入；或許，我們就喜歡這樣，安於窩在棉被裡。我想，正是這討人厭的「應然」，解釋了我們的困境。我們覺得應該要起床，要是不這麼做，那必定是有什麼毛病。

起床，或不起床？在溫暖舒適的被窩裡，讓我們以蘇格拉底對話法，或有線新聞節目的氣勢，讓相互矛盾的衝動一決高下。賴床陣營提出了充分理由：床上溫暖安全，雖然不像待在子宮裡，但也相去不遠。人生很美好，而正如亞里斯多德這樣的哲學家所說，「美好人生才是最重要的」。相反地，外頭好冷，壞事不斷發生，像是戰爭、疫情，還有輕音樂。

這時，賴床陣營看似成功灌籃並得分，但哲學中從來不會有清晰明確的事，總是有個「然而」。整個哲學體系、認知的上層架構，以及思想的高聳龐大建築，一直都是建立在「然而」這個詞語上。

然而，外頭的人生在招手示意。我們在這個星球上，只有寶貴的少許時間，真的想平躺度過嗎？不，不想。在我們疲憊血管中脈動的人生動力，當然強大到足以從床上擰起一個稍稍過重、但還不算肥胖的中年男子吧，對吧？

只要有棉被，而人們得以在底下躲藏，這般對話便會持續在被窩裡以某種形式發生。從羅馬時代以來，人類已有顯著的進步，但起床大哉問基本上卻沒什麼改變。不管是總統還是農夫、名人廚師還是星巴克咖啡師、羅馬皇帝還是神經質作家，我們全都臣服於相同的慣性定律，無人能免疫。我們全是靜止中的身體，等待外在力量對我們產生作用。

◊

我閉上眼睛，腦海中的馬可變得具象，就和擺放在我床邊一整天的保麗龍咖啡杯一樣真實。我可以想像，在多瑙河支流的格蘭河岸邊，他蟄居在占羅馬兵營的私人軍帳裡。我可以想像溼冷的天氣中，他感到情緒低落。戰事狀況不佳，日耳曼部族伏擊了羅馬補給線，馬可軍隊因此士氣低迷。但能怪他們嗎？超過五萬名羅馬士兵戰死在沙場上。

馬可無疑想念著羅馬，尤其是他的妻子福絲蒂娜。儘管她並非忠貞不渝，卻惹人憐愛。過去十年的生活不輕鬆，不只有這些惱人的日耳曼部族侵擾，還有詭計多端的卡西烏斯造反未遂。然而，還有孩子的問題，福絲蒂娜至少生了十三名子女，但有一半以上早夭。

馬可是難得一見的人物，他是一名哲學家皇帝。是什麼促使全世界最有權力的人研讀哲學？

身為皇帝，他可以隨心所欲行事。他為何要從繁忙的行程中抽取時間研讀古典作品，思索人生難以預料的事？

從馬可的早年經歷中，我們可以得到一些線索，他擁有非常珍貴的兒時時光——快樂的童年。他非常愛讀書，與其看馬戲團的表演，他寧可看書。這樣的傾向，使得他成為羅馬孩童中的明顯少數。

後來，因為醉心希臘式生活，他就睡在堅硬的地上，地面只鋪著磨損的哲學家外穿長袍。直到他的母親斥責，堅持要他放棄這種「胡鬧行為」，他才睡回舒適的床榻上。

羅馬人看待希臘哲學家的方式，就如我們大多數人對歌劇的看法一樣：美好，卻敬而遠之。我們真的應該更常接觸哲學，儘管它真是該死地難以理解，而且誰有那個美國時間呢？羅馬人喜愛「哲學」這個想法，勝於真正的哲學。這使得身為真正哲學家的馬可極為可疑，即使貴為皇帝，人們仍對他暗中竊笑。

馬可是意外成為皇帝的，他自己從未想要這個職位。是前任皇帝哈德良展開一連串動作，讓馬可在西元一六一年，以四十歲的年紀登基繼位。

馬可享受了六個月的蜜月期，然後嚴重洪水、瘟疫來襲，還有外族入侵。除了這些戰爭之外，馬可的雙手相對之下甚少染血，這是絕對權力未必絕對腐化的鮮明證據。對逃兵和違法人士，馬可總是做出寬大的判決；當國家面臨重大財政危機，他沒有增稅，而是拍賣長袍、高腳杯、雕像和畫作等帝國物品。還有一個特別令我感動的法案：他頒布命令規定，今後所有的走鋼索表演，下方必須鋪設海綿厚墊。當時，表演走鋼索的人通常是少年。

在戰爭上，馬可也展現了莫大的勇氣，但如同傳記作家法蘭克・麥克林（Frank McLynn）所言，他最英勇的事蹟卻是「不斷努力抑制自己天生的悲觀主義」。我可以理解，負面力量總是密謀要將我拉入其陣營，而我一直努力對抗它。對我們這種想要成為樂觀主義者的人來說，半滿的玻璃杯比完全沒有玻璃杯來得好，也比一個碎成上百片、刺穿了主動脈的玻璃杯要好，這純粹都是角度的問題。

馬可有睡眠問題，又苦於不明的胸痛與胃痛。他的醫師名叫蓋倫，傲慢但醫術高明，開了幫助睡眠的糖漿（可能加了鴉片）給他。

和我一樣，馬可也渴望成為早起的人。只是，真正的早起鳥兒，以及渴望成為早起鳥兒的鳥兒，就是存在著一道鴻溝。現在的我，躺在這裡，感受著火車的微微晃動及讓身體溫暖的美鐵毯子，這道鴻溝讓人覺得無法跨越。

你可能會認為，這事情再簡單不過：伸出一隻腳踏上地板，再踏上另一隻，挺起身子成直立姿勢。然而，我卻做不到直立姿勢，甚至連斜倚都不能。我到底怎麼了？馬可，幫幫我。

不同於我所讀過的那些書，馬可所著的《沉思錄》根本不算是真正的書，而是規勸，是一本提醒和鼓舞士氣的談話選集，像是羅馬版的冰箱便條貼。馬可．奧理略最恐懼的不是死亡，而是遺忘，他不斷提醒自己要過充實的生活。然而，這些只是供馬可自己所用的冰箱便條貼，他並無意出版。與其說我正在閱讀馬可，不如說我正偷聽他講話。

我喜歡我讀到的這些文字，我喜歡馬可的誠實，喜歡他在頁面上毫無掩飾，暴露他的恐懼和脆弱。在這裡，全世界最有權有勢的男人坦承他失眠、恐慌發作，以及他充其量只是個敷衍了事的情人（他形容性交行為是「留下他的精子及後代子孫」）。馬可從未忽略斯多噶學派的準則，即「所有哲學源自於察覺自身的弱點」。

馬可並未打造宏偉的哲學體系，供後代認真的研究生嚴格批評。這是治療的哲學，馬可同時扮演治療師及病人的角色。《沉思錄》如同譯者格高里．海斯（Gregory Hays）的評論：「就其原義來說，是一本心理自助書。」

馬可屢次勉勵自己別再思考，直接採取行動；或是別再描述好人，直接成為好人。哲學和談論哲學之間的差異，就像喝酒和論酒之間的差別。抿一口黑皮諾葡萄酒，比多年縝密的酒類研究，更能讓你瞭解年分酒。

馬可的想法並未直接具體化，沒有哲學家如此。他是斯多噶學派，但並未僅限於此。他同時也吸收其他來源：赫拉克利特（Heraclitus）、蘇格拉底（Socrates）、柏拉圖（Plato）、犬儒學派（The Cynics）和伊比鳩魯學派（The Epicureans）。馬可如同所有偉大哲學家，他是智慧的清道夫。他知道重要的是觀念本身的價值，而不是來源。

閱讀《沉思錄》，等於實際見證了哲學行為。馬可未經刪剪，直播出他的想法。我見識到如同法國古典學家皮耶．華篤（Pierre Hadot）所說：「一個人訓練自己成為人類的過程」。

《沉思錄》有幾個條目以「當你難以起床……」這句話來開啟，看到後來，我突然想到，這本書大部分的內容簡直可說是「起床大哉問」的祕密論文。不只是如何起床，還有「何必呢？」，卡繆的自殺議題包裹在輕柔的羽絨被裡，馬可在相反論點間拉鋸，和自己辯論。

「如果我打算做我生來就要做的事——我的使命，那還有什麼好抱怨的？」

「我被創造出來就是為了這件事嗎？蜷縮在毛毯底下取暖？」

「但這樣很舒服……」

「所以你是生來要感覺『舒服』？而不是做事，感受其中經驗？」

他來回對話，彷彿被窩裡的哈姆雷特。他知道有偉大的事可做，有偉大的思想可想。

只要他能夠起床。

◊

「各位旅客，早安安。躲貓貓，瞧見你了。餐車仍然開放中，還在提供服務哦！」奧利弗小姐回來了，興高采烈的語氣，顯得更加甜得發膩。

沒錯，我現在正認真考慮要起床，隨時都有可能。我檢視我的保麗龍咖啡杯，注意到印在杯子上的美鐵智慧語錄：「改變你看待世界的方式」，而另一頭則是「感受更美好世界的滋味」。我承認，這些語錄不算真的博學，我卻在其中找到孩童般的天真可愛。

我十三歲的女兒桑雅，就和我一樣喜歡睡覺。「我自認屬於懶惰人類。」她某天這麼宣告。平日上午要拉她起床，需要動用諾曼地登陸以來就再也沒見過的軍隊資源。然而，在週末及下雪的日子，她卻用不著協助便恢復生機。當我問說怎會有如此差異，她很哲學地回答：「讓人起床的是活動，而不是鬧鐘。」

她說得沒錯。當我奮力掙扎起床，我的敵人不是床，也不是外在世界，而是我的預測。躺在棉被下，我想像出一個決意要放倒我的敵對世界，就像馬可一樣。的確，他的世界充滿好戰的蠻族、瘟疫及內廷叛亂。只是，障礙是相對的。一個人的凌亂書桌，對另一個人來說是惡徒入侵。

或許最大的障礙是他人。法國哲學家尚—保羅．沙特（Jean-Paul Sartre）有句名言：「他人即地獄」。馬可雖然不像他那樣極端，卻也相去不遠。「一早醒來，告訴自己：今天要應對的人會是好管閒事、忘恩負義、自大傲慢、好妒及脾氣暴躁的。」從馬可的時代以來，這世界並沒有太大的變化。

馬可建議，你可以藉由剝奪權利來應付難纏人士，廢除他們在你人生中的執照。他人無法傷害你，因為「發生在他內心中的事，完全傷不了你」。既然就定義來說，這個想法是全然發生在他人的內心，而不是我的心中，那我何必在乎別人的想法呢？

我老是懷疑，我難以起床的問題核心，是源自於潛在的自我厭惡，這是我無法完全承認的一件事。馬可比我勇敢，他承認了。他說：「你不夠愛自己。」而好像要開始自我疼惜的時候，過了一、兩頁，他又會再度發動攻擊。「別再這樣可憐地哀號，過著猴子人生……你今天原本可以行善，卻還是選擇了明天。」他將自己最尖銳帶刺的話語，全留給他察覺到的自私。「如同現在，當我懶散地躺在床上時，我只想到我自己。」追根究底，賴床不起成了一種自私行為。

這種領悟讓馬可開始行動，他有責任要起床。是「責任」而不是「義務」，這兩者有所不同。責任來自內在，而義務來自外在。當我們依責任感而行，就會非常自動自發地行事，來提升自己及他人；而當我們依義務而行，行事是為了掩護自己，只是為了讓自己不受惡果影響。

馬可清楚這種差別，但一如既往地需要提醒自己這件事。「黎明時，當你難以起床，告訴自己：『我必須去工作——從事身為人類的工作』。」不是身為斯多噶主義者，不是身為皇帝，甚至不是身為羅馬人，而是身為人類。

◊

「踢躂，踢躂，奧利弗小姐來了。餐車仍舊開放中，我剛才是不是說過這件事了？期待見到你們所有人！踢躂。」就是現在，我要起床了。我掀開身上美鐵的毛毯，而它毫不抵抗。我挺直身子，一邊心想：這些哀怨又無情的自我檢討，到底是怎麼回事呢？但這些都無關緊要了。這對抗重力的舉動，獲得了雖然小、卻有決定性的勝利。我正打算好好慶祝時，一個傾斜——也可能是急顛，我不確定——讓我一時站不穩腳步，又跌回床上。

這就是「起床大哉問」非常惱人的地方——回答一次並不足夠，這就好像上健身房，或是教養子女般，需要重複且頻繁的努力不懈。

「各位先生女士，踢躂，踢躂，奧利弗小姐又來了！」我緊緊蓋好被子，再睡五分鐘，我對我自己說，只要再五分鐘就好。

② 如何像蘇格拉底一樣求知

Socrates

上午十點四十七分，我搭乘著從希臘的奇亞頓開往雅典的一三一一班次列車。

「思想列車」這個措辭脫口而出，這雖是老生常談，卻是很好的說法。我們每一個想法就像運貨火車的車廂，和隔壁車廂相連，它們互相倚賴彼此的前衝力。每一個想法，不管是關於冰淇淋聖代還是核融合，都受到先前思想推動，並被接下來的思想拉住。

不只是思想，火車上的情感旅程也一樣。我定期發作的憂鬱症彷彿是無中生有，但在停下腳步，調查發作的源頭時，我發現一個隱藏的因果關係。我的憂傷是受到之前一個想法或感覺而觸發，而前一個想法又是被再前面一個觸發，再前面這一個，則是因為我母親在一九八二年說過的話而觸發。感覺就像想法一樣，永遠不會突如而至，總是有火車頭拉著它們前進。

點了咖啡和甜點之後，我的思想列車速度慢了下來。我無所想、無所感，但並非真的麻木。這種經歷不是快樂，不是悲傷，也不是在兩者之間的廣大光譜。我在放空中，而且是正面意義的放空。這和美國國鐵的粗野翻騰截然不同，這輛列車帶來輕柔的晃動，撫慰我的心靈，讓我平靜下來。我品味我的咖啡，但不只是味道本身，還加上手中握著馬克杯所傳來的暖意，和令人滿足的重量，這些事讓我的憂鬱度假去了。我看著紅屋頂和藍色愛奧尼亞海掠過，彷彿是它們在移動，而不是我。我不帶特定目標，隨意望向窗外。我求知。

「求知」，這簡單的兩個字，卻包含了所有哲學的種子，以及更多的事物。所有偉大發現和個人突破都始於這兩個字：求知。

◊

人難得會偶爾發現一個筆力萬鈞的句子，讓人突然間就愣住——幸運的話，一生會出現個一、兩次。而我發現這樣一個句子，就埋藏在雅各．尼德曼（Jacob Needleman）所撰寫的《哲學之心》（*The Heart of Philosophy*，暫譯）這本古怪小書裡。之所以說它古怪，是因為當時我不知道哲學有心，還以為它全是在於頭腦。

這句話是這樣子的：「在未曾經歷疑問之前，我們的文化通常傾向直接解決問題。」

我放下書，在腦海裡轉動這些文字。我知道它們含有重要真理，卻不知那是什麼。我很困惑，人要如何經歷疑問？解決問題有什麼不對嗎？

幾星期後，我和寫下這意義深遠又令人費解句子的人，相對而坐。雅各．尼德曼是舊金山州立大學的哲學教授，年紀拖慢了他的步履，他的聲音變得尖細，皮膚薄如皺紋紙，但思路依然敏捷。雅各總是經過思考才說話，而且不像多數的哲學教授，他會使用一般人的用語，例如「疑問」和「經歷」。只是，他結合兩者的方式，卻一點也不尋常。

當我們坐在他遠眺奧克蘭山丘的書桌旁，啜飲伯爵茶及檸檬水時，我連說了好幾句話，卻都是詢問尼德曼同一個問題：「你瘋了嗎？」。我們提問，但有時也製造問題。我們解決問題，但就是不經歷問題，就算在加州也一樣。

尼德曼久久沉默不語，久到我擔心他打盹了。最後，他終於有了動靜，開口細語，聲音小到我必須拉近距離才聽得見。

「經歷問題很少見，卻有可能。蘇格拉底就曾經歷一些問題。」

當然啦，高深莫測又不可避免的蘇格拉底（Socrates）——哲學的守護聖徒、提問之王。蘇格拉底並未發明問題，卻改變我們提問的方式，以及依次所吐露出的答案。即使你對蘇格拉底一無所知，你的思考和行為還是因為他而有所不同。

蘇格拉底不是一個容易認識的人，他居於我們為他豎立的寶座上，如此高高在上，讓人幾乎看不見。他只是一個斑點、一種觀念，一種模糊不清的看法。

真是太遺憾了，蘇格拉底不是一個斑點，不是一種觀念，他是人，一個會呼吸、行走、排便、做愛、挖鼻孔、喝酒和開玩笑的人。

而且，他還是一個容貌醜陋的人。據說他是全雅典最醜的人，他的鼻子寬扁、嘴唇豐厚多肉、大腹便便，而且還禿頭。他有一對如螃蟹般的眼睛，眼距很大，這賦予了他絕佳的周邊視覺。蘇格拉底或許有、也或許沒有比其他雅典人博學多聞（他堅稱自己一無所知），但絕對是看得最多的人。

蘇格拉底吃得少，也極少沐浴，總是穿著同一件破舊衣物。他無論走到哪，都打赤腳走路，即使在嚴冬也一樣。他走路姿態怪異，介於搖搖擺擺和大搖大擺之間。他可以好幾天不睡覺，而且千杯不醉。他會聽見聲音——喔，是一個聲音。他說這是他的神靈，從兒時就開始出現。他被指控褻瀆神明及腐化雅典年輕人，在他的審判中，他這麼說：「這是一種聲音，每當它說話時，就讓我遠離原本打算做的事，但它從未慫恿我做任何事。」

總和起來，蘇格拉底獨特的外表和習性，使得他有如來自異世。「他彷彿來自另一個星球，從外在進入人類的『偉大對話』。」當代哲學家彼得·克雷夫特（Peter Kreeft）如是說。

我認為，這放諸所有哲學家皆準。他們擁有一種接近外星人的相異性，就連身為羅馬皇帝的馬可，也感覺格格不入。犬儒學派的創始人第歐根尼（Diogenes）就是一個哲學家終極怪人，他住在木桶裡，當眾自慰，造成古雅典善良大眾的心理創傷。

如果不提公然自慰這件事，這種相異性是很合理的。哲學是關乎質疑假設、挑起事端。船長很少會在自己的船上挑起事端，因為對他們來說風險太大。但哲學家才不管，因為他們是局外人，是外星人。

蘇格拉底是「狂智」（Crazy Wisdom）的實踐者。在藏傳佛教和基督教這兩種南轅北轍的傳統中，「狂智」有一個執行前提，即通往智慧的路途彎彎曲曲，而我們必須在能夠急彎之前，就先急轉。

「狂智」意指拋開社會規範，冒著被流放或更嚴重的風險，去驚嚇他人，使他們領悟，這是最早的休克療法。然而，沒有人喜歡受到驚嚇，因此，我們時常摒棄狂智的實踐者，認為他們是狂多於智。蘇格拉底的學生阿爾西比亞德（Alcibiades）這麼形容他：「他會與馱夫、鐵匠、修鞋匠和製革工人談話，他似乎總是在重複同樣的東西，所以不習慣他的風格、或是理解力不太強的人，自然就會認為這全然是廢話。」然而，阿爾西比亞德的結論卻是，花時間真正聆聽蘇格拉底之後，就會發現這絕非廢話。他說：「這些談話幾乎可說是神的談話。」

雅各·尼德曼又倒了一杯伯爵茶，一邊告訴我他所經歷的第一個問題。他清楚地喚出記憶：當時他十一歲，和朋友伊萊斯·巴克霍迪安坐在費城社區的一處低矮石牆上。他們一星期會坐在那裡好幾回，即使牆上覆滿冰雪也一樣。

伊萊斯比雅各年長一歲，以他的年齡來說，算是高個子。「他有張圓潤大臉和明亮黑眸。」兩人喜歡咀嚼重要的科學問題，從電子移動到夢境本質，無所不談。這些問題激發了小雅各的好奇心，但在這特殊的日子裡，伊萊斯問了一個打倒他的問題：「誰創造了神？」

雅各回想起，他盯著伊萊斯寬闊光滑的額頭，像是要看進他腦袋瓜子裡的樣子，同時瞭解到「他提出這個問題，不只是要挑戰我，同時也挑戰整個宇宙」。這讓他全身貫穿一種非凡的自由感覺。他想起他對自己說：*這是我最好的朋友*。

雅各深深著迷於這種提出問題、並且經歷重要問題的意外之喜。

◊

蘇格拉底的故事和雅各很相似。當然，場景不一樣，那是在雅典的髒亂街道，而不是費城，不過軌跡卻很類似。其中有個軸心連接到意想不到的新方向：還有一個可靠的友人。對蘇格拉底來說，就是那位名叫凱勒豐的年輕人。有一天，凱勒豐前往德爾菲神廟，問了預言家一個問題：

「雅典可有人比蘇格拉底更具智慧？」

「不。」他得到這樣的回答。「並沒有。」

當凱勒豐將神廟的回答轉述給蘇格拉底時，蘇格拉底感到困惑失措。沒有人比他更有智慧？怎麼會？他只是一個石匠工人的兒子，一竅不通。只是，神諭不曾出錯，所以蘇格拉底決定調查。他攔下雅典的可敬人士們，不論是詩人、將軍等，強迫他們與他對話。蘇格拉底很快就發現，這些人並不像他們自以為的那般有智慧，因為將領無法告訴他勇氣是什麼，詩人無法闡明詩歌。他所到之處，都會遇上「不知其不知」的人士。

或許神諭說得沒錯，蘇格拉底做出結論。或許他的確擁有一種智慧——知道自己不知的智慧。對蘇格拉底來說，偽裝成知識，是最糟糕的無知類型。寬廣誠實的無知，總比可疑狹隘的知識來得好。

這種「天真的無知」概念就這樣引進，而哲學家卡爾．雅斯佩斯（Karl Jaspers）稱之為「神奇的新天真」（marvelous new naiveté）。這是蘇格拉底對人類探詢最偉大的貢獻，至今它仍驅動著哲學脈動。

蘇格拉底並非第一位哲學家，在他之前還有許多前人，在此僅舉其中一二，像是畢達哥拉斯（Pythagoras）、巴門尼德（Parmenides）、德謨克利特（Democritus）、泰利斯（Thales）等。這些人把目光轉向天空，致力解釋宇宙，並深入自然世界的奧祕。成果混合交雜，例如，各方面都非常出色的泰利斯，深信宇宙萬事皆由水組成。就像蘇格拉底，這些哲學家提問，但他們的問題主要是「何物」（what）和「為何」（why）的問題。萬物由何物製成？星辰為何在白日消失？

這類問題，蘇格拉底卻不感興趣，他認為這些事無可辯駁，因此說到底也並不重要。宇宙或許迷人，卻算不上是健談的人，而對話才是蘇格拉底最為渴望的事。

宇宙學家卡爾．薩根（Carl Sagan）說：「每個問題都是想要瞭解世界的呼喊。」就某種程度來說，蘇格拉底也會認同。每個問題都是想要瞭解**我們自己**的呼喊。蘇格拉底感興趣的是「如何」的問題，例如：我如何過著更快樂、更有意義的人生？我如何實踐正義？我如何瞭解自己？

既然雅典同胞對於進步懷抱著極大的熱情，蘇格拉底無法理解人們對這類問題為何興趣缺缺，這可是比製作雕像或實踐民主更好的進步方式。在蘇格拉底眼中，雅典人不知疲倦地工作以改善一切——卻不改善他們自己。他認為，這需要改變，並且把這般改變當成他的人生使命。

這件事標示出哲學的一個重大改變。哲學不再是關乎宇宙的模糊猜想，而是關乎人生，**你的人生**，以及如何充分善用它。羅馬政治家暨哲學家西塞羅（Cicero）說：「蘇格拉底是將哲學從天際喚下的第一人，進而讓它立足於城鎮，引介到人們家中。」

那些我們以為哲學家必定會有的行為舉止，蘇格拉底並未表現出來，甚至對於集結自己的信徒也毫無興趣（當學生問起其他哲學家，蘇格拉底便愉快地為他們帶路）。他並未傳授知識本體，也沒有所謂的理論或教義。他沒有出版大部頭的書籍，事實上他根本不曾寫下任何文字。我們今日能夠認識蘇格拉底，都是多虧了一些古代典籍，尤其是他的學生柏拉圖（Plato）。

世間並無所謂的「蘇格拉底思想」，只有蘇格拉底的思考方法。蘇格拉底提出的是方法，不是目的。我們至今仍記得這位騷擾人的雅典牛虻[5]，不是因為他知道的事物，而是他如何知道。他在意方法勝於知識，知識不見得會成熟，方式卻會讓人成長。

學者們使用許多花俏術語來形容蘇格拉底的方法：辯證法、反詰法、演繹推理。然而，我喜歡一個更簡單的用語：說話。我知道這聽起來並不世故老練，可能不會讓我贏得諾貝爾獎，但事實就是如此。蘇格拉底和人們談話，當代哲學家羅伯特．索羅門（Robert Solomon）稱呼這個行為「啟迪的好管閒事」。我喜歡這個說法，這讓哲學更加踏實，又同時提升哲學本身。

若想要檢視人生，就需要距離，我們必須從自身往後退，才能更清楚地看見自己。實現這種視角最好的方式就是透過對話。對蘇格拉底來說，哲學和對話實際上是同義詞。

蘇格拉底和各式各樣的人對話：政治家、將領、工匠，以及女人、奴隸和孩童。蘇格拉底不

5 Gadfly，指的是會叮咬牲口的牛虻，也可以指刺激、騷擾他人的討厭鬼。

怎麼閒談，他知道人生短暫，在分配好的時間中，不必於瑣碎小事上浪費一秒鐘。「我們在思索如何活出最好的人生。對真的有判斷力的人來說，有什麼問題會比這件事更嚴肅？」他對名為高爾吉亞的詭辯家惱火地說。

蘇格拉底如此熱愛對話，但我認為他只是單純把對話當成自己裝備的工具之一。所有「啟迪的好管閒事」都有個目標：要認識自己。藉由和其他人談話，他學會如何和自己對話。

◇

哲學或許是提問的藝術，但所謂的疑問是什麼？哦，現在這裡可有一個蘇格拉底會喜歡的疑問了！使用每一個人都知道的文字——每一個人都認為他們知道的文字，然後從眾多角度加以檢視、探查和刺探，對它打上明亮又不饒人的光線。

自從這位赤腳的雅典哲學家，在蜿蜒骯髒的城市街道遊蕩提問，大約已經過了二十四個世紀，而我們也有了大幅的進步：室內管線系統、杏仁奶、寬頻。超過兩千年的時間，人們足以推敲出許多事物的定義，從《韋氏國際字典第三版》裡近五十萬筆的條目看來，我們對此也相當擅長。我們不會被頁面弄髒手指，不管是印刷品或數位版都一樣，我們也會隨時求助我們最忠實的助手：Siri。

「嗨，Siri。」

「嗨，艾瑞克。」

「我有個疑問。」

「有問必答。」

「所謂的『疑問』是什麼？」

「好問題，艾瑞克。」

然後是一片沉默，什麼也沒有。我搖搖手機，還是沒有。Siri顯然認為我在考驗她的演算法，而她不接受。我改而嘗試一個較為字面意義的問法。

「Siri，『疑問』的定義是什麼？」

「為了打探資訊而寫下或表達出來的句子。」

我認為這很精確，只是殘缺得可憐。蘇格拉底一定不會滿意的，他非常注重定義，肯定會立刻發現Siri的回答太寬廣又太狹隘。按照Siri的定義，「你有看到我的鑰匙嗎？」和「人生的意義是什麼？」這兩個問題是存在於同樣的平面。兩者都旨在探求資訊，卻都很難回答（起碼在我家是如此）。只是兩個題問尋求的資訊相去甚遠，簡直是不同種類。當疑問越大，我們對於僅僅只提供資訊的回答，就越沒興趣。愛是何物？邪惡為何存在？當我們提出這些問題時，我們想要的不是資訊，而是更重大的意義。

疑問並非單向，（至少）是往兩個方向移動。它們尋求意義，也傳達意義。在對的時間問朋友對的問題，是一種同情和愛情的行為。然而，我們卻時常利用疑問作為武器，朝他人開火——「你以為自己是誰？」，或是針對我們自己——「我為何什麼都做不好？」我們使用疑問作為藉口——「這會有什麼不同？」或是後續作為一個正當理由——「我還能做什麼？」真正通往靈魂的窗口不是眼睛，而是疑問。如同法國哲學家伏爾泰（Voltaire）所說，最能判斷一個人的，不是他們給的答案，而是他們提的疑問。

Siri 無法回答每個絕佳提問之中所嵌入的魔法，那種蘇格拉底說出「一切哲學皆始於求知」時所懷抱的魔法。蘇格拉底認為，求知並非與生俱來或欠缺，不是外在的金髮或雀斑。求知是一種技能，我們所有人都學得會，而他決意要讓我們知道如何辦到。

「求知」（wonder）是個神奇的字眼，你很難不帶笑容地說出口。它是從古英文「wundor」而來，意指「不可思議的事物、奇蹟、令人驚異的對象」。就某方面來說，會求知是想要尋求資訊，像 Siri 的作風那樣。我想知道哪裡可以找到黑巧克力？而在另一方面，求知是中止調查，至少在片刻間暫停，然後就這麼看著。我想知道好的比利時巧克力有何特別之處？它加了海鹽和杏仁，讓我的頭腦隨之起舞、心兒隨之歌唱。

提問時，我們受到眼前主題的限制。任何超出主題的詢問都被視為多餘，因而受到勸阻。試著想像，當出庭律師轉向「不相干」的詰問時，會受到法官駁回，或中學生因為「偏離主題」被老師訓斥的情況。

求知是開放而遼闊的，求知讓我們產生人性。這種狀況，打從第一個穴居人想知道如果兩根棍子互相摩擦，或是在頭上丟個大石頭會發生什麼事，便一直確實為真。嘗試過才會得知，而求知才會嘗試。

我們經常將「求知」與「好奇」混為一談。的確，兩者都提供了有用的對策來處理「不感興趣」，但方式卻不同。求知是個人的，不同於好奇的情況。人可以不動情感地好奇，可以不動情感地提問，卻無法不動情感地求知。好奇不受管束，總是蓄勢準備追逐下一個躍入眼簾的閃亮對象；求知卻不一樣，它會流連不去。求知是手中拿著飲料，斜躺身子、抬腳休息的好奇；求知絕對不會讓你追逐閃亮的對象，也絕對不會害死一隻貓。

「求知」會好整以暇，就像美食或美妙的性愛，不能倉促行事。這也是蘇格拉底對話時，絕不匆忙的原因。即使談話對象已開始生厭、發怒，他還是堅持下去。

蘇格拉底可說是心理治療師的始祖，他往往會用另一個問題來回答對方的問題。但不同於治療師，蘇格拉底並沒有按小時收費（他的心靈輔導從未收過半毛錢），也不曾說過「我們今天的時間恐怕已經結束了」這種話，因為他永遠有更多時間。

即使獨自一人，他也喜歡流連徘徊。一個友人在柏拉圖的《饗宴篇》（*Symposium*）指出：「他有時會逗留、佇立在他剛好出現的地方。」另一個友人述說了一個更加不尋常的插曲，這是發生在兩人都參與的波蒂迪亞戰爭期間。

有一次黎明時分，他（蘇格拉底）開始思考某件事，就站在同一處思索；發現解決不了時，他沒離開，而是站在原地詢問。到了中午，人們得知此事，大家紛紛稱奇，說是蘇格拉底從黎明就站在那裡思考事情。最後，當夜晚來臨，有些愛奧尼亞人還把寢具搬出去，睡在冰冷的戶外，等著看他是否會整晚一直站在那裡。結果，他佇立到天明，太陽升起，然後他對著太陽禱告過後才離開。

好的哲學，就是緩慢的哲學。路德維希．維根斯坦（Ludwig Wittgenstein）說他的職業是「緩慢療法」，建議哲學家要以「慢慢來！」來互相打招呼。我認為這是好主意，不只哲學家，我們所有人都該這樣。讓我們用「慢慢來」或「不要急」互相致意，不再用「祝今天愉快」這種空洞的句子表達。常說這些祈使句，我們就會真的放慢步調。

在某種程度上，我想我們明白放慢步調對於認知的好處。當我們停下來思考某事時，我們會說它是「給我們停頓[6]」。停頓不是指錯誤或失靈，也不是口吃或中斷。它並非空洞，而是一種潛在物質，是思想的種子，每一個停頓都蘊含豐富的認知，及求知的可能性。

◊

我們很少會針對明顯的事物提問，而蘇格拉底認為這種疏忽是一種錯誤。看起來越是明顯的事物，提問的需求就越迫切。

我把「我想要成為一個好父親」視為已知的事實，這是如此顯而易見的事，幾乎無需說明。別那麼急，蘇格拉底會這麼說。你說的「父親」是什麼意思？是採用嚴格的生物血緣用語嗎？

「呃，不是。事實上，我的女兒是領養的。」

哦，所以「父親」不僅僅指涉親生的？

「是的，當然。」

6 give us pause，英文中「給我們停頓」字面同於「讓我們停下來思考」。

那麼，如何定義父親？

「就是照顧年輕孩子的男性。」

那麼，如果我把你的女兒帶去，嗯，像是德爾菲那裡幾小時，那我是她的父親嗎？

「不，當然不是，蘇格拉底。當個父親，遠遠不只如此。」

那麼，區隔照顧孩子的成年男性，和可稱為「父親」的成年男性的差別為何？

「愛，是愛讓一個父親成為了父親。」

很好，我喜歡這個回答。當然，我們還需要定義「愛」，但留到下次再說。好了，你說你想要成為一個「好」父親？

「是的，沒錯，的確如此。」

那麼，你說的「好」是什麼意思？

對此，我坦承我不清楚。腦海中只閃現極其模糊的觀念，非常幼稚的漫畫式形象，冰淇淋聖代、樂團演奏、足球練習、作業指導、大學參觀旅行，在她心情不好時說笑，即使她沒有不開心也照說不誤，還有接送她去朋友家過夜，和妻子之間互補，我多半是扮白臉。

蘇格拉底會說，這些是好形象，但總和起來是什麼呢？說到「好父親」時，你不是真的很明白自己的意思，對吧？然後，蘇格拉底劃下哲學刀刃的最後轉折，他會建議：直到我明白——真的明白——我說的「好父親」是什麼意思時，我才有可能成為一位好父親。現在，我追逐的只是幽靈。

對蘇格拉底來說，所有惡行，像是不良教養，都不是出自於惡意，是因為無知。如果瞭解我們失誤的後果（不只是為了孩子，也為了我們自己），我們就不會犯下惡行。真正瞭解特定的美德時，就會帶來善行，必然是如此。知道——真正地明白——當個好父親是什麼意思，就會成為好父親。

那天是「帶小孩上班日」，我總是很害怕這個日子。其他家長都帶著孩子到一本正經的閃亮辦公室，那裡有會議室、電話總機部門，以及莊重的舉止。而我的辦公室（至少是其中一間）位於一家叫作「風味」的地方餐館，那裡的食物和店名不符，但雅座區倒是很寬敞，女服務生又親切，咖啡還可以喝到飽。而今年，我女兒第一次同意跟我來。

如何攻略十三歲的孩子，仍是一個有待這世界偉大哲學家解決的謎題。如果樹林裡有一棵樹倒下，但她的朋友沒在 Snapchat 社交軟體分享這件事，那棵樹就等同沒有倒下。桑雅對我的工作、對哲學、對任何事都不感興趣，這似乎超乎她的青少年世界。我懷疑，那天上午她同意和我來上班的唯一理由，是這樣就能翹掉學校一整天。

當我們挑挑揀揀吃著各自的早餐時——我的是有益心血管健康的歐姆蛋，她的則是巧克力碎片鬆餅——我凝視著成了猶如虛設的家長身分。我感覺自己並不適任，更糟的是，我像是隱形人。這時，蘇格拉底會怎麼做？

當然，他會問問題。我近來一直特別苦思一個問題，算是一種元問題[7]。那句古老諺語是真的嗎？即「世上真的沒有所謂的愚蠢問題嗎？」。我問了女兒這個問題，而她僅是幾乎不可見地挑挑左邊眉毛，暗示說：**我記下你的問題了，父親大人，但我認為它不值得回應，所以我要回去享用我的鬆餅和Snapchat了。**

就像蘇格拉底一樣，我繼續追問，並加大音量重述：「世上可有所謂的愚蠢問題？」她抬頭離開螢幕，並且思索了一下，至少我猜測她是在思考。然後，讓我詫異的是，她開口說話了。

「有。」她說。「愚蠢的問題，就是你已經知道答案的問題。」說完後，她又回到鬆餅、手機和青少年的憤恨之中。

這不是她第一次，也非最後一次讓我驚訝。她說得沒錯，除非你剛好是檢察官，要問一個你早已知道答案的問題，確實很愚蠢。但我們在各方面都是如此行事，而且比你以為的還常這麼做。我們可能會提出問題，以炫耀我們的知識，或是引出訊息，以支持一個我們早已抱持、且不受檢視的堅定信念。

對蘇格拉底來說，這些都不算是認真的問題。認真的問題涉足未知水域，認真問題也帶著風險，就像在黑暗房間劃下火柴，你不知道在房間照亮後，會發現什麼。可能是怪獸，也可能是奇蹟，但是，你還是劃下了那根火柴。所以，認真的問題往往不是自信地問出口，而是蹩腳躊躇地提出，帶著有如高瘦青少年般的笨拙。

對蘇格拉底來說，沒有比提出認真問題更為重要、更為勇敢的事了。

◇

尼德曼教授又幫我倒了一杯檸檬水，他雙手動作緩慢，卻很平穩。冰塊敲擊著玻璃杯，哐噹作響。隨著太陽西下，加州陽光變得柔和，色彩越發豐富。

我問了尼德曼更多他自己的事。他呼地深吸了一口氣，然後帶我回到一九四〇年代的費城，回到他的童年。他和伊萊斯繼續在石牆上長談哲學，只是頻率逐漸減少。有一天，當雅各打電話到伊萊斯家中，伊萊斯的媽媽接起電話，以怪異的語調說他在休息。雅各在聽到「白血病」這個名詞之前，就已經知道情況不對勁。

---

7 meta question，能引起進一步問題的提問。

他回想起最後一次和伊萊斯討論的那個問題。「我想知道睡著後，人會怎麼樣？」雅各問他的好友。「人去了哪裡？」

這是第一次伊萊斯沒有提出答案。他在十四歲生日前不久，便永眠不起。死亡，尤其是異常的早殤，讓人集中心念思考。雅各心中湧現無限疑問：為何是伊萊斯，而不是他？我們應該要怎麼面對這早已分配好的短暫時光？他的父母、老師和猶太拉比[8]都沒能給他滿意的答案，所以他轉向蘇格拉底和哲學。

「為何是哲學？」我問。

「為何你會喜愛某個事物？你覺得受到召喚，被召喚到終極疑問面前。我們是誰？我們是什麼？為何我們在此？人類需要意義。所以，是的，這是一種使命感。」

雅各的父母對他的使命感並不歡欣。「身為長子，神賦予我成為醫師的義務。」他表情平淡地說道。雅各成了博士，但不是醫學博士，而是哲學博士。他還記得在社交場合，第一次在他母親的面前被介紹說是「尼德曼博士」時，她插嘴指出：「知道吧，他不是對人有幫助的那種doctor（醫師／博士）。」

尼德曼把自己餘生都用來證明媽媽的錯誤。他累積各種學術榮譽和升等，總是熱切吸引更廣泛的聽眾。他不懂為何這些「終極疑問」得到如此少的關注。「在我們的文化中，終極疑問根本不算是一個問題。我們擁有的每一個機構和社會形式，不是致力於解決問題，就是致力於提供快樂。」尼德曼說道。

他停頓了一下，讓他的話蕩漾在溫和的加州空氣之中。我瞭解到，他說得沒錯。還沒經歷問題之前就先解決問題，就好像試著在還沒購買雜貨時就要去做菜。然而，我們卻時常取用最快速的解決之道，或說是最為應急的快樂，以避免和我們的無知共處。

我的視線望向奧克蘭山丘，年中的這個時刻，它呈現出塵土般的棕褐。我的耳朵注意到附近風鈴傳來的悅耳叮噹聲，它融入現下無言的狀態。這無言的狀態填滿我和雅各·尼德曼之間的空間，也連接了我們。

◊

對於書面上的文字，蘇格拉底一向抱持懷疑，文字是死氣沉沉地留在頁面上，只有從作者到讀者的單向旅程。我們無法和書對話，哪怕那是一本好書也一樣。

這就是為何我決定不去閱讀柏拉圖的對話錄，而是採取聆聽的做法。我下載了整本書，不知

8 猶太律法對合格教師的稱呼。

道「megabyte」（MB）的古希臘文是什麼，但檔案的確非常大。

這個對話錄成為我生活中的音軌，搭火車的時候、開車送女兒去練足球的時候、雙腳奮力踩著橢圓機的時候，我都聆聽著它。我煮時蘇格拉底，飲時也蘇格拉底；我醒時蘇格拉底，睡時也蘇格拉底。

對話錄的主角是蘇格拉底，和一位或一位以上的對話者，人們一塊全力探討如正義、勇氣，或愛情的意義。這不是枯燥的論文，而是高聲喧嚷的對話，過程爭議不休，讓我驚訝的是，還很有趣。「充滿戲謔的智慧。」尼采如是說。

和蘇格拉底的對話，往往令人惱火而且迷失方向。對話錄中的人物尼西亞斯有切實的見證：「任何接近蘇格拉底、加入他對話的人，很容易被捲入爭論之中。不管開啟怎樣的話題，他會持續被蘇格拉底帶著繞呀繞，直到最後，發現必須提出對現今和過去人生兩者的解釋。當他陷入混亂，蘇格拉底會一直等到他清楚梳理過自己之後，才放他走。」另一個對話者，則是抱怨蘇格拉底讓他淪為「一團絕望」，將這位哲學家比喻成麻痺人心的「電魟」。

和蘇格拉底對話，就如同和愛發問的五歲小孩對話那般令人挫敗。

我可以吃冰淇淋當晚餐嗎？

不行。

為什麼？

因為冰淇淋對人體不好。

為什麼？

因為裡面有糖。

為什麼糖對人體不好？

因為它會被存放在身體的脂肪細胞。

為什麼？

因為就是這樣！給我回房間去。

孩子的問題激怒我們，不是因為問得蠢，而是因為我們無法充分回答。就像蘇格拉底一樣，孩子揭露了我們的無知，儘管長期來說可能有好處，但短期來說卻讓人生氣。「如果你惹惱不了任何人，你就不是哲學家。」彼得．克雷夫特說道。

看到這句話，讓我充滿希望，也精神抖擻起來。我把它當成一句好話，而且根據多方消息來源，我擅長惹惱別人的等級，是世界級的。我找到其他和蘇格拉底的相似之處：局外人狀態、大肚腩、到處遊蕩的求知心靈，以及熱愛談話。

不過，在「堅持不懈」這個特質上，我們還是分道揚鑣了。我往往會避開爭端，不管是實質還是想像中的，但蘇格拉底不會，這方面他展現了莫大的勇氣。西元前四三二年，當他參加了波蒂迪亞圍城戰，他展現卓越的力量和耐力，拯救了友人阿爾西比亞德的性命。

在哲學領域也一樣，蘇格拉底不屈不撓。他是毫不留情的稽核員，不只要求人們解釋他們的信仰，還要他們說明人生。你無法從和蘇格拉底的爭辯之中脫身，他會一眼看穿裝腔作勢的知識分子，當時和現在都有人愛用混淆視聽的煙幕彈。看看你，一個將領，卻不知道勇氣是什麼。你就像無法告訴我虔誠是什麼的神父，以及不知道愛是什麼的父母。

他的目的不在羞辱，而是在於闡釋，在於促進知識的光合作用。蘇格拉底作為園丁，他只是喜愛「在心靈種下難題，並看著它生長」。

種植難題是棘手的業務。沒有人喜歡暴露自己的無知，尤其是在如此公開的場合，於是許多對話變得激烈憤怒。「蘇格拉底，我不懂你，所以我希望你去問一個懂你的人。」在一場對話中，有位名叫高爾吉亞的人被惹惱後說道。「你是暴君，蘇格拉底。我希望你讓這場爭論到此為止，不然就去找別人和你爭論。」有時候，會有更加激烈的爭吵。「人們用拳頭揮打（蘇格拉底），扯下他的頭髮。」西元三世紀的傳記作家戴歐根尼．拉爾修（Diogenes Laertius）說道。

光是要惹惱他人，蘇格拉底也有個好理由：增進視野。蘇格拉底作為驗光師，而人們戴著錯誤的鏡片處方走來走去，這些失誤理所當然地就會影響他們怎麼看，以及看到的東西。對於現實，他們誤把扭曲的視野，當然唯一的視野。更糟的是，他們甚至不知道自己戴著眼鏡。他們蹣跚度日，撞上家具、被人們絆倒，卻只會指責家具和他人。蘇格拉底認為這不但愚蠢且不必要。

◊

太陽變成了絢麗的緋紅，寒意悄悄滲入空氣中。我和雅各．尼德曼已經談了好幾個小時，兩人卻都還不厭倦這種啟迪的好管閒事。我們接著轉向「錯誤信念」這個主題。

尼德曼提出，哲學家就像「觀念夜店」裡的結實保鑣。

「哲學家對自己的意見說話：『你是我的意見，怎麼來到這裡的？你沒問過我，我也沒檢查你；不過我相信你，你接掌了我的人生。』」

我想著我的意見，以及它們是如何殖民聚居在我的心靈。就像所有狡猾的殖民者，它們哄騙我相信，發出邀請的是我。我有嗎？或者，這些他人的觀念不請自來，身上還穿著我的衣服，裝扮成我的意見？

我繞回到「經歷疑問」這個引人入勝的迷人觀念。那究竟是什麼意思？

雅各解釋說，他區分出普通提問和「深奧提問」。普通提問就像Siri的問答，沿著表面滑行；

而深奧提問則是緩慢且沉浸式的。

「如果我真的懷抱著疑問，讓它縈繞心頭，那麼，這種深奧的提問就在疑問本身中轉化。」

「懷抱著疑問？」

「對，懷抱著疑問。讓它時時處於你的內心深處。要懷抱著疑問，而非只試著解決它。我們都太常直接跳到解決方案。」

這聽起來很不錯，讓我想餘生都用來懷抱著疑問，但答案呢？它們要棲身何處？這就像哲學的饒舌歌——全是談話，全是無止盡的問題而沒有答案。就像火車總是離站，卻永遠不會到站。

並非如此，尼德曼說。哲學上，我們確實對「目的地」更感興趣，但是旅程不能匆忙，這是唯一能夠確保你不僅僅只是抵達智慧的答案，而是得到「心靈答案」。而另一種的「頭腦答案」不只差強人意，而且就最深刻的意義來說，也比較不正確。

要獲取心靈上的答案，你需要的不只是耐心，還要願意與自己的無知共處，與懷疑、奧祕同處。不要急著解決問題，只是當成急著打勾完成、無止盡待辦清單的一項。解答需要時間，以及勇氣。**別人會嘲笑你，但就讓他們笑吧**，尼德曼和蘇格拉底都這麼說。受人嘲笑，不過是智慧的代價。

稍早，我和朋友珍妮佛對話。澄清一下，是我在說話，她在聆聽。我在轉述自己一連串慣常的煩心事。

◊

我告訴她，我出現了「分配問題」。我有夠多的特徵，但是分配不均。例如：毛髮，我的胸毛和鼻毛都很多，頭上卻遠遠不夠。

只是，「成功」才是更大的問題。我解釋，成功沒有分配問題，純粹只是短缺。我告訴她：「我還不夠成功。」

珍妮佛頓了頓，一副準備說出深刻言論、或圖謀脫身策略的模樣。幸好，珍妮佛的停頓是因為前者。

「成功長什麼樣子？」她說。

「成功長什麼樣子？」我說。

「對，成功長什麼樣子？」

通常，對別人重複問句時，他們會覺得有必要詳加說明，為你仔細勾勒出問題的樣貌。但珍妮佛不會，我的問題像迴力鏢飛回，正中我的頭。成功長什麼樣子？我從未想過這個問題。我向來以量化的方式思考成功，從未以美學角度想。

擬定問題的方式很重要。珍妮佛可以問「你為何想成功」或「要多成功才夠」，而我會駁斥這些詢問，就像坐在她紐澤西住家的露臺時，我揮打我頭上打轉的蚊子一樣。我為何想成功？我就是想呀，大家不都如此嗎？要多成功才夠？至少要比現在的我更成功。

只是，珍妮佛並未問我那些問題，反而問我成功長什麼樣子。她的問題隱含著個人問題，對我來說，它長什麼樣子？如果見到它，我認得出來嗎？

我目瞪口呆坐在那裡，就好像被電魟螫了腦袋。一個好問題確實會有這種效果，它會抓住你，不肯放手。一個好問題能重新建構問題，讓人得以用全新角度看待它。一個好問題不只促使你搜尋答案，還促使你重新評估「搜尋」這件事本身。一個好問題，能引出的不是聰明的回答，而是完全沒有回答。從古代開始，在遠遠早於蘇格拉底之前，印度哲人就施行了一種稱為「brahmodya」的謎題問答。在這個競賽中，參賽者力求明確表達真理，而比賽總是在沉默中結束。如作家凱倫．阿姆斯壯（Karen Armstrong）所解釋，「當他們瞭解到自身語言的不足，因此以直覺理解不可言喻的事物，頓悟時刻於是到來。」

沉默不是我平常的狀態，而言語對我來說就像氧氣。然而，我沉默地在心中仔細思索珍妮佛的問題，並以不同角度看待。一個好問題能觸發更多問題，而珍妮佛的單一詢問，無疑點燃了我自己的數十個問題。於是我不再是與她對話，而是與我自己對話。

這正是蘇格拉底打算引發的、一種毫不留情面的自我審訊狀態。它不只問我們知道什麼，還問我們是誰，希望能引起洞察力的根本變化。

托爾斯泰（Tolstoy）的小說《伊凡．伊列區之死》（*The Death of Ivan Ilyich*）中，有我最喜歡的文學章節之一。可能是因為它描寫了非常出人意料的救贖，而且故事也涉及火車。主角是個成功的政府官員，卻罹患了不治之症，恐懼和懊悔緊纏住他。到了故事結尾，他的恐懼消散，取而代之的是一種全新的觀點：「就像有時會在火車車廂出現的感覺，有些人認為自己正向後退，但其實是往前進。後來，他們才倏然察覺到真正的方向。」

回首我和珍妮佛的對話，我瞭解到，就像伊凡一樣，我倏然憑直覺得到自己真正的方向，這是最為蘇格拉底的經驗。它不是發生在古雅典塵土飛揚的街道，而是在紐澤西州蒙特克萊市的露臺上。這都不重要，因為真正的智慧不受地點和時間限制，是可以隨身攜帶的。

現在，每當我力圖達到某種成就——任何成就時——我就會停下來自問：成功長什麼樣子？說真的，我還沒回答這個問題，可能永遠也不會回答。但沒關係，我已經換了一副新的眼鏡鏡片，可以看得更清楚。

◊

車門滑開，我踏進一節光亮的地下鐵車廂，閃耀的車廂充滿金屬感。以現在希臘文的用法，我是在搭乘「metaforá」，它源自古老詞根「metamorphoo」，但後來徹底改頭換面；而我們英文中的「metaphor」（隱喻）也是源自於此。現在，希臘人使用「metaforá」表示「藉由公共運輸工具來移動」。無論是坐公車去工作、搭地鐵去訪友，或是搭有軌電車去拿乾洗衣物，某種意義上都是「metaforá」，也就是從事一種轉換的行為。我喜歡希臘，因為所有事物都存在兩種層面，而經常是超過兩種。就連搭乘地鐵，也都提供了自我革新的許諾。

雅典地鐵不只行駛順暢，每一趟行程都還兼具歷史課程。在建造期間，工人挖掘到屬於該市黃金年代的古老工藝品。考古學家搬移了其中一些工藝品（呼籲「拯救古物」），但其他則和車站合併。因此，現在當地人說他們的地鐵是「有火車穿過的博物館」。

我來到希臘這個隱喻國度，行走在蘇格拉底走過的地方，呼吸他呼吸過的空氣。我來這裡提醒自己，蘇格拉底不是一種觀念，而是一個有血有肉的人。蘇格拉底求知，但不是在任何地方求知，他是在這裡，在雅典這個他最愛的城市求知。

我在市場站下車，開始步行。市場，或說「agora」，是蘇格拉底最喜歡流連的地方。這是個擁擠且氣味難聞的地方，充斥著沿街叫賣的小販、扒手和其他市民。蘇格拉底喜歡這裡，市場是他的課堂，是他的劇院。

一九三一年，以考古來說已相對是晚期，考古學家才開挖這個地點；此時，龐貝和奧林匹亞等其他重大挖掘已出土數十年。不過，藉由重見天日的數千件古物證實，考古學家已彌補了損失的時光。他們找到了陶器碎片、銘文、雕塑、錢幣，以及其他古代寶藏。

現今，這個範圍約九百七十公畝的地點，大多是碎石瓦礫，但已有足夠的古老市場遺跡。再加上一些想像力，我就可以勾勒出當時的場景。我可以見到兜售從香料到水鐘等各式貨品的小販、等待審訊的被告；年輕人四處遊蕩，就像許多年輕人常做的舉動。而領會這一切的人是蘇格拉底，他打著赤腳，螃蟹般的眼睛不停轉動，伺機尋找哲學同伴。蘇格拉底實踐「零售技巧哲學」，也就是不等人來找他，而是自己去找人。

蘇格拉底有一句名言：「未經審視的人生是不值得活的。」第一次聽到時，身為悶悶不樂的青少年，我嘆息了。生活已經夠艱難的了，還想要我審視它？「經過審視的生活」，我不喜歡這個說法。首先，它包括「審視」這個字，喚起我2B鉛筆和醫師冰冷雙手的隱藏記憶。它聽起來也讓人聯想到過多的工作。我們可以做得更好，所以恕我直言，我對蘇格拉底「經過檢視的生活」，提供兩個推論。

推論一：經過檢視的生活如果沒有產生實用結果，就不值得活。例如，凝視自己的肚臍沉思有它的樂趣，但是當看到變得更好的肚臍，亦即看到某種成果時，會讓人更加滿足。希臘人說這是「Eudaimonia」，這個字經常翻譯成「幸福」，但它意味著更廣泛的東西——它代表有意義、欣欣向榮的生活。以當代哲學家羅伯特．索羅門所提出的「二人狀態」來說明，當一人慷慨大方，而另一人不是，但「就像水從噴泉湧現，慷慨也不假思索地由他身上湧現」。第二個人顯然也會過著堪稱榜樣的有意義的生活。

推論二：未經檢視的生活或許不值得活，但過度檢視的生活也同樣不值得。「當你自問是否快樂，你就會停止快樂。」英國哲學家約翰．斯圖亞特．彌爾（John Stuart Mill）在闡明「快樂悖論」（Pleasure Paradox，又名「享樂主義悖論」Paradox of Hedonism）時說道，我們越是努力抓住快樂，它就越會從我們手中溜走。快樂是副產品，而不是目標，它是把生活過好的意外收穫。

因此，對於這整個未經檢視的生活的謬論，蘇格拉底錯了嗎？還是我錯失了什麼？

我的本能想要快速回答這些問題，這樣就可以從我的待辦事項劃掉它們，再繼續前進。然而，我壓抑這種衝動，反而讓問題徜徉在溫和的希臘空氣中，沒有回答，但並非「未受檢視」。然後，我就搭乘「隱喻」返回旅館。

蘇格拉底是失敗的人。我知道這聽起來很刺耳，但的確如此。人類有許多對話並不是結束於如同被宙斯雷擊般的突破，而是陷入一種僵局。哲學製造出的問題，比它本身能解決的問題還多，這就是哲學的本質。

蘇格拉底不曾出版過任何文字，而且還死在他的雅典同胞手中。同樣地，他被控訴的罪行是褻瀆神明、腐化年輕人，但他其實是因為問了太多莽撞的問題而被處死。他是第一位死於哲學的烈士。

◊

在他的審判過後，命運已定，他和一些門生聚集在一起。門生傷心欲絕，蘇格拉底卻不難過，他仍保持樂觀、羞澀隱晦，直到最後。「離開的時間到了，我赴死，你們存活。但我們哪一方才是前往更美好的事物，唯有神知道。」他說。

這是傑出的遺言，事實上，也是許多蘇格拉底傳記作家的結尾。只是有一個問題，就是它並不是這位哲學家最後的話語。柏拉圖在對話錄的《斐多篇》（*Phaedo*）中告訴我們，蘇格拉底在最後時刻說了什麼。

「克力同，我們欠阿斯克勒庇俄斯一隻公雞。把這祭品交給他，不要忘記。」蘇格拉底對朋友說。

「一定辦到。」克力同回答。「但你還有別的事要說嗎？」

沒有回應，蘇格拉底已然逝去。

要怎麼理解這番如「標示行人出口」一般平凡的言語？數百年來，學者都在思索這個問題。有些人負面地解釋蘇格拉底的遺言。當時，公雞是奉獻給治療之神阿斯克勒庇俄斯的祭品，因此，或許蘇格拉底是說，人生就像我們必須治療的疾病。也或許，這是蘇格拉底呼籲我們回到塵世的做法，即使他已升上天堂。或許他在提醒我們，努力解決人生重大問題時，別忘記那些小事物。不要忽略身為市民和朋友的義務，要成為榮譽的人。如果欠人公雞，就還他公雞。

還有一個推測較為簡單，沒有那麼深奧的可能性：毒藥已經開始發揮效力，腦筋混亂的蘇格拉底只是在胡言亂語。但沒有人確切知道答案，可能永遠也沒人知道。

而我的確知道這件事：提問之王在一團疑雲中離去，讓我們搔著腦袋納悶求知，這實在是再合理不過的事。蘇格拉底就是忍不住要在我們的心靈再種下一個謎團，再留下一個疑問，讓我們經歷。

③ 如何像盧梭一樣步行

Rousseau

下午兩點四十二分，我搭乘著從巴塞爾開往納沙泰爾的瑞士聯邦鐵路五十九號列車。

我望向窗外，看著瑞士鄉間緩慢地延展開來。至少，我認為列車相當緩慢。速度是相對的，透過懷舊的玫瑰色煙霧，火車旅行象徵返回到一個較單純的相似年代。我以搭火車來改變生活節奏，提醒自己閒蕩是怎樣的感覺。

但情況並非總是如此。十九世紀時，當人們第一次搭火車時，有近乎恐懼的不安反應。早期一名乘客說：「我感覺像是砲彈。」而另一人說：「就像人類包裹。」這種速度快過所有人類史的陸上行進速度，將神聖的鄉村轉變成一團不虔敬的朦朧。維克多．雨果（Victor Hugo）在日期標示為一八三七年八月二十二日的信中，描寫火車窗外的景色：「路邊的花朵不再是花朵，而是斑點，更貼切地說是條紋，紅白條紋……所有東西都變成條紋；糧田像是一堆濃密的黃色髮絲，而苜蓿田是綠色的長髮……偶爾，有一個影子、一道陰影或一個幽靈以閃電般的速度，出現又消失在窗外。」雨果的火車大約以時速二十四公里前進，而速度是相對的。

藝術評論家約翰．拉斯金（John Ruskin）是當時說話最有分量的聲音之一，他指責這種新奇的交通工具，並想出了一句至今仍舊適用的格言：「旅行速度和它的枯燥無味成正比。」當我的瑞士火車如低語般靜靜滑行，穿過這片景觀時（瑞士火車的確是滑行），我心想，拉斯金會怎麼看待空中旅行。肯定沒好話，我確定。

運輸工具勾勒出自己的進化軌跡。這是一種競速的生存戰，速度超越後，前身就不存在。我們的移動速度太快，而無法暫停下來確認我們如何到達這裡。我們被綁在鋁製管子，猛然劃破空間，速度快到不只模糊了景色，而是整個抹去景致。當然，這種加速度就和我們特大的頭腦和對稱拇指一樣，都不是碰巧出現的。在飛機之前先有火車，火車之前是馬車，馬車之前是馬鞍。我們需要回溯過去，一直回到起點。

而最開始的是，腳。

◊

尚雅克．盧梭（Jean-Jacques Rousseau）有多種身分，他是哲學家、小說家、作曲家、散文作家、植物學家、自學者、逃亡者、政治理論家，及受虐狂。而最重要的是，他是步行者。他經常走路，而且是獨自行走。的確，和好友一起散步有其樂趣，步行俱樂部也是如此。但是，就本質來說，走路是一種私人行為，我們單獨走路，為自己走路。自由是走路的精髓，那是一種可以隨意出發、歸來，並隨意漫步的自由。如英國作家羅伯特．路易斯．史帝文森（Robert Louis Stevenson）所說：「可以走這條或那條路，一切隨心所欲。」

盧梭隨著他的心中異想，橫越了歐洲，從威尼斯到巴黎，杜林到里昂，以及更遙遠的地方。盧梭是第一個真正飄泊的靈魂，現在，我們稱他這種人為「城市遊牧人」。他們處處為家，而無處是家。

在人類歷史上的多數時期，步行並不是一個移動的選項。如果想要前往某處，你只得走路。現今，走路是一種選擇。不像我們，盧梭並沒有很多選擇，當時火車還沒發明，但他還是有些選項，因為歐洲已有縱橫交錯的廣闊馬車交通網。不過，他厭惡馬車旅行，若時間許可就一定走路。他說：「我從未如此思考，如此存在，如此活著，如此作為自己……就在我踽踽獨行的時候。」走路拯救了盧梭的人生，卻也讓他喪命。

盧梭在日內瓦長大，父親名為艾薩克，是一個脾氣暴躁的鐘錶匠。他的母親生下他不久後就死去，成為他揮之不去的心理創傷。年幼的盧梭經常和朋友結伴探索鄉間，「除非有人替我考慮，否則我總是完全不思考回程，走得比大家更遠。」他在自傳《懺悔錄》（*The Confessions*）中回憶。

一七二八年的一個宜人春天午後，盧梭進行了一場改變他人生軌跡的步行。當時他十六歲，擔任雕刻師的學徒，但他鄙視這個讓他感到「煩躁，和一切、和自身分離」的工作。身為典型的十六歲少年，他到城外冒險。當天色越來越晚，盧梭知道自己必須在夜間城門關閉前回去，他已有兩次沒趕上宵禁，而遭到雇主毆打，他很害怕又發生同樣的事。

他拚命快跑，但沒有用，他還是沒趕上。盧梭在城牆外睡了一晚，誓言再也不回日內瓦了。從那天開始，他就過著流浪生活，不停旅行，而且幾乎是步行。

盧梭住過許多城市，卻不是城市人。對於巴黎，我們多數人會有美麗和浪漫的聯想，他卻是如此描寫首次與巴黎的相遇：「我只見到骯髒惡臭的小巷子，以及醜陋發黑的房子。到處是一片髒亂貧困，還有乞丐、貨馬車夫、補衣工、販賣藥草飲和舊帽子的人。」然後提到巴黎人「討人厭」，隨時說著「愚蠢的俏皮話」。不，他並不是城市人。

然而，他的人緣也不是太好，盧梭就是我們現在所說的「難伺候」。作家利奧·達姆羅施（Leo Damrosch）在其精采的盧梭傳記中，如此寫道：「他是難相處的朋友、掃興的情人，以及難纏的員工。」

步行讓盧梭得以躲避他人的目光。他生性害羞，嚴重近視，和馬可一樣是失眠患者。他終身都受泌尿問題困擾（最後診斷是攝護腺肥大），因此需要經常跑廁所，於是他盡可能避開與人社交。終其一生，他都在想像著人們正盯著他看。而且，他喜歡對陌生人暴露屁股的怪異強迫症，更是讓這件事雪上加霜。盧梭公開承認自己是受虐狂，喜歡被狠狠打屁股，就像他小時候不乖受到的處罰。「我發現在這痛楚中，甚至是羞恥中，混雜著讓我欲求更多的官能激情。」

步行顯然很符合盧梭的哲學。他提倡回歸大自然，而還有比走路更自然的事嗎？的確，對我們大多數人來說，是很大自然沒錯。

我不是盧梭派，也不是大自然的孩子——就連遠親都不是。我不露營，就算是豪華規格的露營也一樣。我的車子不會貼著「我寧可去釣魚」的保險桿貼紙，不管是打獵、露營（如前述）、洞穴探險、划舟、浮潛、攀岩或賞鳥都一樣，什麼都不貼。我沒有登山鞋、睡袋、冰爪，倒是有幾個背包，但全都是取名為「城市版」或「都會改版」的時髦款式。

大自然像是一個嘮叨不休的人，不斷提醒我要自省本質上的無能。我不知道怎麼搭帳篷、收帳篷，或是任何關於帳篷的事。我不知道怎麼利用星星、太陽或任何天體來辨別方向。我的無能還延伸到大自然以外：我不知道如何更換我車上的空氣濾網、如何和青春期的女兒對話、如何緩解年老長輩的身體不適、如何做瑜珈的下犬式動作，或是如何和我的思緒靜靜共處超過五秒鐘而不讓頭腦爆炸。

我以為我知道如何走路，但讀過盧梭之後，現在我甚至對這個基本能力產生疑問。對，我可以將一隻腳移動至另一隻的前方，如果有需要的話就一直重複這個動作。但這只是雙足移動，不是走路。

從人們走路的模樣，可以看出很多事。五角大廈最近研發出的一種先進的雷達，可以辨識出高達百分之九十五的個人行走風格，就和指紋或簽名一樣清晰明顯。每個人其實都有自己的走路風格。

我也有，而就像我的情緒一樣，我的走路風格顯得搖擺不定。我或許會像黑色星期五的購物客，全速衝刺；或像是一頭健康不佳的大象，彷彿剛嗾下吃到飽的印度自助餐後蹣跚緩行。要是你走在我後頭，一定要停止這麼做，因為我並非容易跟隨的人。

◇

我在盧梭不喜歡的城市納沙泰爾醒來，搭火車到一個名叫莫茨的小鎮，而這個小鎮盧梭更不喜歡。「一個最為粗鄙和惡毒的居住地。」盧梭如此回憶。顯然，這種感覺是互相的。

在被盧梭鄙視的小鎮裡，有一棟被他鄙視的房子，現在那裡已成了一個小型博物館；看來沒有什麼東西無法靠大把時間和一些修補來修復。一塊匾牌上標示盧梭居住在此的期間：一七六二年七月十日到一七六五年九月八日。事實上這雖是準確的說法，卻不完整，因為它未表現出盧梭和莫茨鎮居民之間的惡意仇恨。當時，他的文章讓當地民眾勃然大怒。

在那棟房子裡，我找到引發怒火的那兩本書的早期版本，也就是《愛彌兒》（*Emile*）和《社會契約論》（*The Social Contract*）。我也看到盧梭穿著「caftan」的肖像，那是一種中東地區流行的垂墜式長袍。它很舒適，但看起來有些怪異，就和盧梭的日常散步一樣，激怒了鎮民，而他的日常散步早已成了備受嘲弄的素材。有一天，鎮民積蓄的敵意沸騰了，而他們因為受到鎮長慫恿而朝盧梭的房子丟石頭。雖然盧梭經常誤解社交訊號，但這一次倒是沒看錯，於是他逃離莫茨鎮，再也沒回去，而我也一樣。

回到納沙泰爾的晚上，我去找了一家可麗餅餐廳，點了一杯夏多內白葡萄酒，希望能好好搭配早期的浪漫主義。我拿出背包裡盧梭的回憶錄，並沉浸其中。對於盧梭，你不會只是蜻蜓點水，你要不就一頭栽入，要不就完全不顧。

書裡的文字吸引我的目光，讓我無法釋丁；他的用語清楚易懂，沒有典型的哲學費解術語。很好，我心想，又啜飲一口夏多內，這的確很搭這本書。

我很快就瞭解到，這種清晰明確還附帶其他事物。盧梭這個人呢——我要怎麼客氣地說這件事呢？——他是一個愛演的戲精。他的文字是如此激動，我發誓連書頁摸起來都是潮溼的了。盧梭經常大哭大喊，容易欣喜若狂，更以昏厥知名。他總是放任自己進入「最甜蜜的憂鬱」、「我致命的命運」，或是我最喜歡的「懶散而孤寂的生活」。心臟是他最喜歡的器官，他的心臟總是忙碌不已，不是在「開放」，就是在「點燃」、「翻攪」；而主要是在跳動，帶著「焦急」、「歡欣」，以及不只一次「狂暴地」跳動。

我通常會覺得，這種描寫心臟的方法讓人倒盡胃口，但盧梭的卻不會。他的文字雖然緊張激動，卻不耍詭計。盧梭並未作假。

盧梭的哲學可以用兩句話總結：自然好，社會壞。他相信「人的自然良善」。在他的著作《論人類不平等的起源與基礎》（*Discourse on Inequality*）中，他描繪出人在自然狀態的景象：「徜徉在森林裡，不勞動、無語言、居無定所，沒有想望，沒有聯絡，沒有同胞的需求，而且也沒有傷害他們的欲望。」沒有人是生來就卑鄙、小氣、記仇或多疑的，或讓他們變得如此的，是社會。盧梭的「野蠻人」生活在不懊悔過去、也不擔憂未來的每一刻。

盧梭認為，我們接受並視為人類天性的，其實大多是社會習慣。我們深信自己喜愛煙燻布爾乳酪或 Instagram，是自然天性，但這其實是文化。畢竟，在一九七〇年代，人們認為和跑道一樣寬的長毛地毯及領帶很「自然」；直到現在，我們才承認這些物件的樣貌令人反感。即使如風景般「自然」的東西，往往也會受到文化影響。在歐洲歷史中的大部分時期中，人們認為山區很野蠻，神智正常的人才不會主動到那裡旅行；直到十八世紀，山區才開始受人推崇。好消息是，盧梭說我們可以改變這些社會習慣，只要我們察知它們的本質——社會文化的詭計，就和老舊的牛仔喇叭褲一樣容易被拋棄。

盧梭的「野蠻人」經常感受到「自愛」的感覺，盧梭稱之為「amour-de-soi」（自愛）。這種有益的情緒不同於較自我中心的情緒，即他所謂的「amcur-prcpre」（自尊）。「自愛」源自人性，「自尊」則來自社會。自愛是你沐浴時高歌所感受到的快樂；而自尊則是你在紐約無線電城音樂廳唱歌，所感覺到的快樂。或許你沐浴時歌唱得很難聽，但快樂只屬於你，這快樂獨立於其他人的意見之外；因此盧梭主張，這種快樂也比較真誠可靠。

所以我們可以瞭解盧梭為何徒步，因為徒步不需要任何文明的虛飾。沒有家畜、沒有馬車，也不必有道路。步行者擁有自由，沒有妨礙，那是純粹的「amour-de-soi」。

◊

有時候，僅僅一次的徒步就會改變一切，就像盧梭在一七四九年的一個夏日午後那樣。當時，他展開從巴黎到文森的十公里遊覽，準備探訪因文章被認定瀆神、因而入獄的哲學家同儕兼友人狄德羅（Denis Diderot）。那是一個特別炎熱的日子，路上塵土飛揚。盧梭停下來休息，他坐在遮蔭下，漫不經心地翻動《法國信使》期刊。他看到了迪戎學院針對「復興科學和藝術，是否有助於淨化道德」這個主題，正在進行最佳文章的有獎甄選。

盧梭感覺暈眩，失去方向。「就像醉漢。」他回想那時刻時說道。「我看到全然不同的宇宙，成為截然不同的人。」之後，他的文章贏得首獎，把他的生涯推上高層軌道。

坐在他的書房或搭乘馬車時，盧梭是否會得到同樣意外的啟示？或許也會，但是，走路已預先激發他的想像力。適度步速的五公里時速，讓他的心靈蓬勃發展，從辦公室瑣事及橫行的期望中解脫，四度徜徉。當心靈徜徉，意外和美妙事物就會發生。雖然不見得總是如此，但比你以為的更頻繁出現。走路正好提供了刺激和休息、費力和閒散之間的恰當平衡。

當我們步行時，是有作為和無作為並進。某一方面，我們的心思忙碌，專注在面前的地形，並察覺外圍的事物。但是，這些心思卻沒有占據大腦空間，因此有了許多漫遊的餘地，突如其來的念頭便跟隨而至。

難怪有這麼多哲學家喜愛散步，其中當然包括蘇格拉底，他最喜歡在市場漫步。尼采經常到瑞士阿爾卑斯山，展開兩小時充滿朝氣的健行，他深信「真正偉大的思想全是在徒步間構思得來」。英國政治哲學家湯瑪斯・霍布斯（Thomas Hobbes）擁有一根訂製的手杖，上面附有墨水，讓他可以在漫步期間記下想法。梭羅（Thoreau）經常花四小時步行，橫越康科德小鎮鄉間，他寬敞的口袋裝滿了堅果、種子、花朵、印第安人的箭鏃和其他寶藏。康德一生保有他非常固定、例行的散步公事，他每天都在中午十二點四十五分吃午餐，然後出發進行一小時的健行，時間永遠不多不少，永遠走在普魯士（現今俄羅斯境內）柯尼斯堡的同一條大道上。康德恪守行程，他堅定不移的程度，讓柯尼斯堡的居民甚至可以藉此對時。

他們全是優秀的步行者，但和盧梭相比，卻都黯然失色。盧梭經常一天走三十二公里，一度從日內瓦走到巴黎。這段四百八十公里的路程，他花了兩星期。

對盧梭來說，走路就像呼吸。「我不動時，幾乎無法思考。身體必須有動作，才能啟動我的思考能力。」步行時，他會在隨身攜帶的撲克牌上，匆匆記下大大小小的想法。盧梭不是第一個熱愛步行的哲學家，卻是把步行廣泛哲學化的第一人。

這名徒步哲學家駁倒了該學科最大的迷思之一，即「心智追求是徹底與身體分離」的說法。從阿基米德在泡澡時大喊「我發現了」，到笛卡兒的擊劍專長、沙特的越軌性愛，有一種迅捷的實體電流貫穿所有的哲學理論。世上沒有脫離實體的哲學家及哲學。尼采說：「比起所有哲學，你的身體中存有更多智慧。」

至於怒氣等情緒，當你發怒時，「怒火」是存在於哪裡？是的，在你心中，但同時也在你的身體裡，如同法國哲學家莫里斯．梅洛龐蒂解釋道：「我無法想像，在對手臉上所看到的怨恨殘暴，和其姿態、言語及身體分離。連在其他異世領域，或是在這名憤怒男子身體以外的某個聖殿，都不會發生這樣的事。」同樣地，當我們進行哲學思維時，不只是用我們的心靈，也使用我們的身體。

◇

回到可麗餅餐廳，我再度沉浸書中。同樣的酒，不同的盧梭，我讀著他未完成的最後一部作品《一個孤獨漫步者的遐想》（*Reveries of a Solitary Walker*）。這是一本奇特卻討人喜歡的書籍，美國作家蕾貝嘉．索尼特（Rebecca Solnit）在其研究步行歷史的書，指出「這是一本關於、卻也不是完全關於步行的書」。但話又說回來，步行本身就是關於、卻也非完全關於步行的一件事。

《遐想》是盧梭的作品之中，我最喜歡的一本。裡面充滿了一個被驅逐、被扔石頭、被嘲弄，後來什麼也不在乎的人，所提出的清晰道德及發酵過的智慧。這不是特立獨行的盧梭，不是懺悔者盧梭，也不是改革者盧梭，只是一個靜止的盧梭。

這本書按照一系列的十次步行，或說「遐想」來編排，每次都是以盧梭展開一趟遠足行程為起始。但可以說，遠足僅是一種工具，用以引出本書真正的主題：回憶。我們如何找回人生的甜美時刻？而再度品嘗時，它們是否一樣甜美，還是更為甜美呢？

在第五次漫步中，盧梭回想起他住在一個叫「聖皮耶」小島的時光，那是他逃離莫茨鎮抗議居民的避難處。那裡是他的樂園，「是我人生最快樂的時光。」他如此回憶。

看到這句話，我幾乎要噴出口中的夏多內。盧梭很清楚自己的毛病，他從不輕易感到快樂。我因此想要親眼看看讓他快樂的這座島。

我走向火車站，但這不是盧梭式的步行。太匆忙、太不用腦子了，我告訴自己。該死，專注，我這次大聲地說出來，嚇到經過的瑞士人。

在納沙泰爾小而繁忙的車站，我搭上開往盧梭快樂小島的區快車。當然，它準時發車了，瑞士火車的確對得起它們極其準時的名聲，但這種冷冰冰的效率，似乎和該國最偉大哲學家混亂又情緒化的人生，顯得格格不入。

這段行程不長，只有幾站，但我決定品嘗《遐想》這本書。「地球上所有事物都在不斷變動。」盧梭寫道，附和希臘哲學家赫拉克利特（Heraclitus）的名言：「萬物皆變動。」我們踏進的河流永遠不會呈現相同的樣貌，而我們自己也是。

火車非常平穩地滑過鐵軌，要不是景色改變，否則我會發誓我們根本不曾移動。而盧梭告訴我，移動至關重要，不過移動必須以某種形式。「如果移動太不穩定或過於激烈，就會讓我們從夢中醒來。」

盧梭對於激烈移動的說法，讓我想起自己在哲學家皇帝暨失眠患者的馬可陪伴下，搭乘美國國鐵橫跨美國的旅程。當時在北達科塔州的某處，千篇一律的景色讓我好厭倦，我需要做點事，任何事。

在美鐵的鐵道上，例行活動都充滿困難。例如，刮鬍子（我的一次嘗試造成血淋淋一團混亂）。走路也一樣。我像是海上的醉漢，腳步蹣跚、跌跌撞撞。從演化觀點來說，這很有道理。我們人類來自海洋，這件事也反映在步行的英文「walk」的詞源上。十一世紀時，「walk」一字是指如海洋般「搖晃、擺蕩」。直到十三世紀，「walking」一詞才上岸擦乾身子，成為當代的意義，所以文字其實也會演化。

但我並沒有演化，當我嘗試步行，便直接退化到十一世紀。我在走道間搖晃擺蕩，我猛衝向行李，而身體撞到陌生人。

「你必須隨著火車擺動起舞。」一名老婦人見識到我的無能時，如此說道。

她說得沒錯。我一直在對抗火車，但我需要跟著它舞動，讓火車帶領我。我花了一點時間，不過，還是掌握了訣竅。我明白了，祕訣在於放輕鬆。火車往左，然後往右，而我也跟著，不要抵抗。最後，我終於抵達我的目的地——餐車車廂，我與高采烈得像登上了世界第二高峰。

◇

大約六百萬年前，早期原人不再對指關節倚賴，開始直立站起，用兩腳走路。這種新的直立姿勢有許多出乎意料的好處，它讓人類空出雙手，因此我們的手得以製造工具，以及指點、撫摸、打手勢、牽手、比中指、挖鼻孔、咬指甲等。步行不只是關於步行，而且向來如此。

走路或許很自然，但這並不表示它可以輕易做到。美國作家約瑟夫．艾馬托（Joseph Amato）在其步行歷史百科《步行》（*On Foot: A History Of Walking*，暫譯）中，如此描述這種單一步伐的生理機能：「這需要在一隻腳或另一隻腳花上四分之三的時間。當人用硬挺的腳一步又一步踏上地面時，身體所有重量都會落在踩下的腳跟。直到轉動臀部，改變腳部和腿部的平面時，重量才會移到雙腳大拇趾。」當然，這些全是我們不假思索的動作。在走路時思考太多生物力學，可能會跌個狗吃屎，就像我看完上述段落時一樣。

我們以雙腳走路，但我們的骨骼卻是設計用來四腳行走的。古老的解剖結構和現今用法的脫節，誕生了足科醫師這個行業。扁平足、腳腫、水泡、腳趾囊腫、槌狀趾等，就是一些我們為了雙腳行走所付出的足科代價。盧梭一生中大多承受雞眼的疼痛之苦，使不服氣地以腳跟走路。

盧梭是忠誠的步行者，卻不是英勇的行人。因為雞眼，他的步伐緩慢，而且「永遠跳不過尋常溝渠」。他不帶裝滿的背包或其他裝備，不會抵擋野狗或小偷，不會拯救陷入困境的人，就算是少女也一樣。他就只是行走，不帶任何評判和期望。當我們像盧梭這樣走著，這個經驗卻是近乎神聖。

◊

火車進入一個小站稍作停留，這裡離聖皮耶島只有一小段的短暫公車路程。這是一座充滿驚喜的小島，但它不再算是一個島嶼了。在盧梭的時代之後，這裡已建造一座陸橋，連接島嶼和大陸。果然，萬物皆會變動。

我踏上這個不再是島嶼的小島，便明白盧梭這麼喜歡它的原因。它擁有樸實無華的田園風光，鬱鬱蔥蔥，卻不會太過甜膩；翠綠，卻又不會太過鮮綠。幾乎每一個好角度，都可以看到比爾湖的景色，呈現出最佳自然景觀。詩人菲利浦．拉金（Philip Larkin）稱之為「認真的大地」。

我可以想像盧梭在愛犬蘇丹的陪伴下，漫無目的散步了好長的路程，或許還採取了植物標本。我找到橫越聖皮耶的小徑，走了上去。一步接著一步，我告訴自己，就像我這一生都在做的那樣，只是更好。我把「更好」理解為「更快」，因此，沒多久我就以荒謬的極快速度移動著。

我猛然察覺自己的動作，便放慢到大象步調作為彌補。我為何找不到自己中庸一點的齒輪呢？我是怎麼了？

令我驚訝的是，給予我答案的，是哲學家皇帝馬可。回應困境，不管是真實或想像的，都不要自憐或絕望，只需要重新再來。從這個角度看來，人生不再像是一個出了差錯的故事，或是拙劣的結局，這些都不是真的。沒有結束，只有無窮的開始鏈。

所以我開始，一步接著一步。很好，現在已重新再來。

我沿著步道，偶爾停下來凝視湖泊或縷縷雲彩。最後，我找到了盧梭曾住過的小房間。這是一個簡單的空間，擺放著一張有頂罩的床，真是一處斯巴達式的休息區；角落裡，有一道可以讓盧梭在粉絲、敵人追來時，用來脫身的木掀門。

他的植物標本也在這裡。乾燥壓扁的植物，細長的莖，就此凍結於時光中。一個小小匾牌提及盧梭的「矛盾個性」，如果真的有，這可是相當輕描淡寫的說法。

這裡明顯缺少了一樣東西：書。盧梭逃離莫茨鎮時太過倉促，沒時間打包他相當多的藏書。在《遐想》中，他稱缺乏閱讀素材是「最棒的喜悅之一」。對於一生都用來閱讀和寫書的人來說，這個說法似乎非常奇怪。而在另一時刻，盧梭描寫走到與世隔絕的湖畔，聆聽湖水起落，「在我的耳際和眼前拍打著……用不著思考困擾，這便足以讓我愉快地意識到自己的存在。」好，他先是停止閱讀，現在則是停止了思考。他是在退化嗎？還是有所領悟？

盧梭就像蘇格拉底，是一種反哲學家，他沒有耐性去「空洞地切砍邏輯」及「心細如髮地區分形而上的微妙之處」。他是思想家，卻不是「過度思想家」。盧梭知道他最喜愛的器官——心臟，擁有其自行運作的智力。要靠近心，我們不必眉頭深鎖或咬緊牙關，而是用放鬆的雙腳和輕擺的雙臂迎接。

我們在人們面前昂首闊步、趾高氣揚，卻很少在獨處時這麼做。這些是社交姿態，而步行是最緩慢的旅行形式，卻是通往更真實自我的最快路徑。我們無法回到已失去多時、甚至可能不曾存在的樂園，但我們可以走路。我們可以徒步去上班、走路送女兒上學。我們可以在一個微風徐來的清爽秋日午後，漫無目的地獨自散步。

我們以走路來遺忘，我們以走路來忘記古怪的老闆、和另一半的口角、堆積如山的待付帳單，以及速霸陸汽車上的閃爍警示燈，通知胎壓太低或是車子著火了。我們以走路來忘記另一個優秀步行者威廉·華茲華斯（William Wordsworth）筆下那「對我們太過沉重」的世界，即使只是暫時脫離。

我們也以走路來忘懷自己，至少我知道我是這樣。抵抗人類所有已知節食計畫的七公斤肥肉、冥頑不靈的鼻毛；以及已有十年歷史，卻在突然間，出於只有它們自己知道的原因，決定在我禿頭的頭頂上實現自我，就像墨水般擴散開來的斑點。然而，在我散步時，這一切全都遺忘了。

我想起，我以前在電視上觀看夏季奧運會，因此對競走產生了濃厚的興趣。認真的年輕運動員拖沓走向金牌，他們看起來很荒謬，畢竟走路通常不算是種運動。「競走」這個名詞和「冥想競技」一樣沒什麼道理。在這個凡事重配件的年代，步行是少數尚未有過多工具及配件的活動之一，而我們仍大有可為。如作家索尼特所說，步行「從開始到現在，基本上沒什麼改進」。

步行是民主的，除非殘疾，任何人都會走路；即使是富有的步行者，並不比貧困的步行者有優勢。儘管盧梭有非凡的文學成就，卻總是視自己為「工人的兒子」，即我們現在說的藍領階級。這樣的人並不搭乘時髦的馬車，而是走路。

他們就像我現在這樣走路，聚精會神，一次踏出一步，享受這片認真大地的堅實以及彈性。

◊

一七七六年十月下旬，盧梭在長途散步過後的回家路上，走在一條狹窄的巴黎街道，如傳記作家達姆羅施轉述，當時「一輛貴族馬車衝向他，旁邊跟著一隻快跑的大型大丹狗。他閃躲不及，被狗兒撞倒，狠狠摔在鵝卵石街道，大量出血，不省人事。」盧梭很可能出現腦震盪及神經性損傷，一直未能全然痊癒。不到兩年，盧梭在一次早晨散步後回來時昏倒，從此與世長辭。

從各方面來說，盧梭含笑而終。在他的晚年，他已擁有較為溫和及樂觀的步行品質，雖然還是有少些的自憐跡象（「所以我是孤單在這世界上」）以及偏執的妄想（「我頭上的天花板有眼睛，身邊的牆壁有耳朵」），但他走路不再是為了逃亡，或是為了找尋、為了提出哲學觀點，他就是單純地走路。

盧梭為我們留下豐富的文化遺產，包括賀曼賀卡（Hallmark cards）上的文字、好萊塢催淚的電影、心形的表情符號，以及無所不說的回憶錄。如果你曾經說「我需要好好哭一場」，那你得要感謝盧梭。如果你說過「發揮你的想像力」，那也代表你是盧梭派。如果在激烈的爭吵當中，你脫口說出「我才不在乎它有沒有道理，這就是我的感受」，那麼你和盧梭也是同類。如果你曾經以憤怒的長途步行來回應自己的心碎，這也是很盧梭的行為。如果你的另一半曾在溼冷天氣時拖你去走十六公里健行，只因為「這樣對你有好處」，你也能感謝或咒罵盧梭。因為有他，我們的想法和感覺都改變了，而我們對於感受的想法也因此不同。

如果笛卡兒（Descartes）是現代認為的頭腦哲學家，那盧梭就是心的哲學家。他提升熱情的地位，讓人們得以正視情感的存在，雖然無法和理性勢均力敵，但地位已接近，這一切並不容易。盧梭當時身處重理性的時代，富含想像力的想法總會讓人猜疑。兩個世紀後，正是理性主義者的愛因斯坦宣稱：「想像力比知識更重要。」

人們很容易誤判盧梭的定位，直接將他視為會傾向擁抱人自然的盧德主義者（Luddite）。盧德主義者反對紡織工業化、反對使用新科技，寧可看到大家再次過著狩獵及採集的生活，只為了爭取好石頭及火源而大打出手。但這並非盧梭的中心思想，他並不提倡回歸洞穴，只是期望人們再次調整自身與大自然的關係，那才是他心中更理想的狀態。他早就預見了環保議題，早在工業革命數十年前，更早於加州開始蓋高速公路的數百年前。

盧梭提倡的自然主義從來不是要作為處方，而是一種思維實驗。盧梭設想，要是我們全都顯露出更為真實的自我，撕除表面、撕除社會大量疊加的層層心計，會是怎樣的光景？潛伏在循規蹈矩的保險主管的心底，可能是一個煽動分子；每一個上班族的身體裡，也住著一名登山客，渴望著釋放自我。

◊

我走出盧梭的舊時房間，用手護住眼睛，擋住陽光。我有兩個選擇：趕去搭乘水上計程車返回鎮上，或是走路。最後，我決定走路。

我獨自步行，帶著意圖行走。我任由思緒游走，但不放得太遠。我很擅長此道，不，這是傲慢的發言。快平息這個聲音，與大地連接。這樣好多了。

我找到了自己的節奏，感受著四周環境——鳥兒的啾鳴，以及腳下碎石令人滿足的吱嘎作響。我步行著，持續步行。我的雙腿疼痛、雙腳發疼，我仍繼續行走。好痛，但感覺美好。

我現在已經走了很長一段路，心想：不知道走幾步了？我下意識地轉過手腕，停下腳步，準備查看我的健康智慧手錶。我有如潛水員浮出水面呼吸那樣，貪婪地深吸一口氣。

沿著小徑某處，我感覺到一種細微但確切的轉變，就出現在我的……我的什麼？意識？不，是在我的心中。寄生在我心靈的期望——「瞭解」盧梭，在哲學研究中獲得進展——消散了。我行走，但又感覺不像是我在行走。我成了動詞，而不是主詞。

猶太神學家亞伯拉罕・赫歇爾（Abraham Heschel）形容安息日是「及時的庇護所」；而步行則是一種行動的庇護所。每一步的行進，我們得到緊緊相連的寧靜，也傳達了平靜，這是一種隨身的安詳。

痛苦消散，每一步都讓我感覺更沒有負擔，更加振奮，彷彿有人為我的鞋子打氣。我感受到大地的認真，還有它的輕快。一步，一步，一步。

當太陽低垂，我開始察覺到一種獨特的存在，雙腳像是掠過仁慈的大型生物。這樣的存在不是我說得出名字的東西，但我心中有種不尋常的確信，知道它比古老更不可考；從很久很久以前，從文字問世以前，便已經浮現。

④ 如何像梭羅一樣去看

Thoreau

上午十一點十二分，我搭乘著從華府開往波士頓的美國國鐵特快列車愛西樂二一五八車次。

我坐在「安靜車廂」。我們這些安靜的人類讚許地對視著，當然這一切發生在沉默之中。我們是戰友，加入一場不宣而戰的戰爭，固守自身的敦克爾克戰役，承受敵軍砲火。雖然情況並不樂觀，但我們依舊堅持不懈。安靜車廂是最為文明的文明，是抵禦外頭野蠻喧囂的堡壘。

然而，這是一場徒勞無功的嘗試。幾名任性乘客違反美鐵制定的「圖書館氛圍」，而從列車長對他們只是敷衍訓斥看來，我們這類安靜的人們都心知肚明，自己早已輸掉戰役。

而且，不論制壓此處的是何種的安靜，都只是外在現象。在我們的腦海裡，分貝強度已經爆表。這就是所謂寂然絕望的生活，只有外在是安靜的。

但這些都不重要，也不要緊，因為我擁有讓我安心的系列物品，像是一個小型圖書館的藏書、筆記本，及鋼筆等。突然間，火車一陣顛簸，我那枝不鏽鋼、具有精美工藝、完美結合美感和人體工學的日本鋼筆，不見了。

我找尋座位下方、座位周遭，甚至座墊裡頭。我四腳著地、彎下身，刺探這出人意料的複合式座椅機械裝置。最後，我這個扭曲的動作惹來一些側目，但沒有人訓斥；因為，我一直將這些行動，小心地控制在規定的分貝量。

我一反常態地沒有找到鋼筆，但我並不在乎。火車帶著節奏的行進——實際上不是晃動，比較像是生鏽的翹翹板——撫平了我的心靈，風景又同時飄過：朵朵白雲塗抹在暮春的天空、寬闊的薩斯奎哈納河、康乃狄克和羅德島的時髦海邊小鎮上。我看到了這一切，或至少我認為我看見了。只要閱讀哲學的時間夠久，你很快就什麼也不敢確定了。

◊

有些人天生是梭羅，有些人則接近梭羅的層次，而大部分的人卻是被強迫認識梭羅。我在九年級時，被強迫認識亨利．大衛．梭羅（Henry David Thoreau）。我跟不上他，而就算可以，我也不想。如前所說，我不是森林系的那種人，我的生活不是樸質的典範。當我出現想要隱居的念頭，我寧可隱居在旅館房間裡，而不是沒有水管和像樣網路的小木屋。我立刻把《湖濱散記》（*Walden*）流放到我腦海裡的西伯利亞，並加入《白鯨記》（*Moby-Dick*）、《卡拉馬助夫兄弟們》（*The Brothers Karamazov*）和微積分。

在康科德小鎮之行的幾週前，我偶然看到《紐約客》雜誌一篇關於梭羅、題名為〈水華〉[9]的文章。如你想見，它無助於平反我心中的這位康科德隱士。作者凱薩琳．舒茲開頭先是描述了一名冷血的厭世怪人，然後她扯下手套準備大開殺戒。

然而，隨著通勤列車像梭羅時代那樣開往康科德站，我決意保持開放的心靈。如果哲學研究曾教會我什麼的話，我會說「第一印象通常是錯的」。懷疑是必要的，它將我們從一種確定傳送至另一種樣貌的確定。它緩慢前進，每站都停。

我懷抱計畫來到康科德鎮，本篇篇名會叫作〈如何像梭羅一樣離群索居〉，或是〈如何像梭羅一樣簡單生活〉；或者考慮到〈水華〉裡面揭示的偽善，就叫作〈如何像梭羅一樣佯裝離群索居過簡單生活，卻又偷溜到媽媽家中吃自家手工餅乾〉。畢竟，他與世隔絕的實驗，並不是真的

9 Pond Scum，除了指死水表面上形成的藻類薄層，俗語中也意指過著原始生活、讓人討厭的人。

那麼與世隔絕。

我一踏進康科德公立圖書館，就立刻發現它並非典型的小鎮圖書館。怎麼會這樣？康科德不是典型的小鎮，小說家亨利．詹姆斯（Henry James）說它是「美國最大的小地方」。它在獨立戰爭扮演了關鍵角色——全世界聽見的第一槍，就是在這小鎮出現——以及後來思想解放的超驗主義運動（Transcendentalist movement）。其中，這裡誕生了亨利．大衛．梭羅。

梭羅生於康科德鎮，除了在哈佛的時光，及紐約（不快樂的）的一段短暫日子，他一生都居住於此。梭羅熱愛康科德，朋友努力說服他去看看巴黎，但他反對。即使真的去了緬因州和加拿大旅行，他心仍帶著康科德一塊旅行。「在我的靴子和我的帽子上，我都帶著康科德的土地——我怎麼可能不是出於康科德的塵土呢？」

有如世上所有絕佳的圖書館，康科德圖書館提供了大量的閱讀空間。我走進一個名為「超驗主義洞穴」的角落，代表超驗主義的偉大人物們定格成為大理石，俯瞰著我。有愛默生（Emerson）、奧爾科特（Alcott），當然還有梭羅。這個半身像是後期的梭羅，留著鬍子，嚴肅又睿智。這是一張仁慈的面孔、一張面具，抑或是掩蓋黑暗的水華內在？

這裡所陳列的梭羅愛書，提供了一些線索。就像馬可一樣，梭羅也是智慧的清道夫。「我一點都不在意從哪裡得到想法、從什麼東西得到啟發。」他寫道。梭羅閱讀古希臘和羅馬作品，但同樣品嘗異國風味，例如《論語》和《薄伽梵歌》。他有出色的挖掘本領，是第一批開採中國和印度資源的西方哲學家。好的哲學有如一顆好燈泡，能照亮整個空間。燈泡的產地、價格、瓦數、年代，以及背後的科學，這些全都不重要，只要它能夠照亮房間，照亮你的房間。

基於「個人危機」這種平常理由，梭羅而轉向東方。那一年是一八三七年，他剛因為拒絕施行當時慣例的體罰，被康科德一家學校開除教職。他身無分文，無所適從。後來，他偶然看到一本書，不但有頁數上千頁，也有同時冗長的書名：《英屬印度的歷史和描敘》（*A Historical and Descriptive Account of British India*，暫譯）。他埋頭苦讀，發掘出瑰寶。這些既陌生又熟悉的觀念，慢慢鑽入他的心中。「某種程度來說，在極少數的情況下，就連我也是瑜珈士。」他曾對朋友這麼寫道。

我認為梭羅比較不是瑜珈士，而是「桑雅士」（sannyasi，指「遁世者」）。在印度教的傳統中，桑雅士是履行家庭義務、放棄所有物質財產、退居森林，以追求純粹精神生活的人。

我拐了個彎，差一點撞上特藏館負責人萊絲莉．威爾森。她又高又瘦，有著警覺的銳利眼神。我欣賞她和梭羅共同生活了數十年，卻仍然不覺得厭煩；我欣賞她欽佩梭羅，卻又不流於阿諛奉承。

萊絲莉告訴我，她時常會接到許多「朝聖者、追星族及怪人」的現場詢問。每天都有這樣的人湧入瓦爾登湖，顯然未察知他們這種擠入隱居殿堂的諷刺意味。她對我說，瓦爾登湖沒什麼特別的，「只是一個有很多蚊子出沒的沼澤坑。」她拖長尾音說出「沼澤坑」，讓它流連在舌尖，品嘗這美味的輕慢言詞。「這地方沒什麼神奇的。」

你若全然相信這說法，就是誤解了梭羅的觀念。一個地方之所以特別，是因為我們讓它如此。「別來瓦爾登湖」，梭羅會對他的二十一世紀狂粉這麼說。找尋你自己的瓦爾登吧，最好是創造你自己的瓦爾登。

萊絲莉的身影消失在附近一個保險櫃，接著拿出一張已護貝的稿子。這是梭羅散文〈漫步〉（Walking）的原稿，字跡龍飛鳳舞，帶點狂野的意味。梭羅喜歡「狂野」（wildness）這個字，他說：「狂野存有世界的保留地。」它經常被錯誤引用為「荒野」（wilderness），但並非他的意思。荒野在於外在世界，而狂野存於我們心中。狂野是強烈而固執的。

我仔細端詳手稿，注意到修改的地方。例如，梭羅如何將「剛過中午」改為「剛過夏日中午」。雖然只是一個小小的改動，但對梭羅來說，細節很重要。之所以重要，並不是因為他講究挑剔——雖然他的個性的確如此——而是因為他發現細微之處，就算不是神啟，也絕對是蘊藏美好事物的主礦脈。

我和萊絲莉談起〈水華〉這話題，這種社交手法通常用於談論查稅、生殖器疣等話題時。是的，她看過了，康科德每個人都讀過了。她說，那篇文章不公允，但也不能說它不正確。梭羅是「很難混熟的人」，她對我說道，以典型、新英格蘭的保守用字。

亨利・大衛・梭羅是《湖濱散記》的主角，美國傳統知識中受人愛戴的指標性人物，他是環境主義的使徒、文學的巨人，但也算是個混蛋，每個認識他的人都這麼說。美國小說家霍桑（Nathaniel Hawthorne）說道：「梭羅擁有『一種僵化的心靈性格，頑固有如撲克牌般，及一種不妥協的固執』。」但其他人就沒那麼仁慈了。「梭羅確實是最為孩子氣、不自覺及厚臉皮的自我主義者，幸好我是在成年時認識他。」老亨利・詹姆斯說道，他是小說家亨利・詹姆斯和哲學家威廉・詹姆斯的父親。

人們最嚴厲的批評用語，大多是談梭羅的偽善。說他假裝單獨住在森林，自給自足，卻溜回去媽媽家吃餡餅，還享用洗衣服務。

沒錯，梭羅真的不是大家所以為的那樣，在瓦爾登湖與世隔絕。其實，他時常步行半小時回鎮上，不只去吃媽媽的家常菜，還去郵局或咖啡店。所以《湖濱散記》不過是個騙局嗎？全美國的九年級學生都被耍了嗎？

我可不這麼認為。梭羅從未聲稱自己要切斷所有外在社會的聯繫，也不曾隱瞞自己在鎮上的行蹤或小木屋的訪客，《湖濱散記》甚至還有個章節叫作〈訪客〉。正如一位梭羅粉絲對我說的，

《湖濱散記》這本書並非要談一位住在森林裡的男人，而是關於一個人的生活方式。

至於傳聞中梭羅的古怪性格，完全屬實，但這不會減損其智慧價值。如果古怪會讓一位思想家失格，那麼，哲學只需要一本小冊子就能說完。

我對萊絲莉談我對哲學的實際著手方式，並詢問她認定梭羅所探討的「如何」問題是什麼。我預期她會說出常見的「如何獨居」或是「如何過簡單生活」。

「如何去看。」她毫不遲疑地說。

「如何去看？」

是的，她回答。所有一切——簡單生活、獨居、自然主義——都是為了更大的目的：視野。梭羅教我們如何去看。

我沒料到是這樣。於是，我向她保證，我會好好來研究。

「很好。」她說。「你讀過梭羅嗎？」

哦，有的，我說。不只《湖濱散記》，當然，還有他的文集，甚至是他沒沒無名的處女作《河上一週》（*A Week on the Concord and Merrimack Rivers*，暫譯）。

「還不錯。」她說，像是在稱讚看懂繪本《好奇猴喬治》的幼兒。「但如果你想要瞭解梭羅，就需要讀他的日誌。」

我向她保證，我一定會。直到後來我才明白，我給自己找了什麼麻煩。

◇

每位遇見梭羅的人都會評論其外表，有人提及他的鼻子，高挺如羅馬人，「有如對宇宙的問號」；有人說他的嘴巴「粗野、像鄉下人的感覺」；或是他的雙手「手巧有力」。還有人評論梭羅詭異的靈敏感官，像是他的好聽力，「他可以聽見極為細微和遙遠的聲音」，以及「沒有獵犬比他更會聞」的好鼻子。

不過，最讓人印象深刻的，還是梭羅的眼睛，但大家的看法都不同。一名康科德鎮民說他有「極其認真的眼睛」，而另一人則回憶說他「有如貓頭鷹的銳利眼神」，而第三人則說他有「巨大雙眼……剛開始真是嚇死我了」。

梭羅的視覺能力可說是傳奇。他只要看一眼，就可以估計出樹木的高度或牛的重量。而一堆鉛筆中，他光用看的，就可以一把抓出剛好一打的數目。他還有找到深埋的印第安箭鏃的技能。「這裡有一個。」他會這麼一邊說著，一邊用腳把它踢出來。

談到感覺，哲學家一向都有分歧。理性主義學派不信任感覺，他們相信，唯有我們的智力及其包含的先天知識，才能引導我們走出洞穴，進入光明之中。理性主義者笛卡兒的名言便是「我思故我在」（Cogito, ergo sum）。而經驗主義學派則認為，我們的感覺確實可以信任，而且唯有透過感覺才能認知這個世界。

梭羅不讓自己受困於這種認識論的難題中。他主張，我們的感覺是我們僅有的一切，不論是否值得採信，為何不盡可能地善用感覺？他抱持的是由外而內的哲學。

梭羅被認為是超驗主義者，這種哲學運動可用一句話總結：「信任未見事物」。但，梭羅對已見事物抱持著更強烈的信任。相較於「真實性的本質」，他對於「本質的真實性」更感興趣。世界是否不是我們眼前所見那麼簡單？可能是，但眼前已擁有許多奇蹟，所以就從這裡開始。梭羅重視視野勝於知識。知識往往不確定、不完美，今日的確定可能是是明天的謬論。「誰能談論事物的本質？人只能談論他是如何看。」

◊

我們究竟是如何看見？我們大部分的人認同攝影技術的看見，相信眼睛有如相機捕捉世界映像，再把映像傳遞至大腦。我們的眼睛是「相片」，眼前馬克杯上的標語如此寫道。

這是不錯的推論，只是也不正確。看見比較不像照片，而像是語言。我們並不像和世界交談那樣地看見世界。那是什麼？像是一個馬克杯，你覺得呢？我查一下資料庫，再回答你。

對，那是馬克杯。我們沒看見眼前的馬克杯，但我們告訴自己它在那裡。馬克杯只發送電磁波到我們的眼睛和腦部。從粗略的資料，我們創造資訊，接著是意義——在這個例子指的是，「眼前的物體叫作『馬克杯』」。

有時我們會太快為事物創造意義，或許那些看起來像馬克杯的東西，其實完全是另一種東西。快速定義物體和人們，便有看不見其獨特性的風險，而梭羅提防這種傾向。「別讓我急著探查普遍法則。」他對自己說。「讓我更清楚地看見它的獨特事例。」對於眼見事物，只要暫緩定義就能看得更多。

梭羅放慢這個過程，慢到有如爬行。他拉長假說和結論之間、看著和看到之間的間隔，一再提醒自己要記得逗留。「我們必須留意很長一段時間之後，才能夠看見。」他說。

看是主觀的，科學家超然的「無中生有的觀點」，並非梭羅感興趣的展望。東西要真正被看見，就必須被某處的某人看到。「你的觀察要能有趣，也就是要有意義的話，就必須是主觀的。」他寫道。

領略美景絕對是個人性質的，火紅的落日，點綴無數星辰的墨黑夜空等等，全是個人的判定。如哲學家羅傑・斯克魯頓（Roger Scruton）所說：「這個世界能為這些事物騰出空間，也能為你留下空間。」

對梭羅來說，看和感覺是糾纏難分的，如果感覺不到，也就看不到。感覺不只決定了你看的方式，還決定你看到什麼。對他來說，看見不只激起情感，也是一種互動。比方說，他看到一朵玫瑰，和它溝通，某種程度上是和它合作。我瞭解，這聽起來很奇怪，有點精神錯亂。不過，許多藝術家都描述了同樣的現象。當他們看到物體，便感覺到物體也回望他們，但他們不可能全是瘋子。

◊

讀日誌，萊絲莉的話盤踞在我的腦海中，有如排行榜前四十名的歌曲，討厭地揮之不去。成年後，梭羅大部分的時間都有寫日誌的習慣，產量高達十四冊、約兩百萬字。

當我聚集勇氣，轉向第一冊時，頓時被恐懼淹沒，閃現九年級英文課的回憶。然而，等我開始讀了之後，恐懼消散，取而代之的是舒緩，最後是愉快。梭羅在他的日誌中，感覺像是活過來一般，和《湖濱散記》中的他不一樣。這個梭羅極為坦率，也極為脆弱。「我從未認識、也永遠不會認識比自己更糟的人。」他一度寫道。

我們往往認為梭羅是個——我要怎麼婉轉地說呢？——嗯，膽小鬼。但是看過他的日誌後，我瞭解到了實情。他的文字揭露出一個陽剛強勁的梭羅，一個動作片英雄的哲學家。他步行、滑冰、游泳、發酵蘋果、伐木、聆聽池塘的聲音、探勘土地、划槳溯河、蓋房子、吹長笛、玩雜耍、射擊（他是特等射手），而且至少有一次，以目光震懾住一隻土撥鼠。他從事這些活動，就為了看得更清楚。「必須要有活動的雙手，才能有洞察的眼力。」他說。

梭羅不怕弄髒雙手或其他身體部位。在日誌中，他描述自己讓身體浸入沼澤，直到下巴，感受溼泥緊貼皮膚，擁抱浮沫。

當我跋涉深入日誌，我聽見馬可和他的《沉思錄》回聲。和馬可一樣，梭羅和自身對話，而讀者們只是一旁偷聽。在日誌中，我也聽見蘇格拉底。這兩人並不是明顯的分身，世紀年代分隔了他們。而梭羅手稿逾兩百萬字，蘇格拉底卻並未留下隻字片語，但他們還是哲學上的兄弟。

就像蘇格拉底，梭羅過著「經檢視過的生活」，實行著「無畏的自我檢驗」。就像蘇格拉底，梭羅搖擺在極其高速和徹底靜止之間。他一天步行六點五公里，但如一個鄰居回憶，梭羅也可以「好幾個小時坐著不動，任憑老鼠爬過他身上，吃掉他手中的乳酪」。

蘇格拉底和梭羅都愛問莽撞的問題，讓人不高興。在他們各自的年代中，他們都很惹人厭，可說是最刺激的麻煩人物。然而，兩人也因此付出代價，雅典處死了蘇格拉底，而康科德鎮民們抨擊梭羅的作品。

和蘇格拉底一樣，梭羅相信所有哲學始於求知。他以各種方式表達此想法，而我最喜歡的是

《湖濱散記》這句話：「真實是精采絕倫的」。我欣賞梭羅比較不像哲學家的論調，他更像是充滿驚嘆的青少年。又或許，兩者的差別並沒有那麼大。

◇

就連康科德的塵沙，也在梭羅筆下被深情描寫，而如今已被吸塵器有效除塵而不見蹤影。二十一世紀的康科德是小巧可愛的新英格蘭小鎮，有著酒藏專賣，及珍貴的咖啡館；而在溫暖的春天，還可以見到單車族身著孔雀似的鮮豔色彩，騎乘昂貴的單車。在這種城鎮中，梭羅邋遢的衣著、不加修飾的鬍鬚，就算不會被直接打量，也會招人側目。

我必須指出康科德這一點：它的歷史傳承得相當好。一切都很低調，新英格蘭式的低調，就連當地的來德愛連鎖藥局和星巴克，也都展現出一種適切高雅的現世建築。當然，這位最著名的康科德之子，得到了其應有的待遇。這裡有梭羅街、梭羅學校，還有一個體能中心，沒錯，就叫作梭羅俱樂部。倒是沒有梭羅水上樂園，或是梭羅蠟像館。

六月二十日是夏至，我認為是一個冥想「看見藝術」的好日子。如果我們真的是光之子，那麼，今天就是我們的生日。

我一大早就醒來，準備……怎樣？成為梭羅？不。不可能，也不可取。但是，我認為，依循他一天的軌跡，我或許可以暫且透過他的眼睛看世界。

和馬可不同，梭羅是個早起的人。他享受清醒時分的初始時光，那種「夢境和思想之間的未定之地」，並喜歡引用古印度文本《吠陀》裡的一句話：「所有智慧隨著早晨甦醒」。黎明在湖裡沐浴後，梭羅就埋首他的「晨課」，即閱讀和寫作。他可能會修改粗略的日誌篇章或琢磨章節。手在書頁上移動的肢體感覺，對梭羅來說，那是一種隨意的瑜珈，一種冥想。

我手中握著筆和筆記本，把我的晨課用於思索關於梭羅的難解問題。他在「看見」中看到了什麼？他如何看到這麼多？我沉思這些問題許久，而它們只是無聲回視我。我們陷入僵局，所以我也做了梭羅繆思女神潛逃時會做的事。我闔上筆記本，繫好健走鞋的鞋帶。

梭羅每天都會於康科德鄉間散步，通常是在下午。和盧梭一樣，除非雙腳移動，否則他無法清晰思考。盧梭開始冥想，梭羅則是閒逛（他喜歡這個詞）。他閒逛以便遠離鄉村，然後返回自己的感官。

梭羅閒逛時不需要目的地，但我需要。以明目張膽的公民不服從行動，我決定無視萊絲莉的警告，造訪她不推薦的擁擠沼澤坑，也就是所謂的瓦爾登湖。我打開從康科德到瓦爾登湖的小小步道地圖，路程大約三公里，而梭羅的林間小屋比較像是在一個活力小鎮外圍的小木屋。我對梭羅網開一面，畢竟一本叫作《湖濱散記：關於住在一個離文明根本不遠的小屋生活》的書，是欠缺賣點的。

我的背包是梭羅絕對不會有的城市款，而在準備背包物品時，我決定做一件不合本性的事：我把手機塞進書桌抽屜，不帶手機出門。

不到幾分鐘，戒斷症狀就出現了：皮膚溼冷、心率加快。也不是說沒帶手機就會讓我覺得彷彿裸體，裸體我倒是還受得了；但我感覺到的是，像是沒帶肺部或其他重要器官就出發去散步了，但我還是堅持下去。

我瞭解梭羅喜歡在此閒逛的原因，這兒氣氛寧靜，空氣溫和涼爽，地面踩起來的感覺有如長長的毛絨。我想起梭羅的友人約翰·衛斯是怎麼說他的。「他漫步的模樣，像是土地和他之間出現了大量的臆想。」但我和大地之間並沒有什麼臆想——其實是閒談——但我很快就找到自己的步調，我刻意專注於梭羅的敏銳視覺。

首先，我看到的是一個快速接近的模糊形體，這個模糊形體戴著丹寧頭巾和白色耳機，雙臂奮力擺動，健壯的雙腳快速踩動。她是效率的化身，並不是在閒逛。

我來到一個叫作仙境池的水邊，坐上附近的長凳。我放眼望去，卻什麼看不到。「別去找東西，讓東西來找你。」梭羅暗中批評地斥責。「水華。」而我嘀咕著。

但不管用，我什麼也沒看到，卻聽見了一切：上方轟隆隆的螺旋槳飛機，附近路邊呼嘯而過的汽車，是二十一世紀的聲音。我的靈敏耳力，要歸功於在美國全國公共廣播電臺（NPR）擔任記者的年代，那裡教會我聆聽他人可能不會聽的東西。只要夠用心聆聽，就知道萬物皆有聲音，即使是一個貌似寂靜的空間，聲音工程師會稱其為「房間音」（room tone）。我思忖，靈敏感官是可以轉移的嗎？我能否把好耳力換成好眼力？

我口袋中原本應該放手機的地方，不斷出現的震動幻影消散了。我開始察覺到靜止，感受到我相信一般稱為「平靜」的時刻。

然後，蚊子就來攻擊了。有些採取狙擊，而有些更具侵略性地採取俯衝攻擊。好煩人，於是我撤離，繼續漫步。在思索梭羅不受外在影響的專注時，我的腳步在木棧板一滑，差點跌倒。這過程非常驚險，所以我停下來，重新調整。

我特地要仔細查看大自然所展現的事物，讓我訝異的是，這個嘗試發揮作用了。我見到一隻在電線上蹦跳的知更鳥，至少我認為那是知更鳥。牠也可能是金鶯、紅眼雀，或只有天知道的其他品種，但這重要嗎？

梭羅未必認為如此，而他認識他的鳥兒。對這隻應當是知更鳥的知識，或許可以增加觀賞牠的樂趣，但也可能減損樂趣。鳥類學家可能會知道孔雀斑斕羽毛的生物原理，卻不懂欣賞它的美。「直到我放下對東西的瞭解後，才開始看見它們。」梭羅說。煩膩的眼睛看到的就不多。

梭羅培養了「純真的眼睛」，他從未失去孩子的好奇感覺。看到莓果，他一定會採拾。「他就像男孩子，而且是永遠的老男孩。」他的友人愛默生如是說。梭羅和蘇格拉底一樣，重視「完全自覺自醒的無知」，並且曾半開玩笑地提出，他形塑了一個散播「有用的無知」社會。

遠遠早在開始解釋「美」之前，人類就已經一直在創造「美」。關於文學理論，荷馬（Homer）一無所知，而一萬七千年前畫下法國拉斯科洞穴壁畫的無名藝術家，他們的藝術史學科一定不及格。看見美，勝於瞭解美。

謝天謝地，蚊子已經離開，而充滿企圖心的跑者也早已不見跡影。只是，鳥兒仍不知疲倦地在電線上跳躍。我心想，做得好。但瓦爾登湖仍在等候，於是，我決定繼續往前行。

走了幾步之後，我停下來。為何這麼突然要停下來？是我的視覺假設機制在發揮作用。我的頭腦設想有一個生物——很可能是知更鳥——在電線上跳躍。瞬間，我的頭腦就接受了這個假設，提交出一個報告：有隻鳥兒，很可能是知更鳥，在做可愛的鳥兒般的動作。是，這就是自然。你是正規的美國環保運動領袖約翰．穆爾（John Muir），我們現在可以出發了嗎？

我強迫自己如同梭羅般流連徘徊。「有時必須徹底自由地漫步——不聞不問——不專注於看事物。」梭羅可以輕鬆花上一小時，觀看錦龜下蛋到潮溼的沙地裡，或風帆在風中飄揚。他曾經用了整整一天，看著母鴨教小鴨在河邊過活，隨後，還用他的鴨子故事取悅孩童。但是，孩子認為驚奇之處，往往讓成年人覺得古怪。一名叫作莫瑞的農夫回憶，他見到梭羅靜靜站著看湖。

我停下來，看著他，我說：「大——大衛．亨利，你在幹什麼呢？」他沒回頭，也沒看我，只是一直凝視湖面，然後他開口說話，彷彿剛才一直在思索天堂裡的星辰。「莫瑞先生，我在研究——牛蛙的習性！」那個怪傻子一直在研究——整整一天——研究——牛蛙——的習性！

像梭羅這樣緩慢地看，並不容易。視覺是最為快速的感官，遠比味覺還快。沒有相當於味覺上「品嘗」這樣的視覺用語，我們可以說視線「流連」在一個物體上，但這缺少「品嘗」的官感。我是個懶散的觀察者，總是期待視線對象完成所有工作。景觀，讓我眩目吧。該死！要美美的。當觀看對象——比方說是阿爾卑斯或莫內相關——不可避免地未能符合我不合理的期望時，我就會怪它，而不是自己。然而，梭羅的想法不一樣，他認為，對美敏銳的人，在垃圾場也能找到美；而「愛找碴的人，即使在天堂也能找碴」。

◊

我來到森林裡的一處空地，這是梭羅湖濱小屋的所在地。鍛鐵柵欄圍住以一堆石頭所標示出的地點（小屋本身早已不復存在），一個告示上寫著：「這堆石頭底下是梭羅小屋的煙囪地基：一八四五至一八四七年」。

這個針對「自發性離群索居」、史上最偉大的實驗地點，自然是人潮洶湧。有個緊握大杯星巴克咖啡的婦人，對著手機大嚷；一群中國觀光客操縱如大砲般的長鏡頭，對著石頭拍照。他們打擾了我的獨處時光、我的梭羅時刻，我想要他們離開，但是他們不離開。

我知道這不公平，因為，他們和我一樣有權利待在這裡。就像車流，當我們困在塞車中、抱怨「都是這些車」時，卻忽略我們也是車流的一部分，也是問題的一部分。

一對中年夫婦盯著石頭標示不放，我看得出那名男子尤其被迷住了。他喃喃說著他有多欣賞梭羅。

「那你要做什麼？」他的妻子嘲謔。「住到森林裡嗎？」

男子像是受到斥責般，頓時安靜下來。不，他不打算住進森林。他會開著休旅車回家，卸下行李，再次展開寂然絕望的生活。

這是梭羅帶來的問題：他做的事不切實際。我們無法放下一切，住到森林裡，就算附近有媽媽的房子能供餐也不成。我們有該付的帳單，要捧場的演奏會，及需要參與的電話會議。但話又說回來，梭羅從未建議我們跟隨他的做法。《湖濱散記》是喚醒我們的鈴聲，而不是處方藥。

我稍稍閒逛得更遠，見到了另一個碑文。上面的句子出自《湖濱散記》，可說是梭羅最著名的文句：「我進入森林，因為我想要從容不迫地生活，只面對生命的本質，看看自己是否未能學會它所要教我的事。不要到了生命盡頭，才發現自己從未活過」。

我喜歡這句話，但是會稍加編輯。我會把從容不迫地「生活」，改為從容不迫地「看著」。我想梭羅不會反對，「看」是他實驗的重點。其餘部分，不論是與世隔絕，或是簡樸的形式，全是為了這個目的。

◇

梭羅看得太多了，這讓他精疲力竭。「我這種過量關注的習慣，讓我的感官無法休息，始終處於緊繃狀態。」他在日誌中寫道。

我們將感官視為天線，掃描環境，採集資訊。它們像是濾網，從一團混亂的雜音中，篩檢出少少的相關訊號，以免感官資料泛濫淹沒我們。如梭羅所說，我們被打造出來，是為了接收「我們無限的分額」（our portion of the infinite），而且不多不少。

「看」是從容不迫的、總是有選擇的，即使我們並未察覺。梭羅說，適切的看需要「不同的眼力意圖」。這全和角度有關，而沒有人比梭羅更擅長這件事。改變看法，不只改變如何看，還有看見什麼。「從正確的角度去看，每一場暴雨和每一滴雨滴，裡面都有一道彩虹。」

梭羅從山坡上、湖畔、湖面小舟、水底等每一個可想到的有利位置，觀察瓦爾登湖。他在冬季及夏季，藉著日光及月光，觀看同一幅景色。

梭羅很少直接凝視任何事物，而是用餘光去看。這是有生理學依據的，在微光中，我們以餘光觀看，最能夠察覺到物體。不論梭羅是否知道這個理論，他都的確從經驗中瞭解到了。

他決心不陷入視覺窠臼，便改變角度，有時只是最細微的改變。「慣常的小徑或路線，改變毫髮程度的事物」，便能揭露新世界。一八五五年一個寒冷的十二月天，梭羅看到一隻松雀不尋常地遠離過冬的南方，只因為他選擇了不同的路徑。

有時，他會採取比較極端的做法。他會彎下腰，從雙腿間觀看，翻轉的世界讓他嘖嘖稱奇；梭羅熱衷於翻轉，他甚至曾翻轉自己的名字，從「大衛．亨利」改為「亨利．大衛」。上下顛倒這個世界，就會看見新世界。

我找到一個相對偏僻的湖畔地點，先確認沒人在看後，便嘗試這個舉動。我彎下腰，從腿間觀看，天空和地面為之顛倒。血液湧向腦袋，我感到暈眩。接著，我起身站好，天空和地面又回到正確的位置，或許我的做法並不正確。

不，我弄錯了重點。梭羅傑出的眼力並非只是一種技術、只是一種視覺詭計的歡樂包，而是讓其性格發揮功能。他認為，察覺到美是「一種道德考驗」，美不在觀看者的眼中，而是在其心中。因此，不精進自己，就無法增進我們的眼力。而這樣的作用是雙向的，不只我們是怎樣的人，決定了所見的事物，我們所見的事物，也決定了我們是怎樣的人。如《吠陀經》所說：「觀之而相生」。

◊

萊絲莉說得對。當然，這裡湖色優美，樹木林立，夏至日光映得湖水閃動。但是，它只是一個湖，而且不見得是最寧靜的湖。沿著湖邊漫走時，我聽見火車轟隆隆駛過，一如梭羅當時的情況。他的人生和鐵路的快速發展重疊，從他的小屋，可以聽見火車頭的呼嘯聲，「聽起來就像老鷹翱翔過遠處農場的叫聲。」

梭羅對這種新奇科技的感覺十分矛盾。一方面，火車頭的原始力量令他敬畏；另一方面，卻又害怕鐵軌會擾亂他熟悉的節奏。原先以觀日來判斷時辰的農人，現在卻藉由下午兩點從波士頓發車的火車來對時。瓦爾登森林的林木被砍伐，用來作為燒柴引擎的燃料。「我們不是搭乘火車，而是火車騁馳在我們之上。」梭羅作出結論。

我來到瓦爾登湖遊客中心，看到一個按比例複製的梭羅小屋。它比我想像的還要舒適，具有適宜的A型框架，設有一個柴爐、一張書桌、一道通往地窖的地板掀門、供訪客使用的椅子、一張小而舒適的床，還有一面映入南方景色的大面窗。這裡不是凡爾賽宮，但也絲毫不破爛。

一名叫作尼克的公園管理員正在導覽，這顯然不是他第一次的行程；但是他對於梭羅的熱忱，讓原本可能只是千篇一律的推銷話術，顯得朝氣蓬勃。我在梭羅迷身上注意到這一點，亨利（梭羅迷總是叫他亨利）有其獨到之處，讓這些人不會因過度熟悉，而產生反射性的憤世嫉俗，這都沒發生。

尼克結束了他準備充分的說明後，留下時間供人發問，而大家也踴躍提問。

「蓋小屋花了多少錢？」

「二十八美元十二點五美分，最貴的是釘子。」

「他整天都在做什麼？」

「閱讀和寫作。」

「他為什麼要這麼做？」一名青少年難以置信地問道，彷彿梭羅貪汙了數百萬美元，或是加入危險的祕密宗教，而不是在森林裡住了兩年。

「這是簡樸生活的一種實驗。」管理員尼克說。「而且，他當時二十八歲了，得離開爸媽。」

從青少年點頭的模樣，看來他很喜歡這個答案。

梭羅過著簡約的生活，種植一些自己要吃的食物。他住在沒有水管管線的地方，後來那裡才有管線。只是，就這一點來說，不能說是簡樸。梭羅身為東方的研究者，經歷了一種淨化過程，潔淨了他的知覺鏡頭。

法國哲學家米歇爾·傅柯（Michel Foucault）寫道，有必要讓我們自身「容易去瞭解」；而梭羅在瓦爾登湖飄泊，則讓自己「容易去看」。他知道在不受妨礙、在我們和光線之間沒有任何東西時，可以看得最為清楚。梭羅把自己比喻成解決難題的數學家，他去除無關因素，削減到只剩方程式的核心。

◊

梭羅是屬於表面的人，我這是以最好的意義來解釋。「表面」這個名詞受到不公平的指控，經常被用來作為「膚淺」的同義詞，但兩者並不相同。膚淺是缺乏深度，表面則是指深度的擴散。我們無限的分額會擴展到非常薄，但範圍會非常廣。

「為何我們要誹謗表面？」梭羅不解。「表面的知覺，對於理智的感官產生奇蹟的影響。」這解釋了梭羅不凝視的原因，他只是瞥見。他的視線落在各種物體，先是這裡，接著去那裡，就像尋找花粉的熊蜂。「閒逛的視線。」他這麼稱呼道。

人類瞥視的理由，就跟其他動物嗅聞一樣，這是我們探查環境的方法。而瞥視也揭露了出乎意料的驚奇；英文的「表面」（surface）和「驚訝」（surprise），具有同樣的語言學字根。

瞥視是我們的自然狀態，我們的眼睛其實很少靜止，即使是在我們認為眼睛不動的時候。眼球會快速跳動，這稱為「跳視」（saccade），其間只會短暫停頓。我們的眼球通常一秒鐘至少移動三次，而一天大約十萬次。

瞥視很有用，在做三道菜或開飛機時很方便。許多年前，我取得了私人飛機執照。從那時以來，我已經忘了不少技術，但其中一個卻始終跟著我：儀器掃視。

「別盯著看！」我的教官大吼。「掃視！」

高度計、空速表、人造地平儀，我的視線落在每個儀表一至兩秒，然後繼續掃視。視線和專注力必須保持移動，當飛行員固定注視一個儀器時，麻煩可就大了。盯著高度表，航向就會飄移；專注在航向，空速就會偏離。「掃視、掃視，再掃視」，這是很有價值的一課：掃視比注視讓我們看得更多。

我重啟散步行程，沿著瓦爾登湖的沙岸而行，不時可見到陡坡和危險水域的警告標示。瓦爾登不是完美的湖，但事物用不著完美，甚至也不用有機能，才足夠美麗。梭羅時常見到大自然的缺陷美。在一個寧靜的九月午後，梭羅注意到湖水十分平滑，除了湖面有些許塵埃。別人可能會認為有汙點，但梭羅見到的，卻是「如玻璃瑕疵般純淨美麗」。在《湖濱散記》中，他描述在小屋附近偶遇腐爛馬屍的情景，但並不覺得厭惡，反倒有一種奇異的安心感，甚至可說是美麗，因為當中有大自然的智慧正在作用著。

◇

我一直想著，梭羅勸誡我們找尋屬於自己的瓦爾登湖。我不喜歡真正的瓦爾登，因為有太多蚊子和觀光客了，而空調和咖啡卻不足。是的，我自己的瓦爾登，但在哪裡呢？

隔天，我對傑夫・奎默提出了這個問題。他是瓦爾登森林計畫圖書館館長，體格健壯、剃光頭，還有著修剪整齊的鬍子，他很後來才愛上梭羅。在喜歡上梭羅、並搬來康科德鎮之前，他在波士頓公立圖書館工作。

傑夫贏得了梭羅式的榮譽。我信任他，也喜歡他，尤其是當他透露自己最愛的梭羅引言時：「如果我不是我，那誰會是呢？」

我想要成為我，真的想，但要成為一個較好、較不憂鬱的我。我想成為一個擁有梭羅視野、梭羅式的我。我想要學到如何看，及何處看。對我這樣一個執著於「地方」的人，兩者密不可分。如何就是何處，何處就是如何。

「我們來想想。」傑夫說。「你可以越過北方橋，穿過左邊的森林，然後……」

「森林？就是在林間，還有一堆蟲子的地方？」

「嗯，是的。」

「有其他建議嗎？」

「你可以去南河橋，租一艘獨木舟。」

「獨木舟？坐船？」

「呃，是的。」

「有其他建議嗎？」

「睡谷非常寧靜。」

「你是說『墓地』嗎？」

「對。」

「還有什麼地方？」

「我想想，你可以去星巴克。」

「繼續說。」

「然後帶上《湖濱散記》，或許再加上幾篇他的日誌，進行觀察。」

「星巴克？你認真的嗎？」

「是的，重要的是梭羅的文字。他受到我們周遭這一切土地啟發，這些協助梭羅成為他自己，但不會讓你成為你自己。」

我喜歡這個主意。回到梭羅的時代，康科德鎮也有座咖啡館，而梭羅是那裡的常客。而且，如果梭羅的智慧和所有真實智慧一樣，是可攜式的，那麼啜飲昂貴的飲品，當然也和在森林裡艱苦過活一樣有用。才不要去什麼瓦爾登湖，我要去星巴克。

◊

我一早醒來，打包梭羅裝備——《湖濱散記》、他的散文〈漫步〉、寫給精神探索者威廉．布萊克（William Blake）的書信集，以及他的日誌選輯（我已經快看完了）。我閒逛走到康科德鎮的一家星巴克。

它很有康科德風格，光線比多數店家稍微來得柔和，家具較為精緻。不過，它仍然是星巴克，就像瓦爾登仍舊是一座湖。

我只點了一杯咖啡，撲通坐進一張大型皮椅，打開亨利的書。他對我說：「美就存在於其被感知到的地方。」哪怕是這裡，在星巴克？我環顧四周，但找不到美。我的反射動作是想要責怪周遭，也就是責怪我的瓦爾登。

然而，我頓時停下來。別這麼消極，如果沒見到美，那就創造出來。運用你的想像力，提高你的感官。

這很管用，不過，又出現了錯誤的感官回應。我的聽覺反射發生作用，我聽見來自四面八方的美：空調輕柔的嗡嗡聲、冰塊悅耳的撞擊聲、咯咯笑的咖啡館員工、收銀機的鈴聲、單調的複誦「一杯特大杯冰綠茶！」，以及遠方的警笛聲。

我接受梭羅的建議——「除了使用中的感官，其餘全休息」——尤其專注在視覺上。果然，我看到了。我看見一個年輕爸爸，額頭上掛著太陽眼鏡，強壯的雙臂晃動，懷裡抱著他的寶寶兒子。在牛奶及糖的飲品調配區，我注意到人們隨著其他人起舞。一個步伐進，一個步伐退。抱歉，哦，真不好意思，抱歉我先拿了，沒事，是我不好意思。我注意到人們是如何在各種距離下等候餐點。有些人圍著咖啡師，有些人則會給予咖啡師空間；有人靜靜站著，而有些人會坐立不安。

掃視、掃視，再掃視。我再次看到那個強壯的爸爸，他將兒子放在桌子上，來回搖著他。我心裡疑惑，不知這樣是否明智，但我掃視著。一支女子壘球隊，身著藍白橘的球衣，和教練擊掌致意，又掃視。坐我隔壁的人在閱讀蒙田，而他見到我在看梭羅，於是像讚許般點點頭，動作當然非常謹慎。康科德鎮可說是新英格蘭的安靜車廂。

過了幾分鐘，接著是幾小時。肌肉爸爸離開了，壘球隊和閱讀蒙田的男人也走了。但我仍在這裡，掃視著。接著，我施展其他梭羅式的技術。我轉換姿勢，站在門邊一會兒，再閒逛走到咖啡吧檯，昂首撇向一旁。我甚至還考慮反轉頭部到兩腿之間，但最後決定放棄。就算是在這裡，在這個梭羅的城鎮，這樣做還是太超過了。

數小時過後，閱讀蒙田的人回來了。他見到我坐在同一張椅子、看著同樣的書，於是說：「你一直在這裡，實在是太久了。」

我抬起頭，看向不同的新視線，又說：「其實是——還不夠久。」沒錯，我需要更多時間。當我在這裡，在我這個私人的瓦爾登湖看得更加清楚時，我並沒有產生視覺的頓悟，像梭羅達成的那種「單一擴展」。我很失望，但仍在文字中得到安慰，是誰的文字？這還用問嗎，當然是亨利·大衛·梭羅。「看」不只需要時間，還需要距離。他這麼對我說：「你什麼也看不見，直到你清楚這件事為止。」

⑤ 如何像叔本華一樣聆聽

Schopenhauer

下午兩點三十二分，我正搭乘著從漢堡開往法蘭克福的德國鐵路一五一號列車。

火車發出像人類一樣的噪音。火車頭會從鼻子噴氣、像吹口哨一樣呼嘯，偶爾還會嗝出滾滾的蒸汽；鐵路車廂則會哀鳴、尖叫和抗議。

而德國鐵路（Deutsche Bahn）的聲響蓋過了這些聲音。這裡不需要安靜車廂，是毫無爭議的事實。我的這輛火車「噓，禁止交談」的氣氛、車廂兩側的木鑲板，還有以真正的馬克杯而非保麗龍杯盛裝的咖啡，都在輕語著，要人們謹慎行事。

我抿了一下咖啡，審視低調的德國鄉間。一列火車從對向駛來，與我們擦身而過，呼嘯聲劃破寂靜。隨著對向火車接近，聲音越來越高，而彼此交錯而過之後，便逐漸減低。然而，真的是這樣嗎？

其實，呼嘯聲的音高並沒有真的改變，這是一種稱為都卜勒效應（Doppler effect）的聽音錯覺。火車的移動加上我敏感的腦子，兩者一起讓呼嘯聲聽起來像是改變了音高。因此，是我誤解了真實。

要是人生所有的事都是如此呢？要是這世界是個假象呢？大約兩千四百年前，柏拉圖也曾提出類似的問題。柏拉圖在其著名的「洞穴寓言」（The Allegory of the Cave）中，要大家想像有個洞穴裡有一群囚犯被鎖鍊囚禁，只能面對石壁。他們從出生後就一直待在洞穴裡，並且無法自由移動。因此，他們看不到彼此，甚至看不到他們這一群人。唯一能見到的，是投射在洞穴牆壁的影子。他們並不知道自己在看的是影子，而影子成了他們唯一知曉的真實。

柏拉圖指出，哲學讓我們得以逃離影子世界，並發現影子的來源，「光」。我們並不總是「看見」光，有時候，我們「聽見」它。

◊

我醒來，沒料到四下如此安靜。長途火車的行程讓我疲憊，我很想繼續留在被窩裡，就像馬可那樣。但不知怎地，我仍集結意志力，讓自己離開被窩，去吃早餐。後來，我像盧梭那樣外出散步，留意自己的每一個步伐，卻發現在這樣的平日中，法蘭克福街道一片空蕩蕩。因此，我馬上返回旅館，像蘇格拉底那樣提問。

「人都去哪裡了？」

「慶祝國定假日去了。」門房回答。「你不知道嗎？」

我可以聽到梭羅在斥責我。看、觀察，以孩子的眼睛、智者的心靈來看世界。兄弟，睜開你的眼睛！

我需要重新調整，我原先的目的地「叔本華檔案館」今天沒有開放，但一定有其他的設施開放吧。

但，顯然不是。歐洲人很認真看待假日，我至少走了一點六公里才找到一家營業的咖啡店，途中經過許多拉上百葉窗的商店和咖啡館。這家店是個異類，而從店裡採用異國咖啡豆，以及咖啡師帶著認真的職人表情看來，它也是一家很棒的店。

我點了蘇門答臘手沖咖啡。當咖啡師準備這品項時，投注「專注於細節」的態度，那通常只出現在神經外科和婚禮上。當我要求加入牛奶時，咖啡師噘噘嘴，建議地說——當然是以謹慎的語調——如果將牛奶加進這種經過精緻烘焙、自然不帶酸澀、完美平衡的神級飲品，會冒犯這世界的一切美好。

我說，當然，絕對不會這麼做。

一直等到他離開，大概是去教育另一名顧客時，我才加了一點牛奶到咖啡裡。我找了一張戶外桌子，翻開亞瑟．叔本華（Arthur Schopenhauer）散文選集的第一頁。

翻開書，黑暗降臨，看樣子還會停留好一陣子。每一頁、每一個字都盡是悲觀主義，很像我咖啡中微微的巧克力味，只是更加苦澀。叔本華並未嘗試隱藏他的憂鬱，他的散文題目便已昭然若揭。例如，〈論世間苦難〉（On the Suffering of the World）和〈論自殺〉（On Suicide）。

他的悲觀，可不能怪哲學。他憂鬱的人生觀，早在他年輕時、閱讀柏拉圖或笛卡兒之前，早已出現端倪。當他十七歲和父母同遊歐洲時，就做出這般結論：「這世界不可能是仁善之人的作品，而是魔鬼的作品。他召喚存在的生物，以便幸災樂禍地坐看他們的苦難。」幾年後，他展開他的哲學生涯，寫信給朋友說：「人生是一件悲慘的事，我決定用一生來瞭解它。」

隨著年紀增長，叔本華的悲觀主義也並未緩和，真要說的話，甚至還與日俱增，凝結成一個絕望的黑洞。他寫道：「今天很糟，每一天都越來越糟——直到最後，最糟糕的部分到來。」我們所有人都在朝向「無可避免、無法補救、徹徹底底的船難」俯衝。我放下書嘆息，這將是漫長的一天。我又點了一杯蘇門答臘，繼續堅持下去。

這位悲觀主義哲學家告訴我，我們住在「最糟糕的世界」裡。不會有更糟的了，而這也不算太壞。他寫道：「當我們最不瞭解人生時，我們是最快樂的。」

我停下來，想尋求空氣和光線，卻找不到。我發誓，我感覺到叔本華的黑暗陰影正籠罩在自己身上。接著，我定睛一看，見到一名身著寬鬆發皺長褲的老婦人，嘴裡剩下的牙齒比缺的還多。她顯然是遊民，或幾乎是遊民。她一邊朝我桌邊另一張座椅比了個手勢，一邊說著德語。不管她說的內容是什麼，都不包含我認識的四個德文單字。我迅速地想了一下，猜測她是要借那張椅子，於是說：「Ja, bitte.」（好，請），而這句話用了四個德文單字中的兩個。我擺出泰然自若的神態。

猜測相同母語的人話中的意思有欠考慮，而隨便臆測你不會說的外語，更是愚蠢。她不是要借椅子，而是問說能否坐這張椅子和我說話——對我說話。就這麼好一段時間，她就是一直說、一直說，而我只能一直點頭又點頭的，偶爾加上「ja, ja」（好，是的）。

這是一場單向的對話，我只能領略其中一二，但過程並不乏味。她是位老奶奶，或以德文的說法，是「oma」（我會的第三個德文單字）。對話以外的其他事物，就像靜止了一般。

我希望她會精疲力竭，她卻一點也沒有慢下速度。這時，蘇格拉底會怎麼做？當然，他一定會和她對話，但該如何做呢？

一名服務生端了一杯咖啡給她——顯然是店家請客，而她熱情地表達感激之情。感激是一種共通語言，不只是用言詞，還用眼神及整個身體來表達。

叔本華是悲觀主義哲學家，但他並未排除「感激」及「同情」的可能性。我們彼此是分離、單獨地感受這個世界，但叔本華對東方神祕主義有共鳴；他相信，這種理解是錯覺。他相信，這個世界是一體的，助人就是助己。我們感覺到他人的痛苦，就像感受到自己手指的疼痛，不是將其視為外在的事物，而是我們自身的一部分。

我的訪客仍一直在說話，即使是在她喝咖啡的時候。我決定聆聽，雖然我聽不懂，但我可以聆聽。

對叔本華來說，聆聽很重要。聆聽音樂，就是在聆聽「心聲的共通語言」——他如是稱呼。還有其他類型的聆聽：在世界喧囂和雜音之上，聆聽你的直覺。或者，因為你永遠不知道智慧會隱藏在哪裡，所以要聆聽其他聲音，包括那些以異國語言說出的聲音。以及，是的，聆聽受苦的人們。叔本華雖然厭世，而且脾氣暴躁，卻珍視同情心。只是，他比較常對動物展現這一點，而不是對人類同胞。

聆聽是同情和愛的行為，當我們借出耳朵時，也借出了心。善於聆聽，就像善於觀看一樣，是一種技巧；而它就跟所有技巧一樣，可以靠學習而來。

從老太太露出大大的缺牙笑容判斷，她似乎很欣賞我的關注。最後，她終於起身離去，我們互道「tschüss」（再見），這是我的第四個德文單字。

◊

叔本華不是第一個、也不是最後一個悲觀主義哲學家，卻自成一格。叔本華與眾不同的，不是他的憂鬱，而是他建構出來解釋憂鬱的哲學精神結構——一種針對「悲慘」的形而上學。世上出現過許多悲觀主義的哲學家，但只有一個真正的悲觀哲學家。

這全都呈現在他的作品《作為意志和表象的世界》（*The World as Will and Representation*），這本書被冠上了唯有哲學家會喜歡的書名。叔本華在二十多歲時完成該著作，他說這是「單一想法的產物」，而這樣的想法卻需要一千一百五十六頁來闡述。我就不苛責亞瑟了，這的確是巨大的想法。這本書開宗明義第一句就非同凡響：「世界是我的想法。」

這不是叔本華的自大發言，而是他的哲學。他並非指出「他是世界的作者」，相反地，他指的是「我們全都在各自的心靈中建造了現實」。他的世界是他的想法，而你的世界是你的想法。

叔本華是一位唯心主義者。在哲學角度，唯心主義者並不是指「擁有高度理想的人」[10]，而是指相信我們所經歷的一切是心靈對世界的呈現，而並非世界本身的人。只有在我們感知時，實物才算存在，所以世界是我的想法。

我瞭解這個觀念聽起來很怪異，可能已近乎妄想，但我認為它不算太牽強。當代哲學家尼格爾．華柏頓（Nigel Warburton）將世界比喻成一個巨大電影廳，每個人在各自不同的放映室，看著同樣的電影。「我們無法離開，因為外在沒有任何東西。」他說。「電影就是我們的現實。沒人看著銀幕時，放映機的燈光就關上，但放映機卻仍持續在播放電影。」

唯心主義者並不認為這世界只有我們的心靈存在（也就是所謂的唯我論）。他們認為，這個世界的確是存在的，但卻是一種「心靈結構」；而且，只有我們感知時才存在。以另一種比喻來說，你可以想像冰箱裡的光線。只要打開冰箱，它就亮燈；因此，你的推論可能是冰箱一直亮著燈，但這並不正確。因為，你並不知道門關上後的情景。同樣地，我們也不知道超乎我們心靈感知能力以外的存在。

每一天，當我們過生活時，我們都在感受這個出心靈所架構出來、或說感知到的世界。它是真實的——就和湖水的表面一樣真實。但平靜的湖面不能代表整個湖，如同感知世界也只代表部分現實，不能說明其深處。

如唯心論者康德所相信的，這些深處雖然在感官知覺以外，但就如看不見的湖底一樣真

10「唯心主義者」的英文是 Idealist，也有「理想主義者」之意。

實，事實上，比我們接觸到那些轉瞬即逝的感官現象更真實。哲學家給了這種「看不見的真實」許多種名字，康德稱之為「本體」（noumenon）；柏拉圖說是「理型世界」（the world of Ideal Forms）；印度哲學家則稱為「梵天」（Brahman）。雖有不同的名字，卻表達同樣的想法：這是我們匆匆忙忙上班、狂看Netflix，以及一般而言，在陰影世界中處理各自的事務時，不讓我們所知的一種存在層面。

叔本華認同「超乎現世的世界」這種觀點，但加上了他引人入勝又黑暗的觀點後，這概念產生了轉折。與康德不同，叔本華相信本體是「單一的統一實體」，而且是我們可以到達的，雖然管道並不直接。它瀰漫在所有人類、動物，甚至是無生命的物體。它是一種漫無目的的奮力，也是毫不留情且無悔意的邪惡。

叔本華稱這種力量為「意志」（Will）。我認為，這是個不幸的名稱。叔本華的意志並不是指意志力（willpower），而是一種力量或能量，又像是重力，只是沒那麼溫和。他如此寫道：

> 它（意志）的欲望無限，要求永無止盡，它的每個欲望都產生一個新的欲望。世界上任何可能的滿足感，都不足以平息它的渴求，不足以為它的要求設立最終目標，填補其內心的無底洞。

我有兩種看法：一是，「意志」聽起來極度像是我的大學女友；二是，這些光芒看起來更為遙遠。

意志是無止盡的奮力，意志是沒有滿足的欲望，如始終沒有正片的電影預告，始終沒有高潮的性愛。意志會讓你喝兩杯就夠的時候，卻點了第三杯蘇格蘭威士忌。意志是你的腦海中永不止歇的聲音，雖然時而低悶，卻絕對不會無聲，即使是灌下第四杯威士忌後。

而情況會更加惡劣，因為意志註定會傷害自己。叔本華說：「在本質上，意志必須靠自己生存，因為除了它之外，別無他物存在。它是一種飢渴的意志。」當獅子把利牙咬入瞪羚身體時，就是把利牙咬進自身的毛皮。

有一天，身為業餘動物學家的叔本華，聽見澳洲發現一種新螞蟻品種。這種螞蟻擁有一個名副其實的惡名，也就是鬥牛犬蟻，或稱澳洲鬥牛蟻。牠們會以強力下顎咬住獵物，再重複刺進致命的毒液。當鬥牛犬蟻被切成兩半，牠們咬人的頭部會和螫人的尾巴互相展開激戰。「戰鬥可能持續半小時，直到牠們死去，或被其他螞蟻帶走。」叔本華寫道。

迫使這種螞蟻吞噬自己的，不是惡意或被虐狂性格，而是意志。叔本華認為，螞蟻無法抵抗意志，就和我放開手中的咖啡杯時，咖啡杯無法抵抗重力一樣。就像鬥牛犬蟻，我們就是自身殘酷的作者及讀者，同時是受害者及加害者，註定在漫長的受苦受難後，慢慢吞噬自己。

別感到絕望，這位憂鬱的哲學家說。我們可以透過「擺脫世界」來逃離意志的黑洞，這有兩種方式可以達成。選項一：過著苦行生活，一次齋戒幾天，冥想幾小時，並保持獨身。我直接跳到選項二：藝術，這好多了。他說，藝術不只令人愉快，而且是一種釋放，讓人可以從意志無止盡的奮力及受難中獲到緩解。

實際上，藝術能達到這般功效，是藉由把我們從自我拋出，不受自我限制。在創作或欣賞藝術作品時，我們會失去分離感，而叔本華及佛陀認為，分離感是所有苦難的根源。叔本華說藝術「帶走迷霧」，消除個人假象，「因此我們無法再把感知者從感知分離，兩者合而為一，因為單一感知意象充滿、占據整個意識。」

叔本華說，這種主客體融合的發生，並沒有理性、或藝術博物館長的協助。審美的快樂，並不需要發生在藝術博物館或者音樂廳，它可以發生在任何地點。走在熟悉的街道上，你會看到東西，像是郵筒或消防栓等平凡的事物，那些是你已看過多次的物體。但這一次，你卻有不同看法，如同哲學家布萊恩．馬吉（Bryan Magee）解釋：「就像時間停止，而只有那個物體存在，就在我們面前，不受其他事物的關係所阻礙——它就在那裡，是完整且獨特的本身，是奇特且古怪的東西。」

在這些審美時刻，我們不感到苦惱，但也不快樂。快樂和悲傷的區別消失了。我們擺脫了世界，以及虛假的二分法。我們成為了藝術對象的鏡子，即叔本華所說的「世界的慧眼」（clear eye of the world）。

當然，事情沒這麼簡單。這樣的審美時刻很脆弱，也稍縱即逝。我們察覺到它的當下，意志便重返我們的意識，於是「魔法結束」。

◊

叔本華生前並未得到人們的認同，即使死後也未能得到尊重。沒有人為叔本華設立博物館，這位哲學家的世俗財產就被存放在當地一所大學，一點都不受人注目。我寫了電子郵件給叔本華的負責人，表達我對這位被人遺忘的法蘭克福之子的興趣。

幾天後，我收到負責人史蒂芬．羅波的回信。他殷切有禮，興高采烈；而我除了有點驚訝外，還得到一個明確的印象——最近沒有太多訪客為叔本華而來。

隔天上午，在一個相稱的陰沉雨天，我走了幾個街區到達該大學，進入一棟單調的實用性建築，然後馬上迷失了方向。我走向櫃檯一名年輕女性。

「叔本華？」我說，或者該說是詢問，彷彿這個名字本身就構成一個形而上學的問題。她陰冷地點點頭，光是提到這位悲觀主義哲學家，就已經讓她心情不佳，或這一切都只是我的想像。

畢竟，你很難分辨惱怒的德國人和開心的德國人，我知道其中必然有臉部肌肉及眼睛動作的細微改變，但這超出我這外行人的知識範圍。

我按下電鈴，幾秒鐘後，一名和善害羞的瘦小男子現身。史蒂芬．羅波蓄著八字鬍，髮際線已後退。他擁有清澈的藍眸及紅潤的膚色，讓我聯想到喝醉酒的小天使。

我們走進一個散發舊書和消毒水味的大房間。在我們行走時，叔本華從牆上看著我們。牆壁到處都是叔本華的肖像或照片，分別呈現他人生中不同的時期：從漢堡的十五歲少年，到法蘭克福的七十歲智者。

就一個大膽表明「世界是我的想法」的人而言，叔本華卻古怪地對這世界感到不自在。和盧梭一樣，即使在家，他也認為自己無家可歸。他可說是哲學上被遺棄的人，活生生地證明了比「被批評」更悲慘的唯一命運，就是「被忽視」。在人生大部分時期，他的著作都無人聞問，沒有人愛戴他的思維。在一個丹麥哲學獎項中，即使他身為唯一參選者，也沒能得獎。直到人生最後幾年，他才得到些許認可。

叔本華的人生有許多諷刺的事實，其中一個就是，叔本華的哲學思想在後來影響了佛洛伊德，但他卻先擁有非常佛洛伊德式的童年，他母親的問題便能充分說明這點。叔本華的母親約漢娜．叔本華（Johanna Schopenhauer），在文學及社交擁有極高志向，但她的這些計畫顯然不包括扶養幼兒。如她所說，她很快就厭倦「和我的新洋娃娃玩耍」，而亞瑟接下來的童年，就在她的忽視及怒火中度過。「她是一個非常糟糕的母親。」叔本華後來寫道。

叔本華的爸爸是一位成功商人，但也非稱職的父親。一封信中，他敦促兒子藉由練好大寫文字，以及減少寫字時花俏的揮筆，來改善他的字跡。在另一封信中，小亞瑟的姿勢又引發父親的憤怒。他寫道：「我和你的母親一樣，期望你用不著我們提醒，就會像其他教養良好的人一樣抬頭挺胸走路。」然後話鋒一轉，射出一把家長式的利刃：「媽媽愛你。」

老叔本華培養兒子接管家族事業，甚至因為「亞瑟」聽來很國際化，就為他選擇這個名字。只是，亞瑟欠缺社交技巧，這讓他的父親大為挫折。「我真希望你學會讓自己討人喜歡。」他在一封信中鄙視地說。

然而，亞瑟始終沒學會，他幾乎疏遠了自己遇到的每個人。如果他想要，也能有迷人的樣子，只是他很少想要這麼做。他終生未婚，而且除了和歌德（Goethe）有一段短暫友誼之外，沒有真正的同伴——除了他的愛犬。牠是一隻名為艾特曼的貴賓犬，艾特曼（Atman）是梵文中「靈魂」的意思。叔本華對艾特曼展現他始終無法對人們展現的熱情。「先生，你呀！」每當貴賓犬不乖時，他就會這麼慈愛地斥責。

叔本華以另一種動物「豪豬」來解釋人類關係。想像一群豪豬，在嚴冬中蜷縮在一起，牠們緊緊貼著彼此站立，吸收隔壁同伴的體溫以免凍死。只是，要是牠們站得太靠近，又會被同伴的尖刺刺到。「折騰於兩害之間。」叔本華寫道。豪豬彼此靠近又遠離，一次又一次，直到牠們發現「最能彼此互相忍受的適當距離」。

在當代，它被稱為「豪豬困境」，而同樣也是我們的困境。我們需要其他人以便存活下去，但其他人也可能傷害我們。人際關係需要不斷修正方針，即便是技術絕佳的領航員，也偶爾會被刺傷。

◇

史蒂芬．羅波打開一個長方形大盒，拿出一組生鏽的刀叉。只要外出用餐，叔本華就會帶著刀叉及一個杯子。他不相信餐廳的衛生，也不太相信其他事物。他不去理髮，因為怕理髮師會割破他的喉嚨。他患有情緒焦慮問題，有時恐慌症會發作。

史蒂芬的手伸進另一個箱子，拿出一件筒狀物。這是一根象牙笛子，是叔本華的爸爸送他的禮物。我拿起它，發現其重量令人感到愉快；笛子結實堅固，我隱約有種因握著死者遺物產生的驚悚感覺。這種觸摸彷彿是種打擾、是種侵犯，我幾乎聽得見脾氣暴躁的叔本華對我大吼：「別用你的髒手碰我的笛子！」

這根笛子陪伴叔本華度過整個成年生活，不管是在不好的時候，或是更糟的時刻。每天中午過後，他就會坐下來吹奏《情意綿綿》（con amore），叔本華喜歡莫札特（Mozart），卻崇拜羅西尼（Rossini）。每當有人說出這位義大利作曲家的名字，他的眼珠子就會往上翻。他將羅西尼所有作品全改編成直笛譜。

叔本華愉快地吹奏直笛，讓對他由粉絲轉為黑粉的尼采，開始質疑他的悲觀主義。怎麼可能有人每天如此愉快又深情地吹奏笛子，卻是個悲觀主義者？然而，叔本華不覺得這有什麼矛盾。這世界確實讓人受苦，是一個巨大的錯誤，但也有暫緩的時刻，有喜悅的碎片。

然而，藝術比任何碎片更令人喜悅。叔本華認為，藝術——好的藝術——不是情感表達。藝術家傳達的不是情緒，而是一種知識的形式，是通往現實真正本質的窗口。這種知識超越了「僅僅的觀念」，因此也超越了文字。

好的藝術也超越激情。任何增加欲望的事物都會增加痛苦；任何欲望的降低——以叔本華的話來說，是降低意志——都會減輕苦難。當我們注視藝術作品，就不渴望任何東西，這就是色情作品並非藝術的原因。和藝術正好相反，色情的唯一目的是激發欲望，如果沒能達成，就會被視為失敗。藝術的目標是更高的層次，如果我們看到櫻桃靜物畫的唯一反應是飢餓，畫家就未命中目標。

叔本華設計出美學等級制度，建築在最底階，而戲劇（尤其是悲劇，當然）在最上層。音樂並未出現在階梯上，它自成一格。其他藝術提及的，只是陰影，叔本華如此說道。音樂提及的是「本質」，是存在於事物本身的事物，因此，音樂「表達出所有生命和存在的最深本質」。說到天堂的意象，即使是很通俗的版本，我們都理所當然地認為天堂必定有音樂存在，卻不一定會出現繪畫和雕像。

儘管語言是人為的，音樂卻像重力和大雷雨，是獨立於人類思想之外的。如果森林中響起號角之聲，卻沒人聽見，它依舊會持續響著。叔本華一度表示，哪怕世界已不存在，音樂仍會持續存在著。

音樂是個人的，其他藝術則不然。你或許沒有喜歡的畫，卻可能會有喜歡的歌。我十三歲的女兒正在嘗試不同的音樂類型，發掘她喜歡和不喜歡的音樂。她並不是正在形成她的「音樂認同」，而是在形成她的「個人認同」，就是這樣。我們選擇聽的音樂，比我們穿的衣服、開的車、喝的酒，更能說明我們本身。

當沒有任何事物能觸及我們時，音樂卻做得到，它如黑暗裡的明光。美國作家威廉·史泰隆（William Styron）在他的憂鬱症回憶錄《看得見的黑暗》（*Darkness Visible*），描述他考慮要自殺時，聽見一段昂揚的布拉姆斯音樂的情景。「我已經麻木了好幾個月，而那個聲音，就像所有音樂——事實上是像所有快樂——如一把匕首刺入我的心。回憶如潮水般迅速湧來，我想起這幢房子所曾知曉的快樂：孩子奔跑過各個房間，還有節慶、愛情及工作。」

音樂就是治療。一些研究發現，聽音樂可以加快中風後的認知恢復。病人在最低的意識狀態，甚至是植物人狀態，在聆聽喜愛的歌曲時，都展現出較健康的大腦活動。

我認同音樂對大腦而言是有益的，但似乎卻還是無法一躍成為熟悉音樂知識的人。我有一種音樂冷感症，在我的青少年時期，我從不收集音樂專輯，或自行錄製混合音樂帶；也很少去演唱會，除非有朋友強迫我。直到今日，我對音樂類型仍不太熟悉。我不討厭音樂，如果有人演奏或播放，我也能樂在其中。只不過，好音樂不像好的蘇格蘭威士忌，或好的包包那樣讓我享受。我喜歡聲音及口語表演，但我一直覺得很奇怪，自己為何缺乏音樂鑑賞能力。

在美國全國公共廣播電臺（NPR）時，這是一個我們常喜歡說的老笑話。

「為什麼電臺比電視好？」

「因為電臺呈現的畫面比較好。」

說故事有其原始意義，我們人類「聽」故事的時間遠遠早於「看」故事，聽很重要。書寫的文字善於傳遞資訊，而口語文字則善於傳達意義。書寫文字是停滯的，而口語文字卻帶有活力又親密。聽別人說話，就能瞭解他們。這就是公共廣播電臺、Podcast 及有聲書會受歡迎的原因，也說明我媽為何堅持每星期一要通電話，而不用電子郵件。

擔任NPR駐外記者的工作，讓我學會欣賞豐富多樣的音質，像是德里街頭的小販重複的叫賣聲，或是東京小鋼珠店的嘈雜聲。然而，最讓我著迷的卻是口語的聲音。人類的聲音是大自然最棒的測謊器，我很快就學會在數秒鐘內判斷出說話者的誠意。政客是最不真誠的，因為他們選用的詞彙表達了怯懦，也因為其語調帶著假聲及謹慎。就連孩子也能聽出推銷東西的聲音，應該說，尤其是孩子。

我為何無法將自己對的聲音的直覺感，轉譯到音樂世界？或許，是因為我對音樂的認識不足，或因為我擁有的有限知識成了絆腳石，讓我聽不到這種心靈的共同語言。

我有一位朋友約翰．李斯特，他同時是古典樂迷及德國哲學迷。而且，他住在巴格達，在一家救助機構工作。為了安全上的理由，約翰會一連好幾天待在旅館不出門，有很多時間可用。他是我完美的通訊對象。

我啟動筆電，問約翰問題：「你的音樂知識，能增加你在音樂上的享受，還是阻礙了享受？而我又該如何學會欣賞音樂？」接著，我按下傳送鍵。

幾小時後，一封長長的回信進入我的收件匣。我細看約翰長達多頁的電子郵件，默默感謝他的博學及目前的空閒時間。

「所以，這全是棘手的問題。」約翰寫道，接著一一提供解方，彷彿它們一點都不棘手。他說，音樂知識增進了音樂享受。「音樂知識可能會讓你得到唯有具備知識才能擁有的獨特洞察力；讓你避免過度著迷於音色之美，而錯認為音樂只是一種美學體驗。」

音樂沒有單一的歸處，它「盤旋在兩個世界之間」（我簡直可以聽見叔本華咕噥說他也贊成）。約翰繼續寫道，不同類型的音樂需要不同種類的聆聽。聆聽華格納（Wagner）很容易，因為「其音樂賦予感官近乎毒品的飄飄然」。貝多芬（Beethoven）、馬勒（Mahler）和布拉姆斯（Brahms），就稍微麻煩一點。「感覺像是試著瞭解對方努力要與你直接溝通的內容。華格納會和你談論某事，而貝多芬、馬勒和布拉姆斯則是在與你對話，這就是不同之處。」

瞭解音樂結構，還有另一個更為實際的理由。約翰解釋，這樣可以約束耳朵，當你知道要聆聽什麼，心靈就比較不會迷途。

關於迷途的心靈，叔本華有許多想法。他說，我們以一種算計、唯利是圖的方式來看待世界。準備完成交易的阿姆斯特丹股票經紀人，渾然不覺周遭的世界；棋手看不到優雅的象棋棋子；而將軍擬定作戰計畫時，也看不到美麗的風景。

我們必須和音樂建立不同的、較不具交易性質的關係，以無私的觀點來感受。無私並不是漠不關心，兩者有所不同。對音樂漠不關心，是對它無動於衷；而無私則是不預設期望，對音樂不作任何要求，但維持接納審美快樂的可能性。佛教徒會說我們不依附音樂，但也不脫離它。基督教神祕主義者會說，我們維持對它的「神聖漠然」。道理都是一樣的，真正的聆聽需要我們先不評判，當我們像這樣聆聽、不帶評判地聆聽，叔本華說我們「便明確感受到快樂」。

看到這裡，我大感震驚。這是我第一次看到叔本華使用「快樂」這個詞，這彷彿一道閃光。叔本華告訴我，音樂不是我想的那樣。它並非在傳達情感，而是傳達沒有內容物的情感本質，如同一個容器。聆聽音樂時，我們所感知的並非特定的悲傷或喜悅，而是悲傷及喜悅本身——「這些感覺所萃取的精髓。」叔本華如是說。悲傷本身並不痛苦，而是對某件事悲傷才令人難過。這就是我們喜歡看賺人熱淚作品的原因，或是聆聽李歐納・柯恩[11]的歌曲。因為，我們用不著真的投入戲劇性的事件，就能感受情感本身，你不必定錨於特定情境，就能欣賞悲傷之美。

對叔本華來說，緩慢的旋律最為淒美，他稱其為「抽搐的慟哭」，美國作曲家山姆・鮑伯（Samuel Barber）的《弦樂柔板》（*Adagio for Strings*）就是絕佳例子。每當我感到悲傷，我就會聆聽這首。這不是自我放縱的行為，我沒有沉溺於自身的悲慘中，反倒認為這是更為崇高的舉動。這個音樂符合我悲傷的心境，並印證了它，也同時讓我得以遠離悲傷的源頭。我能品嘗悲傷，但用不著吞下它，或被它吞噬。我可以品味痛苦。

我猜想，叔本華之所以邀來不幸，是為了證實他的悲觀主義。他的受虐狂傾向如河水支流般貫穿他的一生。在柏林擔任教授的短暫期間，他堅持將自己的講座訂於他討厭的對象黑格爾（Hegel）的同一時段，他說黑格爾是「令人反感的愚蠢騙子、胡說八道的空前三流作家」。然而，黑格爾是當時哲學界的搖滾巨星，叔本華卻沒沒無聞。可以預期的結果是，叔本華吸引不到五個學生，而他從此再也不願意教書。

◇

若發現自己世俗的私有物品被存放在一家學術機構，叔本華一定會很驚訝，其實是很憤怒才對。他鄙視學術界，說他們規則僵化，彷彿是「穿了襯裙的哲學家」。他喜歡野性哲學家的生活，也幸好他有父親的遺產，因此能過著這種生活，讓他用不著像著名的理性主義哲學家史賓諾沙（Spinoza）在眼鏡行打磨鏡片，或像康德那樣教大學生。

我和叔本華一樣憂鬱，但不像他那樣抱持悲觀主義。他的憂鬱有個根本的問題，那就是，預設我們人類無法擁有完美的知識。我們或許猜疑自己「在所有可能存在的世界當中，我們身處最

11 Leonard Cohen，加拿大創作歌手，作品探討宗教、孤獨、性愛及權利。

糟的一個」。但我們確定嗎？悲觀主義需要的那種堅信態度，我個人相當欠缺，但我對此鬆了一口氣。

試著想想塞翁失馬的中國寓言。一天，有位農人的馬兒跑掉了，當晚鄰人順道過來表達同情之意。

「很遺憾聽說你的馬跑了。」他們說。「真是太糟了。」

「或許吧。」農人說。「但或許也不是糟糕的事。」

隔天，馬兒回來了，還帶回了七匹野馬。「哦，這不是很幸運嗎？現在你有八匹馬了，真棒的轉折。」鄰人說。

「或許吧，但或許也不是件好事。」農人說。

隔天，當農人的兒子訓練新馬兒時，不慎從馬上墜落，因此摔斷腿。「哦，天呀，真是太糟了。」鄰人說。

「或許吧，但或許也不是糟糕的事。」農人說。

隔天，徵兵官員來到村莊，徵召年輕人入伍，但農人的兒子因為摔斷腿不被徵召。鄰人們都說：「這不是太棒了嗎！」

「或許吧，但或許也不是件好事。」農人說。

在如此廣角的世界中，我們都過著以長焦鏡頭探望的生活，從未見到最廣闊的畫面。然而，我們唯一的明智回應，是像中國的塞翁，採用「焉知非福」的或許主義哲學。

◇

好的哲學家，會是好的傾聽者。他們聆聽許多聲音，不管聽來多奇怪，因為你永遠不知道智慧在何處。而叔本華，則發現智慧隱藏在一個古老的外國文獻之中。

那年是一八一三年，叔本華還和母親往來。於是，他參加了她定期舉辦的沙龍聚會。與會者當中，有個叫作費德瑞克·梅傑（Friedrich Majer）的學者，他的專長是東方哲學，這在當時顯得既新潮又可疑。他給叔本華看了一本晦澀難懂的雜誌《亞洲》，還和他聊了一本名為《奧義書》的印度典籍，叔本華立刻為之傾倒。

現今，我們理所當然地認為，東方哲學和宗教是偉人智慧的泉源，所有造訪過書店的人都能證實這一點；但在叔本華的時代卻並非如此。當時，佛教和印度教在西方幾乎是未知的，而過了三十年，印度教的重要經典《薄伽梵歌》（*Bhagavad Gita*）的複印本，才來到梭羅的瓦爾登湖小屋。西方學者對東方哲學所知甚少，又詆毀他們僅知的小部分。英國政治家湯瑪斯·麥考利（Thomas Macaulay）曾惡名昭彰地說了一句話：「所有印度和阿拉伯文學『等於一間頂尖歐洲圖書館的一個書架』。」

然而，叔本華不一樣，他狼吞虎嚥著這些學說，著迷於其中的「超人觀點」。他深感飢渴，每天晚上都要閱讀幾段《奧義書》，無一例外。他表示：「它可說是世上最有益、最崇高的讀物；這始終是我生命中的慰藉，在我死後也將是如此。」

後來，他開始研究佛教，並宣稱它是最偉大的宗教。他在法蘭克福的書房擺放了一尊佛像，而有些傳記作家稱叔本華為「法蘭克福的佛陀」，但他根本不是僧侶。儘管對佛教有深入、在當時很罕見的瞭解，他卻未將這些知識付諸行動。他並不冥想，不放棄世俗的快樂；他享受美食以及昂貴衣物，並且一生維持性愛活動，還一度聲稱「性器官是世界真正的中心」。

有人說西方哲學短視、對他人的智慧視而不見，而且是個嚴格的排他俱樂部，會員只限於白種人，而且是白種男人。這個指控有幾分真實，但細觀西方哲學的結構，會見到東方的絲線穿梭其中。遠溯到伊比鳩魯時代，大約是西元前三五〇年，東西方哲學是在對話，即使它們並未時時互相傾聽；上千年後，對話又重新開啟。不只梭羅、叔本華，還有其他人加入；尼采、海德格（Heidegger）和威廉・詹姆士（William James）都熟悉印度和中國智慧，這些東方智慧都滲入了他們的哲學。

◊

我開始對叔本華感興趣。他是黑暗王子、悲觀主義哲學家，也是文采大師。他的作品賞心悅目，文筆俐落分明、生氣勃勃、近乎詩意。他是最容易讀的德國哲學家（無可否認，德國哲學有一點小門檻，但叔本華還是輕鬆克服）。研究叔本華的學者布萊恩．馬吉說：「沒有哲學家比叔本華更與你同在。當你閱在閱讀作品時，幾乎是摸得到、聽得到他。」

誠然，他是個受傷的靈魂，或許比大多數靈魂的傷都更重，但這只是程度不同，而不是種類不同。我們心中都有一些叔本華，我們全都是受傷的，只是傷勢大小及傷口形狀不一樣。

叔本華不太容易讓人喜愛，一名傳記作家曾說他是「一件討人厭的作品」，但他卻很容易讓人崇拜。身為藝術和音樂的愛好者，他發展出哲學中最為意義深遠及美好的美學理論之一，且影響數個世代的藝術家及作家。托爾斯泰和華格納的書房擺放了這位哲學家的肖像；阿根廷作家波赫士（Borges）為了閱讀叔本華的原文著作，便學了德文。喜劇演員也喜歡叔本華，因為他證實了「黑暗總潛伏在幽默後方」的懷疑。

當其他哲學家嘗試解釋外在世界，叔本華卻更關心內在世界。當我們不瞭解自我時，就無法瞭解世界，這對我來說是件非常顯而易見的事，為何這麼多哲學家——不然就是智者——沒察覺到呢？我認為，這是因為檢視外在世界比較輕鬆、容易。我們就像身處燈火通明的小巷子找鑰匙的那位有名的醉漢。

「你的鑰匙是掉在這裡嗎？」一名行人問道。

「不，我是掉在那裡。」他指著黑暗的停車處說。

「那你為什麼在這裡找？」

「因為這裡有光。」

而叔本華不是，他找尋的地方是最為黑暗之處。你可能不認同他抱持的陰鬱觀點，以及黯淡的形而上學，卻不能批評他行事馬虎。他向來全力以赴，是一位英勇的哲學家。

◊

每種癖好，都暗示著存在一種程度同等、相對的反感；每種激情也都有與之相對的惱怒。叔本華也是如此，他對音樂的強烈熱愛，引發了對噪音相應的厭惡。

「在我這一生當中，敲擊、捶打、重擊的聲響，對我而言都是日常的折磨。」他在隨筆文章〈論鬧聲與噪音〉（On Din and Noise）中如此寫道。他尤其不喜歡鞭子揮打在馬腹「突如其來的尖銳爆裂聲」，因為這種聲音「癱瘓大腦，扯開、撕碎迫在眉睫的反思，並謀殺所有想法」。我在想，叔本華身為動物愛好者，是否對於馬兒的疼痛感同身受。

在夜間，最輕微的聲響也會驚醒他，讓他伸手去拿隨時擺放在床邊的上膛手槍。在法蘭克福時，他寫信給劇院經理，敦促他對喧鬧情況採取行動；並要他管控群眾，或在門上及上鉸鍊的座椅安裝緩衝工具，反正任何措施都好。他寫道：「繆思女神和觀眾會感謝你改善了狀況。」

對叔本華來說，噪音不只是令人惱怒，還是性格的指標。他相信，人們對噪音的容忍度和其智力成反比。「因此，當我聽到狗兒在屋子後院狂吠了數小時，卻無人阻止，我就知道怎麼去看待該住戶。」

我和叔本華一樣，我的思想列車搖晃鬆散，很容易脫軌。即使是時鐘的滴答聲，也會讓我的專注力渙散。我妻子的吹風機是名為 Bio Ionic PowerLight 的邪悲小混蛋，曾經破壞了我的一整天。吹葉機（leaf blower）就更不用說了。

最近的研究顯示，噪音汙染對我們身心健康有什麼潛在影響。根據發表在《南方醫學期刊》的一項研究指出，噪音汙染會導致「焦慮、壓力、緊張、噁心、頭痛、情緒不穩、好爭辯、性無能、脾氣改變、社會衝突增加、精神官能症、歇斯底里，以及思覺失調症」。而另一項研究發現，飛機起飛和降落的轟隆聲，會造成血壓飆高、心跳加速，以及壓力性荷爾素分泌——即使是在熟睡時。

在這些研究中，叔本華得到證實，卻不會太滿意，因為這些事未說明更為潛伏、難以察覺的噪音類型：精神噪音。精神噪音不僅僅是干擾，還遮掩了一切。在吵雜的環境中，我們失去了信號和方向。距離電子郵件出現的一百五十年前，雜亂的信箱就讓叔本華大感憂慮。

在〈論作者〉（On Authorship）這篇文章中，這位哲學家預示麻木心靈的大聲喧鬧，也就是現代的社交媒體；在此，真實的聲音將被新噪音淹沒。「最大的錯誤莫過於認為，最新寫出的東西總是比舊的更正確、後來寫的東西一定改善先前所寫的，以及每一個改變都是進步。」

每當我們無意識地點擊，就犯下了這種錯誤，就和拉下槓桿就希望得到回報的實驗室老鼠一樣。我們不知道這個回報會是何種形式，但這一點都不重要。和叔本華那些飢渴的讀者一樣，我們將「新與好」、「新奇與珍貴」，全都混為一談。

對此，我感到內疚，因為我經常確認、再確認自己的數位生命跡象。看到這個段落時，我已經檢查過電子郵件（沒有信）、打開我的臉書（寶琳生日，一定要寫信道賀）、在eBay對一個不錯的皮製背包出價、再次確認電子郵件（還是沒信）、點了數量多到令人不安的咖啡、調高背包出價，接著再次檢查電子郵件（依舊沒有信）。

百科全書是叔本華時代的網路，也幾乎和網路一樣誘人。當人們隨時可以在一本書中找到解答，為何要苦思難題？針對這個問題，叔本華回答：因為「經過自己思考而得到的答案，價值會是百倍」。他說，人們太常直接拿起百科全書，而不是停留在自己的想法上。「人應該只在腸枯思竭時才去看書。」

若你常以「點擊」代替「閱讀」，那麼，你就有我們的困境。我們誤把數據當成資訊，把資訊當成知識，把知識當成智慧。這種傾向讓叔本華擔憂，他到處都可以見到人們汲汲於資訊，並錯把它當成深刻洞察。他寫道：「他們沒有想到，資訊只是通往洞察的方法，其本身卻幾乎沒有價值。」再更進一步說明，這種數據過量——其實就是噪音——具有負面價值，會減少取得深刻洞察的可能性。當我們被噪音分散注意力，就聽不見音樂。

◊

我走回下榻旅館，任由史蒂芬·羅波和令人悲傷的叔本華檔案館在這「所有可能性中最糟糕的一個世界」中，自求多福。

漫步在法蘭克福的林蔭大道上，雖然空氣溫和柔順，我卻沒有那種感覺。這是個宜人的傍晚，是叔本華進行他的午後散步時，喜歡的那種天氣。我聆聽街道的聲音，充滿令人混亂的洪亮德語，再來到我自己內在的聲音。我很震驚地發現，它也是混亂不清的。叔本華說得對，用他人的想法來塞滿自己腦袋，你的想法就會被取代。我牢記這一點，決心驅逐這些不請自來的聲音。

我回到旅館房間，出於無聊或是反射動作（或是一些墮落的理由），我決定登錄上網。我漫不經心地到處點擊，接著突然意識到，在數位時代，網路就是叔本華說的「意志」的化身。就像「意志」，網路無所不在，且漫無目的；它不斷奮力而行，卻永不饜足。它吞噬了一切，包括我們最珍貴的資源——時間。它提供了幸福的幻覺，卻只交付了苦難。和「意志」一樣，網路提供兩種逃離它掌控的方式：一個是克己苦行，另一個是審美，也就是冥想或音樂。

而我，選擇了音樂。義大利作曲家羅西尼，當然。我放了一池熱呼呼的浴缸水，倒了一杯蘇格蘭威士忌。我喝了一大口這單一麥芽釀製的酒，接著，閉上眼睛並聆聽。我以達賴喇嘛跟隨消息的方式跟隨著旋律：無私但非漠不關心，專注但不做任何反應。我任由音樂為我洗禮，如浴缸水般溫暖撫慰，感受沒有文字的聲音、沒有內容的情緒，及沒有噪音的信號。

我瞭解到，這就是叔本華在音樂中的體認：我們並非在這個世界得到緩解，而是沉浸在另一個更豐富的世界之中。

第二部

中 午

—— NOON ——

⑥ 如何像伊比鳩魯一樣享樂

Epicurus

晚間七點三十五分，在蒙大拿某處，我搭乘著從芝加哥開往俄勒岡州波特蘭市的美國國鐵帝國建設者號列車。

我們旅行，以逃避「習慣」帶給我們如暴政般的影響。不過，我們人類少了體系結構就會無所適從；經過兩天的美鐵旅程，我渴望的正是體系結構。我閱讀，然後思考。我閱讀關於思考的事，然後思考關於閱讀的事。我重新安排我的列車艙房，把行李從角落推到縫隙處，然後又推回角落。我讓自己待在火車後端好幾個小時，從小窗凝視外方，看著世界後退，彷彿一部一直說要結束、卻始終未劇終的電影。我在等待的，是一個輕快的美鐵聲音：奧利弗小姐召喚我去餐車的聲音。

最能代表體系結構的，就是食物了。支撐一天的主梁就是三餐，少了三餐，時間就會塌陷在自己身上，重力成指數增加，就像在黑洞裡一樣。這可是一個科學事實。

在一片靜止中用餐就很愉快了，但能在火車行進中用餐，更能讓我的快樂倍增。當用餐和移動合而為一，就產生一種奇妙的墮落感。至少，以前曾是如此。

在一八六八年，喬治．普爾曼（George Pullman）引進第一個餐車車廂，他以紐約知名餐廳的名字，把餐車命名為「戴爾莫尼柯」。至此，精緻用餐被沿用至火車的餐車上。菜單印製在絲綢上，提供客人數十種選擇，包括牡蠣及威爾斯乾酪。當然，全採用精緻瓷器上菜，再搭配一瓶瑪歌酒莊紅酒，或是庫克氣泡酒。

一名《紐約時報》記者屏息地寫下他於一八六九年的普爾曼餐車之旅，當時列車從奧馬哈開往舊金山。他熱愛餐車提供的羚羊排（「沒吃過這道餐的美食家——呸！哪知道什麼是脂肪盛宴？」），也為山溪鱒魚痴迷（以「辛辣且不外賣」的醬汁烹煮）。他寫道，所有餐點都端上了「鋪有雪白亞麻桌布的餐桌」。

我端詳我的美鐵食物，並遺憾自己整整錯過了一世紀，沒能趕上火車餐車的黃金年代。我的桌巾並不雪白，瓷器也並不精緻。沒有滿杯的庫克氣泡酒，只是，說句公道話，我的健怡可樂的確嘶嘶作響了一陣子。我的主菜據說是前蝦香料飯，這倒是沒讓我痴迷。是，它是能吃，但不可口。

和全部的青少年一樣，所有哲學家都被誤解了，這是必然的結果。但最被世人誤解、最被不公平毀謗之人，就是偉大的快樂哲學家伊比鳩魯了。

◊

出生於西元前三四一年的薩摩斯島，伊比鳩魯（Epicurus）年少時便已轉向哲學領域。他投向哲學的理由很常見，就是總有問不完的問題，又對於成人給他的答案深表懷疑。他研讀大師的學說，尤其是赫拉克利特和德謨克利特。他經常使用豐富又驚人的語言，沒多久就有不少跟隨他的門生，被他的魅力及隨和的教學風格所深深吸引。和蘇格拉底一樣，伊比鳩魯是狂智的實踐者，總是驚嚇那些出神狀態中的人，任何必要的手段都值得採取。

伊比鳩魯活躍於希臘世界，曾短暫居住在現今土耳其的可倫丰，以及勒斯博島，最後才在三十五歲時定居雅典。他在雅典城牆外購置了一棟房子，四周有高牆圍繞，而牆內有一處蔥綠的庭園。他心想，這裡真是設立學校及建立社區的完美地點。學校立刻受到歡迎，最後就簡單地被稱為「Kepos」（花園）。

花園和哲學家很合得來。法國啟蒙運動的寵兒伏爾泰說：「我們必須培育自己的花園。」十七世紀的英國作家暨園藝家約翰．伊夫林（John Evelyn）認同這番話，並且加上「花園的氣氛和本領」讓它們增添了「哲學熱忱」。

我喜歡這句話。世界需要更多哲學的熱烈支持者，既不是哲學的學生，也不是專家，而是熱烈的愛好者，帶著「愛好者」一詞所暗示的、毫不掩飾的熱忱。

花園需要照料，我們的思想也是。正如會思考的人不見得就是哲學家，在後院閒蕩的人，也不見得就是園丁。園藝和哲學這兩種興趣，都需要像個成人一樣有紀律地投入，也要如孩子般輕鬆且快樂。

這兩種興趣，都代表著從混亂中創造，而非是強加秩序的嘗試；同時又保留梭羅般的些許野性，以及些許神祕。園丁和自然合作，「打扮它」，伏爾泰如是說。園丁盡他的責任，種植、翻土、除草，但最後花園的命運卻存在於他處。命運取決於花園牆內的自然進展——還有，對，魔法。只要辛苦耕耘，哲學也有它自身的魔法。

◊

地點很重要，它是想法的寶庫。這正是我旅行的原因，以及現在我人身在雅典，搜尋伊比鳩魯及其花園的原因。這並不容易，考古學家派上所有能用的工具和聰明才智，卻仍尚未找到它的確切地點。但這並未抑制我的哲學熱忱，要找到你追尋的事物，可以不必先知道它究竟是什麼。

魄力才是最好的導航。

在轉錯幾個彎之後，我發現我的第一個路標：迪皮隆門（Dipylon），或稱雙門。它曾經是進入雅典的主要入口，也是古代世界最大的大門。幾個世紀以來，大門已縮小成一道低矮的石牆。在我的想像中，雅各．尼德曼和友人伊萊斯當時在費城經歷問題所坐的那道石牆，或許就是這個模樣。

在古代，城牆區隔了兩個世界。踏出城牆外，就是一種表態，代表準備放手一試，盧梭也深知這道理。現今，雙門外的鄰近區域是一個神祕的世界，以前的社會治安不好，現今人們則是負擔不起高房價，這兩者沒有間隔太多的時間。汽車修理廠緊鄰著咖啡館。如叔本華一般，我停下腳步聆聽。汽車修理廠傳出富有節奏的拍擊聲，咖啡館則傳來流行音樂，還有笑聲。如同伊比鳩魯時代，以及更久遠以前，人們始終在尋求著快樂。

我在一處空地止步，兩旁是還沒有屋脊的混凝土建築，我注意到從混凝土抽芽長出的一些雜亂植物。精確來說，這地方不是花園，但也很接近了。我試著想像大約兩千五百年前的光景。

當時的街道人潮洶湧，我可以看到人群中有個年輕女子。史書告訴我們，她的名字叫作塞米絲塔（Themista）。身為女人，即使是在最好的時代，生活也不容易。而當時並不是最好的時代，似乎什麼事都沒有把握。亞歷山大的死亡顛覆了世界，舊秩序崩塌，而新秩序又尚未就定位。

我可以想像，塞米絲塔大膽地走出城牆，正準備碰碰運氣，此時，卻見到一個牆壁圍起的園地。一頭有個奇怪的碑文：陌生人，你在此地的時光會很快樂，這裡至高無上的好處，就是快樂。

塞米絲塔深感興趣，比起離此處不遠的柏拉圖學院，這聽起來更吸引人；在柏拉圖學院，迎接訪客的是較為不祥的警示：「不懂幾何學的人勿入」。她踏入門檻，發現這裡不只是一個花園，而是一個小型農場，還有友善的氣氛。

在一個相對偏僻之處，選擇一處有圍牆的花園，對伊比鳩魯而言並非偶然。在斯多噶學派和其他哲學派系尖銳的決裂之中，他敦促追隨者要避開「商業事務和政治的監獄」。伊比鳩魯認為，和政治扯上關係就會降低自立自強的能力，並且是把個人快樂交給他人掌控。他的格言是「Lathe Biosas」（活在沒沒無聞中）。在當時，這種排他性也如同今日一樣引發爭議。撤離主流世界的人總是很可疑，我們嘲弄這位隱士的程度，彷彿覺得自己也受到其威脅。

在其他方面，伊比鳩魯也打破傳統。當大部分學院只接受雅典的男性市民，伊比鳩魯卻歡迎獲得自由的奴隸及女性，如塞米絲塔，並把自己的幾部作品獻給了他們。

在一個有圍牆的社區中，伊比鳩魯歡迎那些不受歡迎的人們，也鼓吹要過致力於快樂的生活。毫不意外，這引起了人們的猜疑。狂歡和奢侈宴會的謠言四起，謠傳伊比鳩魯因為放縱過度，一天要嘔吐兩次，而且「好多年都下不了轎子」。

這些謠言毫無事實根據，實際上，「花園」更像是修道院，而並非妓院；人們過的是集體生活，只保有少許的隱私。伊比鳩魯說：「你的生活要盡可能地一事無成。但如果鄰人知道你的這個作為，就會造成你的恐懼。」只不過他的追隨者似乎很少有人在意這個禁令，因為他們沒有什麼好隱瞞的。

◊

如我在旅途中所遇見的人們，伊比鳩魯同時是身體及心理的哲學家。他相信，身體含有最偉大的智慧。

伊比鳩魯是經驗主義者。他認為，我們經由感官，也唯有經由我們的感官才能瞭解這世界。這些感官或許不完美，但不存有其他更可靠的知識來源；而告訴你有其他方法的人，不是在騙人，就是在推銷東西。

伊比鳩魯磨練他的感官，他熱衷於觀察人類行為。他在雅典調查，發現到處可見到人們已擁有足夠的食物、足夠的錢，物資上都已豐足，也還有足夠的文化資源。但是，他們為何不快樂？

伊比鳩魯處理這個謎團的方式，就像醫師治療具有不明症狀的病人。他說，哲學應該像治療靈魂的藥物那樣施予。其思想精華的摘要集結著作《主要學說》（*Principal Doctrines*，暫譯），前四個條目被稱為「tetrapharmakos」，即「四部分療法」。和藥物一樣，哲學必須按照處方劑量，定期攝取。和藥物一樣，其中也有潛在的副作用：頭昏眼花、分不清方向，偶爾還有狂躁發作。

伊比鳩魯以醫學角度著手，絕非偶然。伊比鳩魯身處治療哲學盛行的高峰期，這段被稱為「希臘化時代」的時代，人們選擇哲學學派有如現今選擇配偶或無線網路方案一樣仔細慎重，因為其影響重大。這不是只是選擇學校，像是要讀普林斯頓、不讀史丹福，而是在做人生選擇。哲學學派會塑造你的性格，進而影響到命運。

學派結合了大學、健身房、自助研討會，而在伊比鳩魯的學派，則是嬉皮公社[12]（hippie commune）。學派的教師著重倫理，「倫理」（ethics）這個字源自希臘語中的「性格」（character），而倫理學是在研究幸福人生，即「eudaimonia」。有些哲學家認為，唯有神和少數有福者，可以達到這種快樂的崇高境界。伊比鳩魯卻認為，任何人都辦得到。他告訴學生，日夜冥想這些教義，就會「過得像在人間的神」。

檢視雅典病態的政治團體後，伊比鳩魯提出一個簡單的診斷：我們恐懼無害的東西，而渴望

12 嬉皮文化為一九六〇年代於美國興起的反主流價值運動。志同道合的嬉皮人士同住並過著集體生活，形成「嬉皮公社」。

並不需要的東西。他提問「人們最恐懼的是什麼？」，是眾神和死亡（想必稅賦在古代不是主要壓力來源），而他對兩者都做了回覆。他說，眾神存在，卻根本不在乎人間事。祂們為什麼要在乎？祂們只忙於當神。對伊比鳩魯來說，眾神就像名人，祂們過著無憂無慮、令人豔羨的生活，總能預約到餐廳的好位子。

關於死亡，伊比鳩魯要我們放輕鬆。是的，死亡很痛苦，伊比鳩魯承認，但這樣的痛苦有自限性，不會永遠存在，不是因為痛苦減弱，就是因為你死去了。無論哪一種，都不必畏懼。

我發現這種想法，就和伊比鳩魯大部分的哲學一樣，理論合情合理，卻難以實踐。我並不畏懼眾神，但一想到「不存在」這件事卻嚇壞我了，我想永遠都會讓我感到害怕。

放輕鬆，去享受，伊比鳩魯這麼說。他主張快樂歡愉是「幸福生活的開始和結束」，並且挑釁地補充說，「如果我拿走品嘗的歡愉、拿走性事的歡愉、拿走聆聽的歡愉，並且拿走看到美麗外表所帶來的甜蜜感受，我不知道能如何想像美好為何物。」

也難怪伊比鳩魯會受到毀謗。「歡愉」（pleasure）聽來很可疑，它存在於暗處，存在於緊閉的門後。當我們提到「祕密」及「隱藏」的歡愉時，便同時承認依附在人類最基本本能的羞恥感。

但伊比鳩魯不這麼想。他認為快樂歡愉是最崇高的好處，其他任何東西——名望、金錢、甚至美德——都只有在增進快樂時才重要。「我唾棄正派人士和無法欣賞它的人。」他以他典型的挑釁風格寫道。快樂是我們唯一為了它本身而渴望的東西；其他的一切，即使是哲學，都是為了達到這一目的的手段。

伊比鳩魯說，快樂的首要地位不證自明。孩子會對什麼有反應？答案是快樂和痛苦。你用不著教導孩子火是熱的、糖果是好吃的，他就是知道。尋求快樂、避開痛苦，就跟呼吸一樣自然、不假思索。

伊比鳩魯對於快樂的定義，和我們人多數人不一樣。我們認為快樂是一種出席（presence），心理學家稱它是正面影響；而伊比鳩魯把快樂定義成為一種缺乏，一種缺席（absence）。希臘人稱這種狀態為「ataraxia」，字面意義是「毫無紛擾」；是焦慮缺席的意思，而非帶來滿足的任何事物出席。快樂不是痛苦的相反，而是痛苦的缺席。因此，伊比鳩魯並不是享樂主義者，而是「寧靜主義者」。

有些心理學家不同意伊比鳩魯，認為他幾乎只專注於緩解痛苦。《快樂研究期刊》嗤之以鼻：「快樂，絕對不僅僅只是痛苦缺席的狀態。」在閱讀伊比鳩魯之前，我會認同。但現在，我卻不太確定。如果誠實面對自己，我承認我最渴望的並非名望或財富，而是心靈的平靜，一種「存在的純然快樂」。以「缺席」以外的說法來描述這種狀態，幾乎是不可能的。

避免痛苦是很合理的建議——我完全贊成——但對於哲學來說，這難道不是太過淺薄的基礎嗎？伊比鳩魯認為，如果你身處痛苦之中，就不會這麼覺得了。試想你從馬上摔下來，斷了腿，醫師來了之後，立刻給了你一盤葡萄。這有什麼不對？葡萄會帶來快樂，不是嗎？

伊比鳩魯相信，這種荒謬的狀況，是我們許多人發現自己身陷其中的境地。我們在痛苦的山峰上，掏取微不足道的快樂，不懂為何我們不快樂。我們有些人承受身體疼痛的劇烈衝擊，有些人承受心理痛苦的隱約疼痛，或是因為心碎而想死去的痛苦。但痛苦就是痛苦，如果想要心滿意足，就必須處理它。他說：「我們只會出生一次——沒有第二次的機會。」伊比鳩魯相信，每個人的生命都是偶然的產物，是原子運動的一次轉向，是一種奇蹟。難道我們不該慶祝生命嗎？

◊

我撤離或許是、也或許不是的「花園」原址，進入一家誘人咖啡館。我點了一杯神話啤酒，細想伊比鳩魯所提到的快樂。他並不只是頌揚快樂，還詳細地分析，發展出一套完整的欲望分類系統。

在梯形頂端是「自然且必要」的欲望；例如，跋涉穿越沙漠後的那一杯水。接下來是「自然但不必要」的欲望，即在喝完穿越沙漠後的那杯水後，再加上的簡單佐餐酒。最後，在金字塔底層的，是不自然也不必要的欲望，伊比鳩魯稱之為「空虛」的欲望，也就是喝完跋涉沙漠後的一杯水，以及隨後的簡單佐餐酒後，最後再加上的那一瓶昂貴香檳。伊比鳩魯認為，這些空虛的欲望造成我們最大的痛苦，因為它們難以取得。「躺在稻草床上無憂無懼，勝過擁有金沙發、豪華餐桌，心中卻焦慮煩憂。」

我抿了一口啤酒——自然但不必要的欲望——然後默默編列我的各種欲望，而我不喜歡我發現的結論。我投入精力在追尋海市蜃樓——而且投注太多精力了，這點我知道。我投入許多精力在包包上，我喜愛包包（主要是書包式的劍橋包，但我也愛後背包和公事包），而就像所有愛情一樣，它讓我沉溺其中。伊比鳩魯會看一眼我出格的包包收藏（我有問題），他頂多會斷言道，這是自然但不必要的欲望。是的，我們需要包包來攜帶物品，但用不著配置五十四個各式各樣的古董包、皮革包及帆布包，只要一個簡單的後背包就夠了。

伊比鳩魯說，快樂不只有各種的種類，它們也以不同速度運轉。他是這麼區分靜態與動態的快樂：以一杯冰水解渴是動態快樂，之後感受到的解渴滿足感，則是靜態快樂。或用另一種說法，喝酒是動態快樂，酒醉則是靜態快樂。

我們通常認為，動態快樂最令人滿足，但伊比鳩魯感到不以為然。實際上，靜態快樂更為優越，因為我們追尋就是為了靜態快樂本身。它們是結果，不是手段。「過著粗茶淡飯的日子時，我發現身體充滿快樂。」伊比鳩魯說。「而我唾棄豪華生活的快樂，不是因為快樂本身，而是因為隨後而來的不適。」

隨後而來的不適，到底是什麼？就以米其林三星餐廳「法國洗衣館」[13]的五道菜套餐來舉例。伊比鳩魯說，吃完後，你會有身體上的不適感，像是消化和宿醉；但真正的不適主要是指一種潛在的痛苦，也就是「不能擁有」的痛苦。當你享受太平洋野生帝王鮭魚凍派時，當時的快樂是真實的；但當你吃完後，你又會再次渴望它。也就是說，你將你的快樂外包給鮭魚凍派，以及捕捉到鮭魚的漁夫、提供它的餐廳，還有發薪水讓你吃得起美食的老闆。你現在因鮭魚凍派成癮，你的快樂取決於是否能定期食用這道餐點。會演變成這樣，全是因為你錯將不必要的欲望，當成必要的欲望。

振作起來！伊比鳩魯說。自然（nature）掩護了你，它讓必要的欲望容易取得，而不必要的欲望難以獲得。蘋果長在樹上，但特斯拉電動車則不是。欲望是自然的衛星導航，引領我們前往最崇高的幸福，並遠離空虛的快樂。

據說，我們生活在快樂的黃金年代，許多惹人心動的選擇只有一個點擊的距離：美食、記憶床墊、特殊性愛、各式各樣的小東西。而伊比鳩魯會說，這全是快樂的假餌。和所有好的假餌一樣，看起來全都像真的，所以我們會瞄準這些物件。我們若沒擊中目標，就會怪自己槍法不佳，並重新上膛。

伊比鳩魯忠告，別再瞄準假餌了，倒不如停止射擊。他說：「能讓我們富饒的，並非我們擁有的，而是我們享受的。」這表示，只要心態正確，哪怕只是一小罐乳酪，都可以讓簡餐成為你心中的豐盛佳餚。

伊比鳩魯認為，快樂到達某個定額，就無法再增加——就像明亮的天空無法再更明亮一樣——只是會有所不同。新鞋和智慧手錶代表不同的快樂，而不能增加快樂。然而，現在的消費文化都預設了「不同的快樂，等於快樂增加」這種假定。這個錯誤的等式，造成人們許多不必要的痛苦。

快樂的種類，不但沒有我們以為的如此重要，它的持久性也一樣。二十分鐘的按摩所得到的快樂，未必是十分鐘按摩的兩倍。「寧靜」是無法加倍的，要嘛就是平靜，要嘛就是不平靜。

◊

這種哲學聽起來或許不太有趣，但它的確很有趣。伊比鳩魯學派安居在花園的牆後，過著不時舉辦豐富盛宴的簡單生活。他們明白，最好以間斷的方式享受奢華，也迎向任何發生於生活中

13 The French Laundry，位於美國加州納帕谷，為米其林三星的法國餐廳。

的美好。伊比鳩魯主義是一種「接受」的哲學，接受的近親是「感激」，因此，它也是種感激的哲學。當我們接受一件事，真心接受它時，感激之心便油然而生。

最近，我認識一個叫勞柏的心理學家，我認為他體現伊比鳩魯的精神，即使他本人並未察覺。有天我和勞柏到猶他州的南部，進行脫離俗世的三天野地健行。這是探討大自然對健康好處實驗的一部分（我是實驗天竺鼠）。

某天，我注意到勞柏的水壺光澤閃亮，很符合人體工學，讓我產生了幾乎像是看到包包那樣的興奮感。

「你在哪裡買的？」我問勞柏。

「我沒有買。是它遇見了我。」他回答。

勞柏遇到了很多事物，不只是水壺，還有咖啡杯、手電筒，以及其他物品。在我們的遠征過後，我和勞柏互通電子郵件，他告訴我：「一小時前，當我穿過校園時，一個新咖啡馬克杯遇上了我。它相當精美，而且出於某種高深莫測的原因，它就裝在包裝盒中出現了。我把它放在辦公室裡，和其他五個馬克杯、八個水壺、一個蛋白質搖杯、兩個頭燈放在一塊，這些東西也是偶然地碰見我。如果這種狀況不快點消除，那麼，我可就要早早退休去開禮品店了。」

勞柏的態度是全然的伊比鳩魯。如果好事找上門，就享受它。好事會發生在未預期好事發生的人身上，因此別特意尋找。勞柏並未耗費精力去搜尋這些物件，是這些事物遇見他。當這些事物出現時，他也心懷感激。

◇

在伊比鳩魯死後的數個世紀，伊比鳩魯式的花園如雨後春筍般於地中海地區出現。這些花園吸引大量的忠誠追隨者，而與其他學派不同的是，成員的耗損率極低。許多人進入花園，而且很少人逃離。

在花園牆外的人卻對著花園裡扔石頭。斯多噶學派的教師愛比克泰德（Epictetus）說伊比鳩魯是個「滿嘴髒話的混蛋」。伊比鳩魯主義以其有原則的快樂精神，威脅到其他哲學流派，尤其是一種受到歡迎的新宗教：基督教。最後，教會獲勝了。接下來的數個世紀，伊比鳩魯主義幾乎消失。

然後，在一四一七年，一名叫波喬．布拉喬里尼（Poggio Bracciolini）的大無畏學者，在南歐到處找尋失散的古代寶藏。而他發現了《論萬物的本質》（*On the Nature of Things*）的存餘孤本，這是羅馬詩人陸克瑞提烏斯（Lucretius）所著的伊比鳩魯學派論述。一四七三年，機械印刷還是新發明的時代，它就成為第一批被印製的書籍之一。

對於快樂、簡單和美好生活的想法，伊比鳩魯從法國到美國殖民地都找到了新知音。在一八一九年，退休的第三任美國總統湯瑪斯・傑佛遜（Thomas Jefferson）表明：「我也是個伊比鳩魯人。」他在寫給朋友的信中闡述：「我認為伊比鳩魯真正的（非強加上去的）學說，包含道德哲學中的一切理性，是希臘羅馬時代留給我們的遺產。」

傑佛遜不太熟悉佛陀的學說，但佛陀和伊比鳩魯的相似度卻很驚人。兩者都認同欲望是一切苦難的根源，也都認同寧靜是其修行的終極目標。兩者都看出志趣相投的思想家組成社區的需要，這個「社區」在伊比鳩魯來說，是花園；而佛陀則是「僧伽」。兩者都明顯喜歡數字四，佛陀有「四聖諦」，伊比鳩魯則有「四部分療法」。

這些相似性可能不只是巧合。兩位早期影響伊比鳩魯的人，德謨克利特和庇羅（Pyrrho），都曾遊歷到印度，偶遇當地的佛教學校。或許，伊比鳩魯學過佛陀的學說，也或許，兩人只是殊途同歸。

◊

現在，「花園」和幾乎所有其他的事物一樣，已移往線上。我就是在此發現了湯姆・墨勒。我沒有找尋湯姆，是他遇上了我。

湯姆是伊比鳩魯人（Epicurean），這裡採取大寫「E」，意指遵循這位哲學家的原始學說；而他住在講究享受及美食（epicurean）的加州納帕郡，這裡採取小寫「e」[14]。他是怎麼調和這些大寫和小寫的存在呢？這是我在筆記本上匆匆記下的第一個問題。只是，就像M&M's巧克力和包包一樣，不可能只取用一個。沒多久，我就在筆記本上寫滿十多頁的問題。伊比鳩魯身為簡單生活的倡導者，不會贊同我這個舉動。

我瞭解到自己所有問題都能濃縮成一句：一個愛說髒話、愛吐口水的已故希臘男人，生前住在花園裡，宣揚極端簡單的生活，怎麼會和今日複雜且高科技的世界有關聯？

從雅典到納帕，我繞了大半個世界來會面湯姆，準備共進早午餐。我讓他選擇場地，一來是因為這是他的城鎮，但主要是因為我很好奇他會傾向何種地點，是講究美食還是伊比鳩魯作風。他提議我們在城鎮中心碰面，再走路去餐廳。

湯姆七十三歲，但外表看起來少了十歲。他戴著深色太陽眼鏡，身著彩色酒瓶圖案的絲質襯衫。即使是在陰涼處，他也一直沒拿下眼鏡。湯姆皮膚曬得黝黑，顯然很輕鬆愉快，我喜歡這個人。前往餐廳的路上，我和他閒聊，詢問納帕的生活。

14 英文已把 epicurean 作為形容詞，採用小寫，意指「講究美食的」或「講究享樂的」。

湯姆喜歡這裡的生活，只是厭倦大家暗中打扮較勁、大量的俊男靚女——以及討厭這裡極度缺乏沙子[15]。

沙子很重要，我同意。永遠不要相信一個沒有沙子的地方。

湯姆帶我們到一家小餐館，菜單簡單又價廉，這是大寫的E，伊比鳩魯式。墨西哥牽絲乳酪引起了我的好奇心，也聯想起先前閱讀的梭羅，於是點了名為「對樹林放火」的三明治。梭羅和朋友曾不小心引火燒掉一小部分的瓦爾登森林，這讓他們非常懊惱。

「要搭配什麼酒嗎？」為我們點餐的女子問道。

我看看手錶，上午十一點鐘。

「這時喝酒還太早吧？」我問。

她和湯姆交換一個會心的眼神，意指「我們這裡來了個觀光客」。在納帕，喝酒永遠不嫌早也不嫌晚。

我點了一瓶湯姆推薦的黑皮諾，坐在戶外的一張餐桌。陽光溫暖，天空是無瑕的加州藍天。視線所及沒有沙子，有一輛特斯拉駛過。

在我們等候餐點時，我展開我的問題——這個問題在我不注意時，再度倍增成許多問題。

我問湯姆，你是怎麼發現伊比鳩魯的，是伊比鳩魯找到你的嗎？

湯姆解釋說他一直是個「有想法的人」。唸大學時，他便涉獵哲學，但直到唸研究所時，他才更加深入。在一九六〇年代，是當個有想法的人的好時機。

湯姆也閱讀史賓諾沙、康德及其他人的學說，但受到伊比鳩魯吸引，以及他在快樂上的專注。「對我來說，快樂非常包羅萬象——甚至比幸福更是。」他在喝酒的空檔這麼對我說。

對於人們對伊比鳩魯的記載，湯姆從不厭倦糾正。這位哲學家不是美食家，看到有以他的名字命名的烹調網站，一定會驚駭萬分。以及他重視簡單生活，低垂的水果最美味。

我出聲詢問湯姆，他如何協調他簡單生活的觀念，及住在納帕的真實狀況。在這裡，低垂的水果很可能是嬌養的葡萄，用來釀造一瓶兩百美元的梅洛紅葡萄酒；而頭上一處簡單屋頂，很可能輕易花上你整整一百萬美元。

湯姆承認這並不容易，但還是有可能做到。你需要好好盤算一下，像算數學一樣。

聽到數學，我退縮了一下。對我來說，數學和幾何被我歸納在「恐懼」的類別中，與眾神及死亡同在。我永遠不會踏進柏拉圖學院，畢竟他有如此嚴格的入院要求。

湯姆說明，快樂全是好的，而痛苦全是壞的，但這並不表示我們應該永遠選擇快樂，而不是

15 grit，也有毅力的意思。

痛苦。有些快樂可能會導致未來的痛苦，因此應該要避免；例如，肺癌的痛苦強過於抽菸的快樂。同樣地，有些痛苦會導致未來的快樂，因此應該要忍受，像是健身時的痛苦。

聽起來或許很奇怪，但伊比鳩魯教導我們，我們可以推論通往快樂的方法。如果我們不快樂，並不是因為我們懶惰或有缺陷，而不過是估算錯誤。評估快樂和痛苦時，我們未能採取謹慎的態度，即「冷靜地推理」。

湯姆經常在盤算，他說這動作是在「檢查他的快樂」。他在檢視，某一個快樂的好處是否勝過索求的痛苦？

湯姆解釋，幾天前，他注意到想欣賞的表演團隊來到舊金山。他應該去嗎？在他的估算中，看表演很快樂，但他權衡了門票價格所造成的痛苦，以及加州高速公路交通狀況的苦難；到最後，湯姆決定了他應該要去。在這個例子中，快樂勝過了痛苦，他因此買了門票。

「很少有事情是純粹的快樂，這正是這套哲學適合我的原因。因為我是個極為優柔寡斷的人。」他說。

我也是，我總是很難下選擇。奇特的是，讓我難以抉擇的並非人生重大決定，像是應該投身於何種職業，讓我困擾的是總是小事：我應該點瓜地馬拉還是蘇門答臘咖啡？我瞭解到，我猶豫不決的根源是恐懼。我害怕做錯選擇，怕自己只是做了好選擇，而不是最好的選擇。

和湯姆一同啜飲黑皮諾時，我開始體會伊比鳩魯主義的魅力。但是，仍有些事不斷困擾我，那就是伊比鳩魯所說的「ataraxia」。他將這種心靈毫無紛擾的狀態視為最崇高的美好，然而似乎像是「消極的快樂」。積極滿足欲望，難道有什麼不對嗎？我詢問湯姆。

「你想想這根薯條。」如揮動指揮棒般，他揮舞手中的薯條。

「好。」我說，不明白他要說什麼。

「如果你對薯條產生欲望，就開啟了痛苦。當東西缺席時，你就會渴望、尋找，感到發癢般難耐。」

「所以快樂就像去抓癢一般？」

「對，但快樂不是你可以達成的，因為總有其他痛苦，總會有其他必須抓的癢。」

聽起來好可怕，發癢和搔抓的無限循環。光想到這一點，我就開始發癢。我們品嘗魚子醬，它讓人快樂，一切都很美好；但是，當我們再次渴望魚子醬，問題就出現了。魚子醬的味道永遠比不上渴望的痛苦，以快樂開始的事物，最後卻以痛苦收場。而唯一的解決之道，就是讓這些欲望最小化。

對話不可避免地轉向了葡萄酒。我原以為，湯姆身為納帕居民，一定會以勢利的態度看待酒類。但我錯了，湯姆．墨勒是納帕居民、業餘釀酒師、「一杯光彩」餐飲公司的股東，但喝的卻是名為「兩元拋」（Two-Buck Chuck）的酒。這支酒是查理蕭酒廠（Charles Shaw）推出的系列，一瓶兩美元，而且賣得很好。

「真的嗎？湯姆，你喝這便宜的酒？」

「這瓶是餐酒，還不賴。瘋子才會花三十五美元在被喝掉、牛飲，然後消失不見的東西。這就是查理蕭成功的原因，兩元拋是還不錯的酒，就是我說的『夠好』的酒。」

「夠好？」

「對，我會說『夠好』就已夠好了，它讓你有時間去做人生中更重要的事。而且，對那些認為『足夠』還太少的人來說，什麼都不夠的。」湯姆傳送了伊比鳩魯的想法。

我不再啜飲。多少算是夠了？我很少停下來問自己這個問題，而我總是假設答案是「比我現在擁有的更多」。結果發現，「更多」是不斷位移的標靶，心理學家稱之為「快樂水車」[16]。這種人類天性的怪癖，解釋了為何第三杯焦糖布丁永遠沒有第一杯、第二杯好吃；同樣也說明為何試駕新車時，讓我們興奮不已，但上路一個月後又覺得乏味。當我們適應新的快樂後，它們就變得既不新穎，也不那麼快樂了。

人類特別容易想要我說的「只要再多一點」主義，但我們用不著索求更多（像是金錢、成功和朋友）才能快樂。我們總是想著，「只要再多一點」，但當我們再更成功一點時，就會再次校準且計算，得出「我們還需要再多一點點」的結論。其實，我們並不知道多少才算是足夠。

「夠好」不表示妥協，也不是逃避；「夠好」代表一種不管遇上什麼事，都抱持深切感激的態度。「完美」是「美好」的敵人，「美好」也是「夠好」的敵人。但是，當你遵循「夠好」的信條夠久了，就會發生好事；「夠」就會如同蛇蛻皮那樣脫掉，只留下「好」。

◇

伊比鳩魯認為，友誼是人生一大樂事。他說：「在所有促成幸福人生的事情當中，沒有比友誼更重要、更獲益良多的了。」他同時指出，用餐時和朋友一起是必要之事，就如同我和湯姆一同吃飯一樣。沒有朋友的飲食，像是「獅子和狼在吞食」。

伊比鳩魯強調友誼的重要性，但這似乎抵觸了他快樂第一的原則。畢竟，真正的友誼，意味著有時將朋友的快樂放在自身的快樂之上。難道，這不就是拋開享樂主義的運算法則嗎？並沒有，伊比鳩魯這麼說。整體而言，友誼減輕我們的痛苦，促進了快樂。不管友誼帶來怎樣的痛

16 hedonic treadmill，意指儘管財富和成就改變，人仍維持相對穩定的快樂程度。賺到更多錢時，期望和欲望也隨之上升，不會更加快樂。

苦，都能被其帶來的快樂抵消。

我逐漸明白，此刻的我和湯姆，就處於一個伊比鳩魯式的時刻。簡單的一餐，佐以夠好的酒品，加上友誼和時間的奢侈享受。這是沒有痛苦、毫無紛擾的快樂。我表達自己愉快的心境，但並未沉溺其中，以免陷入快樂悖論的困境。當你開始思考快樂，你就失去了快樂。

在我們道別時，我詢問湯姆能否為我推薦咖啡館。我希望他能推薦一間富有怪趣的當地店家，裡頭認真的咖啡師會深情地調製每杯飲品。總而言之，推薦一個特別的地方。

「往這條路走去，有一家星巴克。」他說。

我有點失望，但停下來問自己：「伊比鳩魯會怎麼做？」他當然會去星巴克，所以我就這麼做了。

這家店沒有怪趣，沒有深情的咖啡師，也不特別，但是它夠好。

換句話說，夠好就是完美了。

⑦ 如何像西蒙·韋伊一樣關注

Simone Weil

上午八點二十四分，我在英國的懷伊車站，等待搭乘前往艾許福德的東南鐵路列車。
全部車程時間：七分鐘；候車花費時間：九分鐘。

現在還很早，車站也很可愛。這棟簡單的木造建築，其實不過是個小棚屋，散發出熱情社區和安靜效率的一種氛圍。一面小小的告示板告訴我，當地讀書會下星期四有聚會，如果帶上馬鈴薯沙拉或一些司康前去更棒。附近一個標誌表明懷伊是個「擁有出色自然美景的地方」；它的確是。草地一望無際，山丘連綿起伏，鬱鬱蔥蔥。

我坐在小小的候車室，讓「候車室」這個名詞的奇妙荒謬與我同在。候車室的使用目的很單一，就是建造來讓乘客進行「等候」這種非活動用的。我搖晃腳跟，瞥了一眼手錶。還有八分鐘，我趁機瀏覽了小小的圖書區，其實它只由幾個書架組成，而架上的平裝書已被翻舊了。

我瞄了一眼小小的發車告示板，還有七分鐘。我感到煩躁不安，來回踱步。我的手指碰碰車票，目的地從懷伊到艾許福德，來回票。我喜歡英國用「return journey」來表示往返行程，勝於美國的「round-trip」（環程旅行）。美國的用法聽起來很膨脹，而且不得要領。

我再次確認發車告示板，還有六分鐘。我嘆息，要怎麼應對像這樣的少量時間呢？時間太短，沒辦法完成有意義的事；但又太長，沒辦法轉眼即逝。我知道，六分鐘不算什麼，但加總起來就很可觀。我在《每日電訊報》看過一個報導，說英國人一生平均花了六個月在排隊。

六個月不是一個小點。六個月占了孕期很大一部分；六個月可以是一場短暫的婚姻，或是一段長長的露水姻緣。六個月是人生的一大段時間，卻只是花在排隊上。我們會等待水煮開、等候看醫生、等網路下載的東西、等著客服人員接電話、等候咖啡煮好、等幼兒入睡、等塞車疏通、等想出正確的用字、等候從來沒這麼晚回家的女兒走進家門、等待爆米花爆好、等冰塊結凍，或等冰雪融化。

六分鐘，如果有更多時間，我會拿來閱讀。我為我的短程火車旅行準備了一些合適的文學作品：俳句集及羅馬哲學家塞內卡（Seneca）的文章〈論生命之短暫〉（On the

Shortness of Life）。大約兩千年後，美國電影《翹課天才》（*Ferris Bueller's Day Off*）的主角費瑞斯．布勒在裝病不去上學的日子，附和了塞內卡：「人生飛快，如果不偶爾停下來張望，很可能會錯過。」

速度培育出我們的不耐煩，人生的速度越快，我們越沒有能力等候。網路連線為何如此慢？我的披薩到哪裡了？不耐煩是對未來的一種貪欲，而耐心是對時間的慷慨態度。

遠方的黑點持續變大，直到東南列車的火車頭，終於慢慢開進這小小的懷伊車站。我迫不及待踏上火車，坐進靠窗的座位；而就在我準備看錶時，我停了下來，轉而看向窗戶，等待。

火車加速，經過的每一秒鐘，都讓我一點一滴更加接近艾許福德，前往一位哲學家的最後安息之處，這位哲學家對於等待及時間有許多思考。令人遺憾的諷刺情況，似乎不成比例地頻繁降臨在哲學家身上，而她也是其中一員。她思索時間，但自身在人世的時間卻嫌太少。

◊

哲學不溺愛，而是質疑、提出要求；最好的哲學家是最會要求的人。蘇格拉底要求我們對假設提問，尤其是我們自己的假設；而馬可．奧理略要求我們重視責任。

西蒙．韋伊（Simone Weil）的要求較簡單，但難度不減。她要求我們關注，但不是任何類型的注意力。韋伊對關注的觀念，和我以前接觸過的都不同。

看著韋伊的黑白照片，我猜想，這時她大概二十歲出頭。我首先注意到的，是她烏黑、濃密蓬亂的頭髮，然後是厚重得近乎滑稽的眼鏡。我覺得，她似乎全身都是頭髮和眼鏡。

然後，我注意到她深黝沉著的眼睛，同時散發出溫暖和一種強烈到不可思議的智慧。這是雙受傷的眼睛、認真的眼睛，也是梭羅式的眼睛。每個人都注意到她的眼睛，一名朋友回憶「她有著穿透厚鏡片的銳利眼神」，而另一人則訝異於「她一出現，一切『謊言』全成了不可能的存在……她那看透及撕裂一切的目光，會攫住她所注視的人，令對方感到無助」。

她穿著讓人不敢恭維的寬大衣服，這和她一生中都完全漠視時尚的態度一致。她總是穿著黑色的破舊衣著，腳上穿著平底鞋。一個朋友回想：「她的衣服真是骯髒襤褸。」另一人則說：「她就像中世紀的隱士。」

這位關注的哲學家，不想要有任何人關注她。她想要看，但不想被看。不論是搭火車，還是在工廠工作，她的目標都是保持沒沒無聞——她說：「融入群眾，消失在他們之間，這樣他們就會展現真實的自己。」然而，她總是很突出，怎麼可能不突出呢？她這麼聰明、彆扭，而且還是猶太人。

一九〇九年的巴黎，韋伊誕生於一個極為世俗、教育程度又相當高的家庭之中。從小，她就在書本中找到慰藉及啟發。十四歲時，她就能背誦法國哲學家布萊茲·帕斯卡爾（Blaise Pascal）的《思想錄》（*Pensées*）大多的內容。她能閱讀梵文和亞述巴比倫的原文作品（「真是簡單到荒謬的語言！」她曾這麼告訴朋友）。她可以不吃不睡，連看好幾天的書。

儘管在學校表現優異，她卻從未重視知識本身。她說：「學業唯一的認真目標，就是要訓練關注。」**關注**這個詞彙將會主宰她，成為將她雜亂無章的哲學和人生維繫在一起的絲線。

◊

關注的能力，以及直立行走並打開泡菜罐的能力，讓我們得以成為人類。每個傑出的科學發現、每一個偉大的藝術作品、每一種姿勢，都可以追溯其源頭到一個純粹無私的「關注時刻」。

關注的重要性勝於其他的一切，因為它塑造了我們的人生。美國哲學家威廉·詹姆士說：「我們當下注意到的，就是現實。」唯有當我們注意到時，事情對我們來說才存在。這不是隱喻，而是事實。正如許多研究顯示，我們看不到自己沒有注意到的東西。

關注的品質，決定了人生的品質；造就了你這個人的，是你選擇去關注的事物，以及至關重要的，如何去關注的方式。當你回首人生，浮現的是哪些回憶？或許是大事，像是你結婚的日子；也可能是小事，像是在郵局長到誇張的排隊隊伍中，你和站在你後面的人出乎意料地親切交談。只是，這些很有可能都是你最聚精會神的時刻。我們的人生不多不少，正是由我們最專注的時刻所總合起來的。韋伊說：「最高的狂喜，是注意力徹底發揮。」

在這些罕見時刻，我們進入韋伊稱之為「極度關注」的一種心靈狀態，那是一種存在狀態，而心理學家米哈里．契克森米哈伊（Mihaly Csikszentmihalyi）則稱之為「心流」。處於心流狀態時，你會擺脫任何自我意識的表象，體驗一種對時間感知的改變及增強的現實感，一切似乎都變得比真實還要真實。和生活中許多事不同，心流是「非常有益的狀況，其本身就是人們尋求的事物」，契克森米哈伊如此說道。

沉浸在心流的人並不是只顧及自我，因為其並沒有可以去專注的自我。這裡沒有音樂家，只有音樂；沒有舞者，只有舞蹈。一位熱衷大海的水手如此形容身處心流的狀態：「忘卻自身，忘卻一切，只見到船和海洋的演出、海洋圍繞船隻的演出，撇開對這場遊戲來說不重要的一切。」

◊

你用不著航向大西洋，或登上聖母峰才能體驗心流，你需要的只有關注。

考慮到關注的重要性，你可能會認為哲學家對它很感興趣。但是，他們只對注意力投入微不足道的注意。或許他們覺得這個主題太明顯或太含糊，也或許他們只是注意力太分散。

幾個世紀以來，一些哲學家已默默坐了夠久，等待著要發表意見。現代哲學之父笛卡兒把注意力視為智慧的探測棒，讓我們可以辨別出可信的想法，以及無需懷疑的「清楚且明顯」的想法。這位說了「我思故我在」這句名言的哲學家，也曾經以這麼多字說出：我專注，所以我可以超越懷疑。這句話不怎麼朗朗上口，我承認，但可能比較精確。

隨著二十世紀的到來，「關注力」這個主題，很諷刺地處於一種混亂的破碎狀態；有些思想家甚至做出關注力不存在的結論（有些人依舊如此認為）。英國哲學家法蘭西斯．布萊德里（Francis Bradley）寫道：「沒有所謂的關注力初始行為，沒有所謂的關注力具體行為。實際上，根本沒有任何一種關注力行為。」

一派胡言，威廉．詹姆士這麼說，接著也加入混戰。「每個人都知道關注力是什麼。它以清楚且生動的形式占據了心思，並且可能同時有好幾個可能的物品或思想列車，也占據了心思。」詹姆士預言一心多用的風險，並提醒關注力需要的，不只是專注在現實的某些方面，也要忽略其他方面。

我們當前對關注力的觀念可追溯到一九五八年。當時，英國心理學家唐納．布羅本（Donald

Broadbent）對關注力提出「濾器模型」（也被稱為「瓶頸模型」）。就像消防水帶一樣，世界用數據資料淹沒我們的感官；我們頭腦處理資料的能力有限，所以它安排了關注力為所有資料劃分優先順序，以控制消防水帶。

這是一個令人信服的理論，以直覺看來似乎很合理。我們假設，關注力就像我們提款的銀行帳戶，或容量有限的硬碟。我們全都經歷過被太多資料淹沒的感覺；那時，我們遭受太多轟炸，以致於毫無東西留下。已有一些研究發現，我們經常高估自己一心多用的能力。

但是，歷史上充滿了關注力遠遠超越常態的人。例如，拿破崙和邱吉爾可以順暢地兼顧多重工作和對話。我們關注力的能力並不是有限的，牛津大學實驗心理學家艾倫・艾波特（Alan Allport）得出如此結論，「不論是一般來說，還是在特定的處理領域之中，都從未找到這樣的上層界限。」如同盧梭提醒我們的，我們認為自然的事，即所謂「事情的模樣」，其實經常是它們在此和現在的樣子。局部性的事實，偽裝成了普遍的真理。

◊

西蒙・韋伊是個常生病的孩子，長大後成為一個常生病的少女。十三歲時，她開始出現使她衰弱的嚴重頭痛，而這個問題持續折磨了她一生。有時，頭痛劇烈到她會把頭塞進枕頭堆。她小鳥般的食欲更是於事無補，她會好幾天不吃飯，可能也為厭食症所苦。

韋伊一家是有細菌恐懼症的潔癖家族（有個細菌學家是他們親密的家族友人，但這沒有太大的助益）。韋伊的媽媽堅持子女要一天洗好幾次手，並用手肘開門，而且絕對不可親吻他人。毫不意外地，西蒙．韋伊長大後成了一個想到肢體接觸就畏縮的成年人。她給友人的信中曾如此簽署：奉上深情及無菌的吻。

儘管韋伊如此聰穎，卻覺得在神童哥哥安德烈面前黯然失色；安德烈．韋伊（André Weil）後來成為歐洲最偉大的數學家之一。顯然，她的父母希望能有第二個天才兒子，因此，有時會稱呼西蒙（Simone）為「Simon」[17]，以及稱她為「我們的第二個兒子」。

對於他人的痛苦，韋伊從小就感同身受。在她六歲時，第一次世界大戰正打得如火如荼，她因此宣布自己不吃糖，因為「可憐的前線軍人也沒有糖可以吃」。後來，到了少女時期，由於同情買不起暖爐用油的工人，她不肯在公寓裡點暖爐，並堅持睡在硬地板上。她曾經在採收葡萄的葡萄園裡工作，也曾在工廠從事單調沉悶的生產線。她這麼寫道：**他人的痛苦進入我的血肉和靈魂。**

17 Simon 是 Simone 用於男性名字的形式。

聽到中國鬧飢荒後，韋伊的眼淚奪眶而出。這讓哲學家同儕西蒙．波娃深感欽佩，她回憶：「我羨慕她擁有一顆能夠橫越世界跳動的心。」這兩位西蒙是二十世紀法國哲學家的巨人，身處於至今仍受男性主宰領域的女性，她們在巴黎大學的中庭相遇，但相處得不好。

韋伊的激進同理心，解釋了她對於關注的激進觀點。她並不認為它是一種機制，或是一種技術；對她來說，關注是一種道德的美德，和勇氣及正義沒什麼不同，需要同樣無私的動力。別把關注放在更有生產力的事，或放在嘗試當個好工人或好父母；當一件事是道德正確的行為路線、是該做的事時，就應該關注它。

最為熱切和慷慨的關注，則有一個名字，那就是「愛」。關注就是愛，愛就是關注，兩者是一體相同的。韋伊寫道：「不快樂的人對這世界沒有任何需求，但人們還是能給予他們關注。」只有在不求回報，全心全力給予他人關注時，我們才參與了這種「最為珍貴和純粹的慷慨形態」。這就是為何父母或情人拒絕給予關注時，會最令人心痛，因為我們都承認，撤回關注就是撤回愛。

說到底，我們唯一要做的，就是付出關注。其他東西──金錢、稱讚和忠告──都只是低劣的替代品，而時間也是。只投入時間卻不付出關注，是最殘忍的騙局。小孩子本能地知道這一點，他們在一哩外就能察覺虛偽的關注。

純粹的關注並不容易，韋伊承認：「能夠關注受苦者的才能非常罕見，幾乎是奇蹟了，應該說，它就是奇蹟。」面對苦難，我們第一個衝動就是轉身離去、找尋藉口，說我們忙碌不已。大家都知道我會橫越馬路，就只為了躲開為不容置疑的崇敬情操募款的熱忱初級律師。每當我看見有人手中拿著小紙板、露出燦爛的笑容，我就會畏縮地躲開。我並不是恥於自己的小氣，而是恥於自己的注意力沒發生作用，我沒有能力看見受苦的眼神。

韋伊說，關注並不會索取你太多。「你受了什麼苦？」這簡單的六個字問句，就能軟化一顆心，改變一個人生。韋伊指出，這句話非常有力，因為表示你認同受苦者「不只是募捐的一個單位，或是被標記為『不幸』的社會分類，而是一個跟我們一樣、在某一天被蓋上苦難的特別記號的人」。

在我馬里蘭州銀泉市的住家附近，有一個繁忙的交叉路口。在大部分的日子，尤其是星期天，都會有一個名字叫奇波的非裔老人站在那裡的安全島。他單薄的身軀倚著一根拐杖，一手拿著保麗龍杯，另一手拿著一個紙板標語，上面只寫著「奇波」，沒有故事，沒有宣傳論點，只有他自己的名字。

我現在看到奇波了，但有很長一段時間，我都沒看到。直到有一天，我當時十歲的女兒指著他。現在，每當我們經過那個路口，她就會嘰嘰喳喳地說：「奇波在那裡！」然後堅持要我給他

一、兩美元。

真正的關注涉及到的，不只是注意「他人」，而是承認他、尊重他。這一點在醫學領域中最為重要。過勞的急診醫師或許會注意到病人疼痛，並為他治療疼痛及疼痛肇因，卻始終沒有關注病人。不管病人是不是有意識地察覺，都會感覺到被欺騙。

我的母親不滿意她的心臟科醫師。他的專業能力高超，在所有頂尖的學校求學，但他缺乏關注的能力。她有一天這麼對我說：「我覺得就算我死在他面前，他也不會在乎。」於是，她開始找尋其他心臟專科，找尋更能關注病人的醫師。

◊

我來到倫敦的聖潘克拉斯車站，它十分壯麗，玻璃和光線整體交織，充滿朝氣。和許多車站一樣，這座車站的建造有兩個明確目的，同時要兼顧功能及美學，就是所謂的「半工廠、半宮殿」。一八五一年，倫敦水晶宮博覽會相當成功，這座城市開始以玻璃和鋼筋來打造火車站大廳，並以琢石建造正面外觀。

成果就是一個多元並蓄的大建築物，也是一個必然引人思考的建築悖論。難怪維根斯坦說，車站是唯一能讓人解決哲學難題的地方。車站是以石頭和鋼筋呈現的哲學，這車站對藝術和商業的雙重擁戴，提醒我們，有時候同時抱持兩種矛盾思想是必要的。車站即工廠、車站即宮殿，兩個陳述都正確，彼此也不相斥。

我最喜歡的車站，是比利時的安特衛普中央車站，如果將火車站比喻成大教堂，那安特衛普就是聖彼得大教堂。高聳的天花板和拋光大理石，讓我有在其他偉大建築物也能感受到的崇高及莊嚴，那是種同時自覺渺小又膨脹的感覺。火車站是我關注力全開的地方。

我喜愛所有的火車站，哪怕是難看的車站；但比起紐約的賓州車站，它們倒是醜不了多少。賓州車站大廳天花板低矮，簡直像是老鼠出沒的大洞穴。但身為人類怪癖的學習者，我不由得訝異那奇怪的上車習俗：站方人員直到發車幾分鐘前，才會宣布搭乘的月臺號碼；在這之前，乘客只能抓著車票和拿鐵，焦急地等待。有些人會猜測登車門，就像俄羅斯輪盤玩家把賭注全壓在紅色三十二上[18]，以宣示所有權；而其他人展現出後天習得的無能為力，孤獨淒涼地盯著地板。

火車站會隨著生活脈動，即使是不好的火車站也一樣；這道理就像即使是好的機場，也不會隨著生活脈動。這裡是關注力的訓練場，打從一開始就如此。一八六二年的一幅畫作，捕捉到火車站的生動模樣，畫名就簡單地叫「火車站」，作者是英國畫家威廉·弗里斯（William Frith）。

18 俄羅斯輪盤的玩法是在轉動輪盤前下好注碼，玩家的目標是賭中滾珠最後停留的數字或顏色。

這幅畫刻畫月臺上的狂熱場面，或說場景。眾多膚色紅潤的年輕人擔任搬運工，拖拽著巨大行李箱上火車；一名乘客帶來兩隻狗，並替其中一隻調整項圈；一個有多位伴娘的婚禮團體，正準備上車；兩名蘇格蘭場的警探逮捕了一個罪犯；一名穿著皮草外套、留著落腮鬍、像是威尼斯貴族的男人，正斤斤計較他的計程車費。

看著這幅畫，我的關注力碎裂，化為碎片。這是關注力的本質，不是嗎？關注力就像一隻必須被「捕捉」的野生大貓——一隻野生的大草原母獅子，但不是由我們捕捉，而是由外在的媒介，就像蘇格蘭場警探為逃犯上手銬。或許是，也或許不是。

現今的聖潘克拉斯車站，沒有什麼威尼斯貴族，也沒有維多利亞時代的伴娘。然而，能量流仍在發車大廳、售票窗口和咖啡館翻騰。火車站裡沒有靜止不動的事，所有人都在行動。

除了我。我決定進駐一家小咖啡館，我點了一杯價格過高的義式濃縮咖啡，找到可以眺望車站行動的座位。

我的手探進我油蠟帆布及皮革的美麗包包，然後拿出韋伊的作品集。我翻到她的隨筆〈以上帝之愛的觀點，反思學校學習的正確用法〉（Reflections on the Right Use of School Studies with a View to the Love of God，暫譯），這是個奇特的題目。韋伊具有深刻的宗教性，只是她不因循守舊，以宗教觀點架構了許多想法。她的作品引發教宗保祿六世共鳴，但你根本不需要成為教宗，或擁有虔誠的信仰，才能欣賞韋伊的智慧。卡繆正是一位無宗教信仰者，卻也稱她為「我們這時代唯一的偉大心靈」。卡繆在她的巴黎公寓沉思了一個小時，才搭機前往斯德哥爾摩，接受他的諾貝爾文學獎。

這篇隨筆篇幅並不長，只有八頁，但卻花了我很長的時間去讀完。我開始閱讀，又停下，然後再開始。每次閱讀都產生不同看法，就像水晶取決於光線映射角度，而散發出不同的色彩。她的文章非常引人入勝，也非常勞神費心。韋伊開宗明義就告訴我，我一無所知。關注並非我認為的那樣。

關注不是專注，專注可以被強迫——同學，注意聽！——而關注則不能。觀察你專注時的身體動作：下巴緊繃、眼睛瞇起、眉頭深鎖。韋伊覺得這樣的肌肉行動很可笑。

專注是收縮，關注則是擴張。專注令人疲憊，而關注讓人恢復活動。專注是集中思考，關注則是暫緩思考。韋伊寫道：「我們的思想首先應該要能放空、等待。不是一味地尋求，而是準備好接收穿透思想的事物所帶來的坦率真實。」如果這樣的陳述還不夠令人費解，韋伊繼續發揚，聲稱「所有錯誤都來自於缺乏被動」。

真的嗎？造成困擾的，難道不是過度被動？這才是我們的文化所教導的。我們以為主動的人會關注，而被動的人不知怎地一竅不通。

不，韋伊說道。關注並不是去做，而是要我們同意去做。少舉重，多做瑜珈。她說這是「消極的努力」，她相信，真正的關注是一種等待；對韋伊來說，兩者實際上是一樣的。「我們不是靠著尋找，而是藉由等待，來得到最珍貴的禮物。」關注的相反並不是分心，而是不耐煩。

不要尋求解答，請等待它們。越是搜尋腦子找尋「正確」的字眼，它就越是閃避。等待，然後它終究會出現。

速度是關注的敵人。韋伊認為，她在工廠所目睹過最為可恥的事情就是，侵犯工人的關注力。輸送帶移動的速度「和其他任何種類的關注不相容，因為它耗盡所有靈魂，只剩下全神貫注在速度上」。

我們只關注我們認為值得關注的事。在某種程度上，這種心靈的檢傷分類有其必要，以免我們的生活變得像威廉．詹姆士說的「一場嗡嗡嗡的徹底混亂」。但這有其代價。若分類太快、太衝動，我們就有遺漏珍寶的風險。

就像我們經常急著下判斷一樣，我們也會急著去關注。我們因為太快理解一個事物或想法，於是便付出了代價，也就是沒有見到閃現的美麗或親切的舉動。韋伊說，這就是為什麼盡可能維持「不知」和「不想」的狀態會那麼重要。這需要耐心，而耐心在韋伊的時代，甚至是今日，都是相當罕見的東西。

韋伊對於我們大多數人認為瑣碎的事物，投入了相當大的關注；例如，筆跡。中學時，如她的友人及傳記作家西蒙．派崔蒙（Simone Pétrement）轉述，韋伊決定改造她「草率到近乎粗心大意的潦草字跡」。韋伊儘管頭痛，雙手經常腫脹疼痛，她還是孜孜不倦、聚精會神地努力。她的潦草字跡變得「比較順暢，逐漸沒那麼死板，最後，達到她人生晚年那種純淨美麗的筆跡」。

耐心是美德，根據最新研究指出，耐心對人也有好處。研究發現，有耐心的人比沒有耐心的人快樂及健康；有耐心的人行為比較理性，也有較好的應對技巧。

只是，耐心並沒有讓我覺得很有趣。耐心的英文「patience」源自於拉丁文的「patiens」，意指受苦、忍受和寬容。而希伯來文用的「savlanut」就比較快樂，同時表示忍耐和寬容。寬容什麼？是的，寬容他人的受苦，但也要寬容我們本身被排斥的部分。對別人有耐心的人，很少對自己有耐心。

我不是天生有耐心的人，我屬於唯利是圖的那種人。我總是想要東西，想要那些理想上的偉大事物：偉大的想法、重大的轉機、盛大的早餐。就像沒人懷疑的祕密酒鬼一樣，我能夠對別人隱瞞我的沒耐心。通常是如此，但有時會有人看穿我，就像我在耶路撒冷碰到的那位荷蘭救世主一樣。

我當時正在為NPR製作「耶路撒冷症候群」的報導，這種病症折磨著一部分的聖地遊客。

他們來到這裡時，頭腦都十分清楚，但不久後就開始相信自己是聖經人物，或希伯來先知以利亞、耶穌的門徒拉撒路等。這種症狀比你想像的還常見。

我聽說在耶路撒冷舊城的一家旅舍，不知怎地吸引許多患有耶路撒冷症候群的人，所以我就前往那裡。然後，沒錯，我在那裡遇上了荷蘭救世主。他是一個快禿頭的中年男子，外表平凡。他就像在轉述當天的天氣預報一樣，解釋救世主彌賽亞很快就會來臨。「他是個荷蘭人，就像我一樣。」他說。

就是這個，我找到了目標；我知道，這就是我將要使用的錄音帶。我一直在聆聽、錄音，但心思早就離開，因為獵物已收入囊中。這時，荷蘭彌賽亞感覺到我心不在焉，突然停下話來，盯著我看。「你！」他帶著指控意味緩慢吐出。「是個沒耐心的人。」

他的話讓我立刻靜下來。他說得對，我並沒有把他當成人類同胞，或可能的彌賽亞，而是當成錄音帶，用來助長我的自我，因為我希望這個報導可以讓我獲得表揚。就我而言，當我得到需要從他身上得到的，我們的業務就結束了。但對他而言則不然；我相當確定，他完全不把這件事視為業務。從他的角度來看，我們是在進行對話，互相交換關注，而我卻吝於付出。

爭議並不是源自「誤解本質」，而是「類別錯誤」。不是雙方對同樣問題的看法不同，而是看成兩個不同的問題。有人認為是效率不佳的擺放技巧，造成高效能洗碗機無法充分發揮潔淨力；而另一個人卻認為，這是在抨擊他的核心能力，甚至是他的男子氣概。而這就是戰爭和幼稚爭吵的開始。

荷蘭彌賽亞的話很嗆，因為在這之前，我一直自豪自己的關注力。我的眼神訓練有素、耳朵豎起。我一直在物色引人入勝的人物，即「充滿情感的錄音帶」，以及可以增添報導聲音層次的共鳴環境音。我很專注，但並不關注。在還沒發現到之前，我就已經知道自己在找尋什麼。我因此陷入自己的欲望，而這往往是很危險的。

韋伊對於我在耶路撒冷所展現的這種唯利是圖，及其他種類的沒耐心提出警告。智識上的沒耐心，出自於缺乏安全感，這會讓人抓住任何想法，哪怕是不好的想法，就像溺水的人就連刀劍也會伸手去抓。韋伊說，我們的所有錯誤「是肇因於思想太快地抓住想法，而過早封閉在其中，無法敞開迎接真理」。

當人們熱切抓住偉大的想法，期望這些思維能讓他們從僅僅的思想家成為思想領袖，就會看到上述的動力在運作。比起思索想法，他們對於打包想法更感興趣；而且在想法成熟前，就對世界公布他們的偉大想法。

這些充滿抱負的思想領袖，不想做關注所要求的苦功。關注的困難，和柔道及射箭的困難不一樣，而是如同沉思及教養子女的困難；它的難就和等候火車的難一樣。關注不是一種取得的技巧，像是編織或擊劍，而是一種心態、一種取向。我們與其說是學習如何關注，不如說是轉向它。這個回轉運動只有在我們像蘇格拉底那樣停頓下來，以及頭腦停止思考時才會發生。韋伊稱之為「不創造」（decreation）。

我比較喜歡艾瑞絲．梅鐸（Iris Murdoch）的說法：「無我化」。這位英國小說家暨哲學家描述了這種「無我化」的一個時刻。她看著窗外，感覺焦慮憤恨，這是因為她當天稍早看到的光景：她看到一隻盤旋的紅隼。她說：「在一切都已改變的時刻，我徘徊不去的自我及受傷的虛榮都已消失，現下只剩下紅隼。而當我轉而思考別的事，牠似乎也變得比較不重要。」

所有的漠不關心，都是一種自私的形式。我們決定凡是我們腦海中發生的事，都比發生在宇宙其餘地方的事更加有趣，也更加重要。這就是自戀者為何如此漠不關心，他們的關注力受到抑制，停滯不動。關注是我們的血液，需要循環，囤積關注就是在殘害它。

◊

有時候，結束比開始顯示的更多；我認為，西蒙．韋伊也是如此。她人生的最後幾個月就像一部快轉的電影，有驚人及英雄般的產出，有對他人展現、同時也獲取回報的仁慈行為，還有暈厥，以及無法避免卻又模棱兩可的結束。

這一切都在英國上演，那時正值第二次世界大戰的酣戰期。我著迷於韋伊的倫敦生活，以及她所愛的這個城市、她所遇見的人們，以及她的死亡所留下的巨大問號。

西蒙・韋伊的人生不是以咖啡匙來測量，而是火車票。在一九四〇年六月，她和父母早於希特勒軍隊入侵一步，搭上最後一班駛出巴黎的火車。有一段時間，她教導鐵路工人哲學，並在倫敦度過她最多作品產出的年代。就在這城市的地鐵上，她閱讀並且思考。

這也是我現在的所在地，精確來說，是中央線上，這是我從聖潘克拉斯開始的行程最後一站。我的口袋裝著一份精巧的地鐵路線圖，它以簡約風格取勝。這份路線圖追溯到一九三一年，當時地鐵信號辦公室的技術繪圖師哈利・貝克（Harry Beck）對此投入關注。貝克知道舊有的路線圖有瑕疵，因為它在城市道路上，添加了地鐵路線，令人感到困惑不已；它同時又按比例來表示車站的距離，這更加讓人摸不著頭緒了。實際上，根本沒人在意車站之間的距離，以及地鐵上方是哪條街道；人們只想知道怎麼從一個車站到另一站，以及在哪裡換路線。然而，他們發現自己陷入圈套，步入福爾摩斯所警告過的認知陷阱：「被不相關事物所遮掩及隱藏的東西，才是至關重要的。」

貝克利用閒餘時間，以電路圖為模型，創造了一個新地圖。貝克的路線圖讓實際狀況看起來比較整齊及簡單，車站之間等距，各個路線以四十五或九十度角交會。貝克的地圖吸引了大眾，至今基本上維持不變。貝克因為關注所以成功了。他以乘客角度思考，而不只是像個工程師。

每一站，地鐵都放出一些乘客，又吸入其他乘客。進、出，進、出。「留意月臺空隙」，錄音廣播傳出開朗的英國腔調。搭乘倫敦地鐵，是個實踐關注的美妙方式，你可以觀察源源不絕、如行李傳送帶送出的人們：瞪大眼睛的觀光客、瞇著眼睛的銀行人員，還有沒眼睛的乞丐。空中充斥著語言學片段：法語的動名詞、義大利語的分詞、美語的驚嘆句。我們會說，一切都在爭取你的關注，但這並不正確，與其說是競爭，不如說是一種狂熱的合作。

我操縱我的關注力，彷彿導引聚光燈一般，照向坐在我正對面的女子。她穿著花朵圖案的長褲，神情極為專注，努力解決放在她膝蓋上的小報填字遊戲。她富有節奏地點著頭，揮舞手中的筆，像是把它當成指揮家的指揮棒，或是薯條。她非常專心，但她是否在關注呢？不，她沒有，西蒙．韋伊會這麼說。

當地鐵進入我要下車的車站「荷蘭公園」，我留意月臺間隙，前往出口。我不太像是在走路，倒像在衝浪，被群眾沖走。我努力關注，但我的速度卻成了阻礙。速度是關注的敵人。走出車站，我眨著眼適應突如而至的陽光，並努力找回我的方向感。

從地下過渡到陸地上，始終是一件棘手的事。你會失去方向感，不知身在哪裡，而且很奇怪地，也不知道自己是誰。我是可敬的陸地存在，還是陰險的地下居民？陌生人看著你，你於是想像，他們在打量你，不確定你是否屬於這裡，屬於陽光底下。

我熱切地想要確認自己的陸地憑證，便開始走路。我不知道確切要走向何處，但往前的這股衝力是要點。這個地帶離諾丁丘不遠，擁有倫敦的舒適愉快。我行經許多讓人守著一杯咖啡就能消耗一天的咖啡館，還有誠摯策展的書店；它們以其持續的存在，頑強地違抗經濟法則。我還見到一位賣花的巴基斯坦人。

我轉過街角，走上波特蘭路，再往前走幾公尺，直到來到三十一號。除了大門新刷的白色油漆，它和這個街區的市內住宅沒什麼兩樣。沒有標示、沒有刻字的匾牌，西蒙．韋伊的崇拜者，顯然沒有進而成為倫敦歷史地點的守護者。我不能說我很驚訝，畢竟這位曾被傳記作家稱為「邊緣及矛盾的哲學家」，她從未指望、也不想要名聲。

韋伊住在二樓，她和法蘭西斯太太租房。法蘭西斯太太是個守寡的教師，撫養兩個年幼的孩子。韋伊喜歡這兩個男孩，她會協助較小的約翰做家庭作業。而約翰會蜷縮在前門，等候「西蒙小姐」。

韋伊喜愛她的小房間，有著白天可以看到樹梢、晚上可以見到星星的窗景。她也喜愛倫敦，喜愛充滿幽默感及仁慈的英國人。「尤其是仁慈。」她在寫給父母的信中提到。「人們的神經非常緊繃，但因為自尊心控制得當，對他人真的很慷慨大方……這個城市的創傷，讓我對她深深愛憐。」此時，她的父母已前往紐約避難。我心想，這是一個處於一座受傷城市的受傷靈魂。這時，我看到一對年輕伴侶手中拿著紅酒，按了三十一號隔壁住戶的門鈴。

韋伊白天的工作，是跟隨著自由法國運動，這是一個組織散漫的法國流亡人士團體，致力解放被納粹占領的祖國。韋伊搏得名聲，被稱為「不知疲倦的工作者」，以及「連續夢想家」。友人西蒙．派崔蒙回憶：「她不斷冒出各種想法。」她唐吉軻德式的計畫，包括跳傘進入淪陷的法國，以及率領前線護理小組（那些「溫柔及決心強烈的女性」）。她勞神費心於計畫的細節，甚至買了一個降落傘頭盔和航空手冊。但不是每個人都和她一樣有熱情，比如，法國軍事家戴高樂（Charles de Gaulle）看到她其中一份計畫書時驚叫「她真是瘋了」，而這些計畫無一實現。

不談夢想的時候，她會寫作，一再地寫作。短短四個月的時間，她就寫出八百頁的手稿，以及無數封信。她一個晚上很少睡超過三小時，經常工作到天明。這樣的步調對她早已脆弱的健康，造成極大傷害。她吃得更少，咳嗽卻增多了。頭痛問題益發嚴重，她擔心自己就要瘋了。

在一九四三年四月十五日，她未出現在工作的地點。一名擔憂的友人趕往波特蘭路三十一號，發現韋伊倒在地上不省人事。她被緊急送往密德薩斯醫院，醫師診斷她罹患了肺結核。

她極度虛弱，幾乎拿不起湯匙，但還是設法繼續閱讀和寫作。醫師堅持要她放緩步調，她卻不理會。「她的筆跡穩定，即使是在最後幾封信，也一樣令人驚嘆；這先決條件是，她擁有一種非凡的意志行為。」派崔蒙說。

西蒙．韋伊不喜歡從醫院窗戶看到的陰沉城市景觀，這讓她哀傷。醫師認同鄉間空氣有所助益，因此，在一九四三年八月，她被轉院到田園城鎮艾許福德的一家療養院。她監督了她最為珍貴書籍的打包過程，有柏拉圖、西班牙神秘學家聖十字若望（Saint John of the Cross）的書，以及《薄伽梵歌》。

在療養院，她保持頭腦清醒，認真的眼睛仍一如往常明亮及銳利。只是，她身體的健康狀況卻惡化了，而她拒絕吃任何實質食物，無疑讓情況加劇。她從未告訴父母她的病況，這個舉動不是欺瞞就是憐憫，我不確定是哪個。她寫給父母的最後一封信，是以興高采烈的「親愛的，再見，奉上許多許多的愛」作為結尾。在八月二十四日晚上，和來訪的同事見面過後不久，她便陷入昏迷。五小時後，西蒙．韋伊逝去，享年三十四歲。

主治醫師判定的死因是「飢餓造成健康惡化，導致心臟衰竭」。這份報告引起當地一些報紙的注意，其中一個標題是「法國教授餓死自己」，另一個是「挨餓至死」。這份醫療裁定此後不斷引發爭議，有人說韋伊自行了斷生命，有人則堅持不是。

參加了她葬禮的有七個人，大部分是朋友和自由法國運動的同事，原本預定主持儀式的牧師卻始終沒有出現，因為他沒趕上火車。這種關注力上的疏失，如此寬大的她，當然一定會原諒。

從懷伊車站搭到艾許福德的七分鐘火車行程，轉眼間就結束了。我沒辦法告訴你，我看到、聽到或思考了什麼。我的關注力需要超過七分鐘才能上線。我們不知不覺間就抵達了艾許福德，我走出車站，走了幾個街區後，來到了高街。這是一條宜人的行人步道，兩旁咖啡館和二手商店林立。

◇

我繼續往前走，享受難得現身的陽光，我注意到一名男子仔細關注著人行道上的某個東西。慢慢接近之後，我看到他拿著梳子幫狗兒梳理。真可愛，我心想。

我看得更加仔細，更加關注，才發現那不是真的狗，而是一座沙雕，一隻由沙子做成的狗。他如此熟練地塑造出狗兒尾巴的弧度、口鼻上方的皮膚摺痕，並刻畫脖子上的皺紋，讓我誤以為它是一隻有感知能力的狗。

「你這樣花了多少時間？」我問。

我後來瞭解到，這真是個蠢問題。關注力不能以分鐘或小時來測量（韋伊說，十五分鐘的純粹關注，勝於八小時懶散無力的關注）。我應該問他其他更重要的問題，像是「如何封閉周遭的分心事物，集中心力在沙雕犬上？當風兒吹糊了狗爪，或是沙子滑動使狗耳掉落時，他是如何堅持下去？」然而，我沒有問這些問題。探查關注力的數量，比探查它的品質容易。我們總是衡量最容易量化的事，而不是衡量最重要的。

我沿著坎特伯里路走著，儘管道路是以寓言故事《坎特伯里故事集》來命名的，它卻是一條繁忙的大道，卡車不時呼嘯而過。我走到一個路口，看到一個標誌寫著「西蒙韋伊大道」，而旁邊標示的說明，卻是一段無禮的摘要，描述韋伊是一位「死於格羅夫納療養院的法國女作家與哲學家」。

我爬上小小的山丘，進入溪畔墓園。一名女子攜著年長母親到來，兩人帶著花和一串風鈴，然後把風鈴掛在附近的樹上。

「真美，是吧？」女兒說。我不知道她指的是悅耳的風鈴，是花，是蔚藍的天空，還是只要我們夠關注，也可以在最意想不到的地方找到歡樂，即使是一塊墓地。但這都不重要，重要的是我們關注的品質，而不是對象。

一名身材修長的男子帶著更多的花朵來到，我猜想他是女子的父親。他們全都坐在一個墓碑前，享受一場即興的野餐。

其中必定有故事，但我知道不是快樂的故事。有多不快樂呢？直到他們離開，我走近那個墓地才明白，此時，我才注意到它有多小，以及墓碑是採用泰迪熊的形狀。許多實物會引發強烈情緒，但沒有東西——絕對沒有任何東西——能比一個泰迪熊形狀的墓碑，更能迅速且徹底地把心撕裂成碎片。

我並未特意尋找，就發現了西蒙．韋伊。漫步在墓園中，我抬頭，就看到她在那裡了。

韋伊墓前的花缽維持得很好，儘管我注意到有些花謝了、風兒吹倒了一個小塑膠花盆。她的墓碑相當樸素，在眾多墓碑之中沒有特別不同，除了上面的日期「一九〇九年二月三日至一九四三年八月二十四日」是用法文標示。

墓地上放了一個相框，裡頭韋伊的照片，和我之前看到的一樣。同樣的蓬亂頭髮、厚重眼鏡，以及看透人心的眼睛。然而，還有別的東西，那是我先前遺漏的神情：微微揚起的嘴角隱約透露著笑意。我思忖，怎麼會有照片裡這樣的微笑？或許是攝影師說了個笑話，也或許是剛收到極富聲望的巴黎高等師範學院寄來的錄取通知。

還有其他可能的解釋。或許，攝影師在一個極其關注的心流時刻，捕捉到西蒙．韋伊，而她的反應——面對如此狀態自然且唯一真實的反應——是忘卻痛苦折磨的頭痛、天才哥哥，以及不斷爆發的戰事，然後微笑。

◇

我們驟然失去事物，卻慢慢感受失去。要花上好一段時間，你才能接受你的車鑰匙、皮夾或是你的心，並非只是忘在什麼地方，而是已經越過極為險峻的隱形分隔線，從我們持有的物件區，進入我們「曾經」持有的物件區。不存在讓我們感到驚恐，假以時日我們才能真正領會。

「失去」是一個簡短卻駭人的詞彙，是名詞中的拿破崙。除非後面接的是「體重」，否則總是負面的。這正是為何我們並非只是感受失去，而是苦於失去。有人在工作或愛情裡苦苦掙扎，會說他們「失意」。當追溯一個國家或一個人生的弧線，歷史學家會界定一個特定的時間點，在這之後「大勢已去」。這些全是一種失去。

失去有不同的規模，只是絕對沒有小的。它們從中間開始，再往上攀升。它們也有不同的滋味，有些失去是痛苦的，有些是毀滅性的，有些只是不方便，而有些則是諷刺的；例如說，在撰寫關於關注的章節時，我卻遺失了筆記。

我喜歡那本筆記本。我仍然記得第一眼看到它的情景，購於巴爾的摩一個溫暖春日的一家別緻小書店。它乾淨的美學、不張揚的顏色吸引了我，封面結實，感覺非常可靠，讓人安心；而觸感柔和的頁面和它所附的三條——三條！——而不是一條書籤緞帶，和封面相輔相成。

遺失這本筆記本，我的反應大到不成比例。我理智上理解這件事，但理智上的理解，卻只等於完全不理解。我深呼吸，檢視我的反應。它從何而來？我以前也失去過東西，卻不曾有過這樣的反應。大學時，我曾經錯失整整一星期的時間，卻一點也不想念。為何這一次失去筆記本，會讓我如此慌亂？

因為，它不只是一本筆記本，交付在頁面上的想法代表一種紀錄，記下我們在最為關注時的思想。這些全神貫注的時刻是脆弱的事物，像是高街上的沙雕犬，一旦失去，就幾乎不可能復原。找回失去的鑽石，比找回失去的想法容易多了。這就是為什麼我必須——必須！——找到我的筆記本，好恢復過去。

有個萬無一失的方法，可以增加你對事物——任何事物——的喜好，那就是失去它。隨著我遍尋不著，不見的那本筆記本在卓越的美感，以及編輯方面的才思就越發強大。到了尋找的第二天，我堅信收藏在筆記本封皮之間的想法、這些我英國旅程中的紀錄，其敏銳性和原創性都無與倫比。到了第四天，我認定它是全世界有史以來最珍貴的筆記本，比達文西的萊斯特手稿、海明威的筆記更珍貴。

我找尋明顯的地方（櫃子、書架），也找尋較不明顯的地方（冰箱、小盒子），但都一無所獲。我加倍、甚至三倍付出這樣的努力，回想我的足跡；我也查看同樣的書桌抽屜三次、四次，或五次。

我的行為驚醒了狗兒，也嚇到了貓兒，貓兒聰明地去躲了起來。我的女兒宣稱這一整段插曲

「簡直是世界上最讓人生氣的事」。

不只筆記本不見讓人難過，還有我弄丟它的行為，以及這樣的關注力疏失會讓人怎麼看待我。我已經判定，絕對沒好事（有一個字用來形容長期失去東西的人：「失」敗者，這是最為糟糕的標籤）。回憶錄作家瑪莉・卡爾（Mary Karr）最近丟掉了一本筆記本，這個「失去」卻是發生在一名叫作戴奧尼索的性感希臘男人，以及他「沉浸在龍舌蘭的無拘無束心靈」所掌舵的船上，還真是發揮了作家絕佳的編輯意識。而我，是在廚房遺失了我的筆記本，當時我正在收拾Ellio冷凍批薩和Honey Nut Cheerios早餐穀物的盒子。沒有龍舌蘭，也沒有戴奧尼索，只有悔恨和自我厭惡。

在失意（又是這個字）的情況下，我轉向西蒙。這是絕望的時期，我告訴自己，然後翻開了她其中一本著作。她看著我的窘境，提出一個簡單的診斷：我不是真的想要找到我的筆記本，而是想要擁有它。我充滿了欲望，欲望和關注是不相容的。對事物抱持欲望，是想要從中得到東西，這會模糊我們的視野。

我們認為問題在於欲望的對象，但其實問題卻出在主體的「我」。表面上看起來像是，當我們渴望某事的時候，就在關注它，但這是錯覺。你是專注在對物體的欲望上，而不是物體本身。一個海洛因成癮的人，不是渴望海洛因本身，而是吸食海洛因的感受，以及沒有海洛因時相伴而來的解脫感。免除精神上的紛擾，也就是「ataraxia」（毫無紛擾），才是他想要的。

我回到西蒙的作品。「為了美德、詩作或問題的解決方案，咬緊牙關、繃緊肌肉，可還有比這更蠢的事嗎？關注是大不相同的事。」

我放鬆肌肉，翻動書頁。

「原因往往是，我們一直想要過於活躍；我們一直想要執行搜尋。」

這讓我困惑，也惹惱了我。西蒙！我當然想要執行搜尋呀。不搜尋筆記本的話，我還能怎麼找到它？

我深深吸了一口氣，繼續看下去，這很重要。韋伊繼續說道：「在我們追尋的事物面前後退，只有間接方式才有效。如果不先後退，我們就毫無作為。」

我後退，退到地下室及大螢幕電視，而電視就像一卡車的鴉片那樣召喚著我。不好，我退得太多，我已屈服於順從，以及偽裝的絕望。

韋伊說，我的問題在於我已經將行動和結果拴在一起。但人生不是那樣運作的，關注也不是。關注的人生是有風險的，因為不能保證結果。我們不知道關注會通往何處（如果真有這樣的所在的話）。韋伊擁護的那種純粹關注，是不受朋友欽佩、或事業蒸蒸日上等外在動機的汙染。人只要將全部的關注力投入某事——任何事，就是一種進步，韋伊說：「即使努力並未產生明顯的成果。」

我知道，她說得沒錯，但我們生活在一個頌揚明顯成果的世界。成果越明顯、越豐碩，也就越好。我們有可能像西蒙・韋伊那樣生活嗎？把精力投注在不關心未來回報的時刻？我可以深情且關注地扶養女兒，卻不在乎她是否要從事神經外科醫師，還是咖啡師的事業嗎？我可以參加寫作比賽，卻不在乎是否得獎嗎？我可以對我的筆記本放手嗎？

我停下這些瘋狂思緒，取回一些判斷力。我遺失了筆記本，這是一個重大事件。海明威也曾經遺失一整套短篇故事集，或更精確地來說，是海明威的太太哈德莉・理察森（Hadley Richardson）遺失了一整套海明威短篇故事集。當時是一九二二年，她從巴黎前往瑞士和丈夫會合。她剛坐上從巴黎里昂車站出發的火車，但發現還有幾分鐘才開車，所以她就決定去買一瓶礦泉水。等她回到火車上，行李箱——以及海明威的手稿——就不見了。

海明威以極簡主義知名，但即使是對他來說，這件事也太難以承受了。他陷入極度憂鬱及沮喪之中。但最後，他堅持下來，成了我們所知的海明威。

在這之前的幾年前，一名叫作T・E・勞倫斯（T. E. Lawrence）的英國軍官在英國雷丁換火車時，遺失了他的回憶錄原稿《智慧七柱》（*Seven Pillars of Wisdom*），這是一份手寫稿，僅有這麼一份。

一九一六年，阿拉伯的叛亂及亞喀巴戰事中，勞倫斯生還，還騎駱駝橫越了西奈沙漠，但遺失手稿這件事卻幾乎要了他的命。最後，他振作起來，躲在沒有暖氣設備的西敏區閣樓，憑藉記憶重新撰寫。

看到這些遺失手稿的故事，我想起韋伊的話：「我們不是靠著尋找，而是藉由等待來得到最珍貴的禮物。」她說得對，我必須等待。

如果這本書是史蒂芬．史匹柏的電影，此時我會奇蹟似地找到遺失的筆記本，並且發現它一直就在我眼前。遺憾的是，這不是史匹柏的電影。這本書效忠的是事實，而不是票房，而事實就是我始終沒找到筆記本。我將永遠不知道有什麼智慧被抑制了，可能有，也可能沒有這樣的智慧。所以我就任由它，離開我。

這算是進步嗎？或許是，但這不是西蒙．韋伊常用的詞彙。我們沒有要取得的進步，沒有獎項要贏，我們唯有等待。

所以我等待，我樂意等，而且比我所能想像的更有耐心。因為等待，就是它本身的回報。

8 如何像甘地一樣抗爭

Gandhi

上午十一點〇二分，在巴羅達公館，也就是印度北方鐵路的總部，我努力取得從新德里開往亞美達巴德的瑜珈特快車車票。勝算不大。

第一次聽到瑜珈特快車時，我就知道我一定要搭上這班車，也準備好扭動全身擠出一張車票來。先說明一下，我的瑜珈訓練僅限於理論。「瑜珈特快車」吸引了我，它提出一條啟蒙的快速道路。接著吸引我的，是這列車的目的地：亞美達巴德，這裡是我的哲學英雄——聖雄甘地——在印度土壤上設立第一個靜修所的城市，並且，他在此發起了著名的「製鹽長征」[19]，成了爭取印度獨立的關鍵時刻。

19 Salt March，英國禁止印度人民生產或銷售食鹽，而甘地和信徒前往海邊「製鹽」以抗爭。

一段數千公里長的火車旅程，從預訂單一張車票開始。在印度鐵路訂票，打從一八五三年該公司成立以來，便意味著必須忍受地獄般的排隊，以及在官僚迷宮找尋方向的一段過程。在數位時代，地獄往線上遷移。我花了整整三小時，才建好帳戶，卻只發現瑜珈特快車已經預約客滿。我把我的名字加入候補名單，並下載一個手機軟體來追蹤進度。我很快就從十五號，遞升到八號，然後是一號，人生真是充滿希望。

我的友人凱拉許諮詢一名旅行社人員，對方說：「沒問題。」他有個朋友是印度鐵路公司的員工，他也說：「沒問題。」然而，顯而易見的結論是：大有問題。在印度，直到最後才能說「最後」，而即使這樣也不算是最後。每一個結束都是一個開始，每個結局都包括一個心照不宣的下集待續。

我知道，候補一號聽起來很了不起。但這是在印度，一個發明「零」的概念，並且跟「無限大」有點交情的國度，數字是什麼?是幻境，是錯覺。如同古代斯多噶學派的發現，如果你溺水，那麼是在水面下一百呎還是一呎都不重要。溺水就是溺水，候補名單就是候補名單。

「你為何不搭飛機去亞美達巴德?」凱拉許問。搭飛機比火車快速又容易，而且只昂貴一點點。

他說得沒錯，但我不能搭飛機。甘地沒搭過飛機，一次也沒有。他搭火車，所以我也會如此。甘地堅信方法比結果重要，不是輸或贏，而是如何奮戰；不是前往的地方，而是如何到達。我不會搭飛機，我要搭火車，我要搭瑜珈特快車。

我決定，這個狀況需要極端的替代措施。不久之後，我就來到鐵路官員辛先生的辦公室。他是一個頭髮漸禿、身材修長的男子，臉上戴著金框眼鏡，神情不悅，我匆匆解釋了我的困境。他可以幫忙嗎？

這是個修辭學的問題，我知道辛先生可以幫忙。在印度，權力和辦公室大小成正比。辛先生顯然是有權力的人，我算了一下，這裡至少有三個獨立的休息區，天花板更是快觸及天堂了。用筆一揮、鍵盤一敲，他就可以讓我拿到瑜珈特快車的座位。

「這很複雜。」他說，彷彿我們在討論微積分，而非火車訂位。他解釋，火車有固定數量的座位保留給VIP，「還有VVIP。」他加上一句。

我好想訴諸暴力，但克制了自己。甘地不會贊成的。他說，暴力傷害的是加害者及受害者。而我不想傷害自己，還不想。

我轉而努力使出魅力，解釋我畢生對甘地的深深著迷，以及我是如何相信他的想法至今仍然有意義。我用的是Gandhiji（甘地先生），使用了尊稱後綴的ji。

辛先生臉上的苦惱神情增加了，我看得出來他在衡量他的選項：冒險讓一個外國人、一個顧客（對甘地有千真萬確的濃厚興趣）失望，還是冒險激怒一個國會成員或其他傲慢的重要人士。

最終，我沒能得到機會。他說，去新德里火車站的國外配額辦公室。他向我保證，他們可以幫忙，但我們兩人都知道他們幫不了忙。

我謝謝辛先生撥時間給我，然後沿著走道，進入新德里透過空氣傳送的濃厚汙泥微粒中。我的瑜珈特快車座位尋求之旅已經結束，或是以印度的說法，它開始了。

◊

我跟友人凱拉許一起走向地鐵站，他告訴我，今天空氣清新。在這個全球空氣汙染最嚴重的城市之一，新鮮空氣是相對的。今天的空氣品質是「危險範圍」，但比昨天稍稍不危險。

我們經過兩名清掃街道的人，他們用藤掃帚掃地，因此揚起陣陣灰塵，彷彿新德里還需要更多灰塵。

「你最好戴上口罩。」凱拉許說。

我伸進口袋，翻找那個輕薄的黑灰色布口罩，它價格相當於一點五美元，店員向我保證，這會保護我的肺部，我倒是蠻懷疑的。

對於印度空氣惡名昭彰的悲慘狀況，甘地會很擔心，卻不會感到驚訝。一百多年前，他就警告過工業化的危險。他說，印度的未來是在鄉村，而不是城市手中。從冷漠的經濟角度來說，他錯了。印度的城市蓬勃發展，鄉村貧困。只是，你可以在鄉村好好呼吸。

我們走在人行道，有個散落在一張毯子上的小團體。其中一個不超過六歲的小女孩在看書，她打赤腳，沾滿汙垢。而兩名年輕人指著書，用印度語和她說話。

「是導師。」凱拉許解釋。小女孩是乞丐，從未見過學校裡面，所以這些志工就將學校帶到她面前。甘地會贊成這種無私舉動，印度就是這樣，當你準備要扣分時，卻會偶然發現出乎意料的善行，你的信念於是又恢復了。

我們走進德里地鐵站，這就好像進入另一個世界。一切嶄新閃亮，而且乾淨。凱拉許自豪地說：「這裡是德里的生命線。」就在我們準備踏上一輛即將出發的列車時，我卻遲疑了。列車好擠，我們是不是應該等下一班？

「不，下一班只會一樣擠，現在是上班時問。」凱拉許說。

我指出今天是星期天。

「這裡是印度啊。」凱拉許說，彷彿這就說明了一切。的確是。

我們擠上車，聽見自從離開倫敦過後，就沒再聽到的開朗聲音：「留意月臺間空隙」。在印度，月臺間隙更寬、更具潛在危險，需要格外小心。

◇

莫罕達斯．K．甘地（Mohandas K. Gandhi）對事物不太具有矛盾情感，除了火車。當兩名美國女性問他，他反對火車是否屬實，他回答：「是，也不是。」

而一方面，甘地只是將鐵路視為英國掌控印度的手段之一。就像我所邂逅的其他哲學家，他小心提防過快的速度。「快速移動的工具，有讓世界變得更好嗎？」他問。「這些工具如何促進人類心靈的進步？它們難道不是妨礙心靈的最後手段嗎？」然而，正是他搭乘的火車三等車廂，讓他得以來回走遍印度，接觸生活，也聚集民眾。

有一趟火車旅程改變了甘地的人生，以及歷史的軌跡。那是一八九三年的時候，當時甘地已抵達南非一星期，法律事務所將他從德班派遣到普瑞托利亞，去處理一個重要案子。當火車抵達馬利茲堡車站時，一名白人乘客進入隔間，他看了甘地一眼，便叫來乘務員，乘務員堅持要甘地移到三等車廂。

「但我有一等車廂的車票。」甘地說。

「這不重要。」乘務員回答。禁止「有色人種」。甘地拒絕離開，最後警察把他帶離火車。那是個嚴寒的夜晚，甘地的外套放在行李箱，而他當時自尊心太強，不肯要求拿行李箱。所以他冷得發抖，然後他仔細思量，自己應不應該回印度？還是留在南非，對抗剛才經歷的那種不公平？

到了黎明時分，他有了答案。「沒履行職責就跑回印度，是懦弱的舉動。我所遭受到的困境是膚淺的——只是膚色偏見的重病症狀。如果可能的話，我應該嘗試根除這種疾病，並在過程中忍受苦難。」在那個時刻，他選擇了一條道路，這條道路儘管顛簸轉向，而且時有碰撞，他仍終其一生堅持走下去。

數十年後，美國的布道者約翰·穆德（John Mott）請甘地描述人生中最具創造力的經驗時，他指出南非這個火車插曲。可以得知，他把一個做出平靜決心的時刻和創造力畫上等號。有些傳記作家注意到，甘地對藝術缺乏興趣，他很少看小說，也很少去劇院或藝廊。他並未擁有追求美感的梭羅眼睛，或是追求音樂的叔本華耳朵。在倫敦，他登記了一門舞蹈課，但很快就發現自己沒有韻律感。

如果因此做出「甘地沒有創造力」的結論，可就錯了。他擁有創造力，只是不以尋常的方式。甘地的畫筆是他的決心，他的帆布是人類的心。他說：「真實的美麗是行善、反惡。」所有暴力都代表一種想像力的失敗，非暴力需要創造力。甘地隨時都在尋求嶄新、創新的抗爭方式。

◊

我們走出地鐵車站，立刻就迷路了。凱拉許向一位三輪車司機問路，卻不滿意地走開。我們又走了幾公尺，看到一名警察。他戴著口罩，是那種有呼吸閥的嚴肅口罩，而我的沒有呼吸閥。當凱拉許向警察問路時，我則是在計算我的肺部目前有多少損害。

警察建議的方向和三輪車司機說的相反。凱拉許還是不滿意，又找了第三人問路。「我從來不只問一人。」他解釋。「我總是問兩個到三個人。」印度的生活需要不斷地三角測量，而甘地身為偉大的實驗家，比多數人更清楚這一點。

我們進入原本的柏拉公館[20]土地，對流浪巡迴的甘地而言，這是一個接近「家」的地方。這棟房子——更像是一個園地——原本是屬於他富有的工業家友人G‧D‧柏拉（G. D. Birla）。

一股熟悉的和平感降臨在我身上。我來過這裡好幾次，只是每一次都很難找到地方。我深深被吸引，就像深受甘地吸引一樣，我無法確切表達其中的原因。我喜歡這裡廣闊的草地，還有腳形的白色石頭標記，這是甘地的腳步；我也喜歡這裡的陽臺，讓我可以想像剛過了七十八歲的聖雄，戴著他的大草帽，穿著白色裹褲，弓著身體寫信，或是和他的孫兒玩耍，或協助引導如危船般的初生印度航行。

有些地方因為超凡成就的行為而神聖化，例如，釋迦牟尼在其樹下悟道的菩提樹。但有些地方卻因為可怕的暴力行為而神聖化，像是蓋茨堡、諾曼地；而柏拉公館屬於後者。這裡是甘地踏出最後一步、呼吸最後一口氣的地點。

聖雄甘地在他生命最後一天，一如往常，在凌晨三點三十分醒來。像大部分印度人一樣，他用簡單的樹枝刷牙。這是個寒冷的一月清晨，他的侄孫女兼助手瑪紐替他圍了披肩，蓋好他瘦骨嶙峋的肩膀。他喝了一杯蜂蜜檸檬，接著是作為每日餐點的柳橙汁。他的飲食簡單健康，因為他想要長壽——他說要活到一百二十五歲——同時想要淨化自己，因為，抗爭只有在鬥士有效率時才有效。「溼火柴如何能點亮木頭呢？」他說。

◊

凱拉許經常陪我去柏拉公館。如同我說過的，他是我的一個朋友，但不見得總是如此。有一

20 Birla House，後來改名為甘地紀念館（Gandhi Smriti），甘地在此度過人生最後的一百四十四天，也於一九四八年一月三十日在此被暗殺。

段時間，他曾是我的僕人。

我知道這些話，對西方思維的耳朵來說很刺耳，但這是事實。其他人就是稱呼凱拉許為「僕人」，而他也如此自稱。

我們在多年前認識，當時是一九九三年，我剛抵達印度，擔任NPR的德里特派記者，而一切都看來瘋狂又原始。當時，我需要有地方住，但我看的公寓不是太貴就是太吵，不然就是很容易被大如小鳥的飛行蟑螂攻擊。

最後，我終於找到一間有著厚實木門的公寓，它還有能眺望宜人街景的陽臺。房東是個專橫跋扈的男人，左耳冒出一簇簇如鐵絲般的黑髮。他指出公寓特色，包括西式廁所、空調，同時他就事論事地說明，還有一個「僕人」。

幾天後，這名僕人輕快地跑上樓，前來報到。他瘦得驚人，擁有赤褐膚色和深邃五官，名字叫凱拉許，十七歲。我本已準備好迎接文化差異，但不包括這件事。我開始走下樓，準備找房東好好談一談，但凱拉許阻止我。別去，他說，或者該說是做了手勢，因為他完全不會說英語。我推斷，如果身為孤兒的凱拉許沒替我工作，他得就替別人工作，天知道那人會怎樣對待他？不理會凱拉許像是一種逃避。

於是每個下午，凱拉許都會爬上樓來敲我的門。說實話，他算不上是清潔人員，他不除塵，只是重新布置。但他天生親切真誠，而且，他還是對付老出毛病的筆電和印表機的巫師。

凱拉許從偷聽我和我太太的對話，學會了英語。沒多久，他就可以模仿「I'm history.」（我走了）和「Get outta here.」（怎麼可能）這樣的口語對話。時間一久，他告訴了我們他的故事，說他多年前父母是怎麼過世的，以及他有多喜愛板球，而如果他沒有煎好印度麵餅，房東又是怎麼打他。

我不確定我們從什麼時候決定要幫忙，但找個教師花不了多少錢。不久，凱拉許多年來第一次上學。後來，當我們搬到另一間公寓時，凱拉許也跟著我們一起走。技術上來說，他仍是我們的雇員，但到後來的某個時候，他開始稱我們是他的父母。這讓我不太自在，卻不能否認我們的新角色。

我總是想像我和凱拉許的關係，會跟隨一種直線的劇本軌跡：成了孤兒的印度男孩和善良的美國人，有了決定性的相遇；男孩努力克服弱勢的年少時期；男孩堅忍不拔，永遠感謝善良美國人的幫助。但在我離開十多年後，我和凱拉許還卡在第二幕。

幸好有我按季匯款，凱拉許後來住在德里一間冬天太冷、而夏天又太熱的小公寓，主要的同伴，是一隻叫作「羨慕」的博美狗。他告訴我，他拒絕了一個上茶的工作，而這是在認識我以前，他會立刻接受的機會。當我聽到這件事時，我很生氣，卻不感到驚訝，是我提高了他的期望值，在一個有著十億多個焦躁不安靈魂的國度中，這相當危險。

我的印度友人冷眼旁觀，對我的努力抱持懷疑態度。「你的想法太美國了。」他們說，彷彿這是一種精神疾病。「凱拉許來自低層階級，是種姓低層，他只能到此為止，面對事實吧。」

我告訴自己，他們說得沒錯，試著接受我和這個印度孤兒會終身拴在一起的可能性。然而，我還是拋不開這個天真的想法，期待凱拉許有朝一日會自由飄浮，進入自己創造的人生。

而他的確辦到了。這套劇本軌跡證明了比好萊塢版本更崎嶇，但結局一樣快樂。凱拉許現在帶著中產階級的志向，住在一個破爛失修的地區。他已經成為一位丈夫，也是一個父親，同時也是一個房東。他擁有一棟兩層樓的建築物，他和家人住在二樓，在一樓則開了一家小小的文具店，店名以他女兒的名字命名為「艾瑪」。他販賣筆記本、筆和甘地皮夾。我和凱拉許不再有財務上的拴鏈，而我們的羈絆是更為堅實的東西組成。

在這個溫暖到反常的十二月日子，我們走在一個白色大理石柱廊底下，一同前往甘地死亡的地點。

凱拉許知道我對甘地的痴迷，他覺得很感人，我猜他可能還覺得有點奇怪。大部分印度人認識甘地的角度，就和大部分美國人認識喬治·華盛頓一樣：一個模糊的國父形象，名字讓人懷抱崇敬地說出口，肖像則印在皮夾裡的鈔票上。

在我們稍作休息、涼快身心，並且領略柏拉公館的寧謐之美時，凱拉許轉頭問我：「為什麼你這麼喜歡甘地？」

我不知道怎麼回答。我承認，我對甘地的興趣沒什麼道理；我並不是印度人，也不是禁欲主義者。我的確實踐非暴力主義，但不是始終如一，而是採取消極攻擊式的低調做法。甘地是人民的領袖，而沒有人受我領導，就連我的狗兒帕克也一樣，牠回應的是更高層的力量：食物。甘地過世時，他的世俗所有物可以全部裝進一個小小的肩背包裡；而我則需要更多空間，況且我也一直在持續購物中。然而，甘地對我說話，而我聆聽。

我住在印度三年，這期間，甘地滲透了我的大腦。怎能不會？先不說他的理念了，他的肖像處處可見，不論是在鈔票上、在辦公大樓裡。就連電話公司也採用了甘地打電話的照片，畫面中的巨大話筒，讓他的小小頭顱相形見絀。

甘地有眾多化身：律師、素食主義者、苦行僧、實驗者、作家、國父、所有人的朋友、沒有人的敵人、勞工、失敗的舞者、擔架搬運工、冥想者、調停者、討人厭的牛虻、老師、學生、前犯人、幽默家、步行者、裁縫、計時員、煽動分子。最重要的是，他是個鬥士。甘地對抗英國，在外國人也在自己同胞之間，對抗偏執。他抗爭以讓別人聽見；然而，他最大的抗爭是，改變了我們抗爭的方式。

最後，是的，甘地想像的是一個沒有暴力的世界，但他也很實際，知道這件事不太可能很快就發生。在這段期間，我們必須學會如何更好地抗爭。

試想，有一對誇耀「從未爭吵」的夫妻，當聽到他們離婚時，你不會太訝異。適當的爭吵是有效益的，雙方不只能達成雙贏的局面，還有更深切的意義：如果沒有最初的爭吵，就無法找到解決方案。想像一場足球賽，最後雖然以平手收場，但比起賽前，球場氣氛卻更加公平、更加健康。甘地並不把抗爭視為必要之惡，而是視為必要之善，只要我們能夠好好抗爭。

當美國記者暨傳記作家路易．費雪（Louis Fischer），在甘地的靜修所和他見面時，很訝異見到對方體格精實、胸圍寬大，有著「具有肌肉的細長雙腿」，而且，看起來似乎比他一六五公分的身高高大。費雪寫道：「他看起來非常男性，具有一種男子漢身體和意志的鋼鐵般力量。」

甘地熱衷男子氣概。「剛毅」、「力量」和「勇氣」等字眼，經常出現在他的文章裡，即使是他對印度鐵路公司的投訴文，也是採用去勢式的措詞。「我們毫無骨氣地忍受搭乘鐵路的艱困狀況，這是我們缺乏男子氣概的跡象。」

甘地相信，英國已讓印度失去男子氣概。他決意要讓印度「重振雄風」，只是他心懷的雄風不一樣：力量不從暴力取得，而是取自暴力的相反面。

甘地認為遵守不公正的法律是「沒有男子氣概」，這些法律必須受到抵制，而且要用偉大力量去抵抗，也就是「非暴力的力量」。他說，這需要真正的勇氣。「你怎麼想呢？哪方面需要勇氣——是從大砲後面把別人炸得粉碎，還是帶著笑容接近大砲，然後被炸得粉碎？相信我，缺乏勇氣和男子氣概的人，永遠當不了消極的抵抗者。」

甘地憎惡暴力，但還有一樣東西讓他更厭惡：懦弱。如果要在兩者間做選擇，他還寧願選擇暴力。「懦夫不算男人。」這就是甘地真正的目標：取回祖國失去的男子氣概，而且是按照自己的條件。只要這麼做，他相信，自由就會隨之到來。

◊

我不是鬥士，而且總是避免肢體衝突。我的第一次鬥毆發生在十七歲，凌晨兩點鐘，在巴爾的摩郊區的豪生旅館一處停車場，結果以被打斷鼻子收場，天啊。我也迴避更為日常的衝突，像是打電話給航空公司更改班機，或是打電話給餐廳，通知他們說我是預約晚上八點，但會晚到幾分鐘，如果不是太麻煩的話，能否請他們替我保留座位。

我瞭解大部分的人，大部分的正常人，並不將這種日常互動視為衝突。但我是，我會隨時盡可能避開。我也避免和編輯、家人、鄰居及共搭地鐵的乘客有所衝突（預期的衝突）。我不知道我從哪裡，及為何取得這種迴避策略，但它對我來說成果不佳。為了避免今天的小小衝突，我讓自己處於明天得面對更大衝突的狀態。我希望像甘地這樣世界級的抗爭者，能夠為我指點另一種道路。

搬到印度後不久，我就開始閱讀甘地的作品，以及關於甘地的書。很快，一些書就出現在書架上，讓書架有了意義。我造訪各個甘地博物館和甘地靜修所，並修習大學的甘地課程。我買了一個甘地皮夾、一件甘地T恤和甘地內褲，這是我所擁有過最不暴力的拳擊手式四角內褲。有一天，還在德里時，我和甘地的孫子拉傑莫漢（Rajmohan Gandhi）共進午餐。他博學親切，已邁入老年。在我們輕咬著饢餅（naan）和甜酸醬（chutney）時，我察覺到聖雄的蹤跡：拉傑莫漢揚起下巴的模樣，眼睛微微斜睨和閃現淘氣的神情。

我們不去讚賞眾神。我們崇敬祂們，畏懼祂們，但不讚賞祂們。我們讚賞凡人，讚賞凡人中更好的那些凡人。甘地不是神，也不是聖人。十二歲時，他偷了爸媽和哥哥的錢去買香菸。他也會偷吃肉（他的種姓階級禁止他吃肉），和朋友在河邊偷嚼羊肉。這個友人和甘地一樣，深信是英國人的葷食讓他身體強壯。

甘地在十三歲結婚，但他不是個好丈夫。他會在妒意盛怒中，毆打妻子卡絲杜巴。有一次，他甚至威脅卡絲杜巴，如果不做家事，就要把她趕出家門。「你不覺得可恥嗎？」她啜泣。「我能去哪裡？」

對他的子女而言，這位印度國父也不是稱職的父親。在政治領域也一樣，他會出錯。「我的喜瑪拉雅大失誤呀！」他曾如此形容一場搞砸的政治活動。至於他的實驗，則有些太誇張。七十五歲時，他決定藉由裸身，和包括其侄孫女瑪紐在內的年輕女子同睡，來測試他的獨身禁欲誓言。

這是一個有其缺點、但不怕改變思維方式的人。這是一個吸引「怪人、瘋子和狂熱趕流行的人」，然後擁抱他們全體的人。這是個克服嚴重的羞怯和自我懷疑來引導國家，為了理想願意赴死卻不願殺戮的人。這是個以目光震懾一個帝國，並贏得勝利的人。這是一個凡人——他不是神，也不是聖人，而是一個血肉之軀的凡人——他讓全世界知道什麼是好的抗爭。

◊

甘地是精神上的雜食者，他品嘗許多宗教珍饈，從基督教到伊斯蘭教。最後卻是印度教的《薄伽梵歌》，確實滿足了他的飢餓渴望。

甘地第一次和這件精神詩作相遇，是在倫敦學習法律時。當時，兩名英國神智學者詢問甘地相關經文。他難為情地承認自己沒讀過，所以他們三人一起閱讀艾德溫·阿諾德（Edwin Arnold）的英譯本。甘地行至西方時，卻發現了東方。

甘地漸漸愛上「神歌之母」[21]，這是他對這份精神詩作的稱呼。《薄伽梵歌》是他的靈感，是他的慰藉。「當懷疑縈繞我心，失望直視我面，見不到地平線任何希望之光時，我便求助《薄伽梵歌》，找到詩篇的慰藉。而我立刻在壓倒性的悲傷中，展露笑容。」

《薄伽梵歌》的故事情節很簡單，阿周那王子是偉大的戰士，他準備應戰，卻失去勇氣。他不只厭倦了殺戮，也發現敵軍陣營中有自己氏族的士兵，還有他的摯友和尊敬的老師。他怎麼能跟他們作戰？而黑天神偽裝成戰車馭者，前來開解他。故事就以兩人之間的對話展開。

《薄伽梵歌》的傳統解讀是，敦促責任，必要時，甚至使用暴力。畢竟（劇透注意！）黑天說服了阿周那對自己的親友作戰。

甘地卻有不同解讀。他說，《薄伽梵歌》是個寓言，是描述「在現今每一個人類心中所發生的事」。真正的戰場是在心中，阿周那的掙扎對象不是敵人，而是自己。他要屈服於較低層面的本能，還是提升到較高層次？甘地推論，《薄伽梵歌》是經過喬裝的非暴力頌歌。

《薄伽梵歌》另一個信條是，不執著於結果。如同神所化身的「黑天」對「阿周那」說的：「你有權去工作，但對於工作成果卻永遠沒權利。你永遠不應該為了回報而採取行動，也不該渴望無作為。」《薄伽梵歌》教導，工作和成果要切割。每一次努力都要全力以赴，但對於成果的求取則是為零。

最後，甘地以一個詞彙「無欲」總結這個見解。這不是懶惰的邀請函，所謂的「業力瑜珈士」（karma yogi）是指行動之人。做許多事，但從不掛慮結果。

這不是我們的想法，我們是結果導向。體能訓練師、商業顧問、醫師、學院、乾洗店、康復療程、飲食營養師，及財務顧問，這些人的工作都承諾著成果。我們可能會質疑他們履行成果的能力，卻很少質疑這種結果導向的預設想法，是好的嗎？

甘地不是結果導向，而是過程導向。他的目的不是讓印度獨立，而是一個值得獨立的印度。這狀況一旦發生，印度的自由就會自然到來，就像芒果成熟就從樹上掉落般。甘地不是抗爭以求勝，而是以抗爭來求取他有能力進行的最好抗爭。反諷的是，這種過程導向的作法，卻產生比結果導向更好的結果。

◊

我為了取得瑜珈特快車座位所做的英勇努力，目前證明仍是一場空。我是候補名單的第一位，卻仍同屬溺水行列。我刷新手機上的應用程式，卻毫無改變。我一再又一再地點擊它，就像

21 Mother Gita，《薄伽梵歌》原文是 Bhagavad Gita，Gita 即「神之歌」的意思。

拉動槓桿，期待得到食物碎屑的老鼠，但仍一無所獲。

甘地會怎麼做？他會抗爭，他也的確抗爭了。驚駭於三等車廂的狀況，他讓自己成了一個「十足的討厭鬼」。他向印度鐵路公司投訴，抱怨了「狀況令人作嘔」的洗手間、「看起來骯髒」的甜點，還有所謂的茶「是單寧水加進劣質糖，以及這個被誤稱為牛奶的白色液體，讓整個水呈現一種混濁的模樣」。他寫給各個經理、總監及總經理，還在報紙上投書。

所以我堅持下去，就和甘地一定會做的那樣。我跳上計程車，龜速穿過城市。今天德里的交通非常擁擠，這就和「今天空氣品質不佳」或是「今天地鐵人潮洶湧」一樣，都是不必多說的聲明。某種不愉快的一致性，鞏固了印度顯而易見的隨機無常。

我抵達車站，加入尋常的受控混亂之中。行經一個敷衍的安全檢查哨時，我觸動了金屬探測器。警衛示意要我過去，他只以眼神示意，以免自己太過操勞。

我在人潮中逆流前進，然後爬上一段樓梯，看到一個辦公室外頭，標示著「國際觀光客辦事處．外國觀光客火車票訂位處」。我找了位子，加入邋遢背包客的行列。

被叫到櫃檯時，我有如拿出優異成績單或中獎彩券一樣，亮出我的候補名單表格。

「我是候補第一號。」我說。

「我看得出來。」櫃檯人員不以為意地說。

這位羅伊先生，是個說話直截了當的矮壯男子。他告訴我，現在是節慶季節，但倒是沒補充說，印度作為一些大型宗教及無數小型宗教的發源地，隨時都是節慶季節。

他告訴我，另一輛列車「拉賈尼特快車」還有一張二等車廂的車票。「非常好的火車。」羅伊先生向我保證。

我相信它是。不過，它不是瑜珈特快車，而我心中執意要的是瑜珈特快車。

「艾瑞克先生，你打算怎樣呢？」羅伊先生問，朝等候中的背包客比比手勢，彷彿在說：「在這個有十億人口的國度，你不是唯一一人。」

我卡住了。

「所以呢？」羅伊先生說，語氣開始散發惱怒。「你要不要這張車票？」

「等我一下，我還在思考。」

「思考是好事，艾瑞克先生，但請思考得快一點。」

◊

當甘地說「我不代表新真理」時，他並非只是在表示謙虛。他並沒有發明「ahimsa」（不傷害），或說「非暴力」這個觀念。它已有數千年歷史，在西元前第六世紀，耆那教的精神領袖摩訶毘羅[22]懇求信徒不要「傷害、虐待、壓迫、奴役、侮辱、折磨、拷問，或殺害任何生物」。

甘地瞭解耆那教徒，他們經常造訪他的兒時家鄉，而且，他有個精神導師就是耆那教徒。甘地也看托爾斯泰的愛情觀，和梭羅的公民不服從。非暴力不是新觀念，甘地卻以新的方式來應用。在印度，素食主義原已淪為一種飲食規則，「卻在甘地手中成了武器，一種普遍的武器，用來對抗壓迫。」他的孫子拉傑莫漢．甘地解釋。

剛開始，甘地稱他的新技術為「消極抵抗」，但他不久就瞭解到，他需要另一個名稱。因為，其中並沒有消極的成分，他也不消極。甘地總是在進行某件事：走路、祈禱、計畫、開會、回信，或是纏裹印度土布。就連甘地的思考也有一種動能，反映在他警覺的眼神和豐富的表情上——見到他的人都說，他是一面「發亮的鏡子」。當一名記者追問甘地的哲學大綱時，他經過一番苦思後說：「我不是為了學術而寫作，行動才是我的領域。」

甘地最後為他新類型的非暴力抵抗，選定了一個新名稱：「satyagraha」。「satya」是梵文中的「真理」，而「agraha」意指「堅定」或是「緊緊抓住」，兩者形成了「真理的力量」（或有時會譯為「靈魂的力量」）。是的，這就是甘地心中的想法，不存在消極或容易拿捏的性質，它是積極活躍的，是「世界上最偉大和最積極的力量」。「satyagrahi」，或稱非暴力抵抗者，甚至比武裝軍人更積極、更有勇氣。甘地說，扣下扳機不需要巨大的勇氣或智慧，唯有真正勇敢無畏地自願受苦，才能改變人心。甘地的士兵，就像任何地方的士兵，都願意為其理想而死；但不像大部分的士兵，他們不願為此而殺戮。

「革命就是會發生這種事。」據說，列寧曾為他下令的大規模處決如此辯解，但甘地的革命不會。他寧可見到印度繼續受制於英國，也不願透過流血手段來取得獨立。甘地說，沒有人「能夠帶別人下礦坑，卻用不著自己也下去」。當我們殘酷對待他人，就是殘酷對待自己。這就是為何大部分的革命，最後都會以失敗收場；難以理解的手段和結果，會吞噬它們自己。對甘地來說，手段不能為結果辯護；手段就是結果。「不純的手段導致不純的結果，我們的確怎麼栽，就怎麼收穫。」就像無法在有毒土壤上種植薔薇一樣，我們也無法在流血土地上發展和平國家。

◊

和盧梭一樣，甘地是終身的步行者。但和盧梭不一樣的是，他的步伐快速且帶有目的，發起了充滿決心的步行抗議行動。在一九三〇年的一個上午，甘地和八十名追隨者從他在亞美達巴德的靜修所出發，朝著海洋往南行。他們一天走十九公里，有時甚至更多。等他們抵達海邊時，

22 Mahavira 的譯音，即耆那教對創始人伐達摩那的尊稱，意指「偉大的英雄」，也稱「大雄尊者」。

八十名追隨者已暴增到數千人。在他們的注視下，甘地浸泡在阿拉伯海，然後從天然沉澱物中舀起一把鹽，表示公然違反英國法律。這偉大的製鹽長征，成了印度獨立道路上的轉捩點。甘地走進了各地富同情心的人們心中。

不久後，甘地宣布他打算突擊孟買附近的達拉薩納鹽廠。合眾國際社特派記者韋柏・米勒（Webb Miller）親身見證了這場衝突。他目睹甘地的信徒沉默地走向鹽山，而警察在一旁守候。

> 警方命令他們撤退，但他們持續往前進。突然間，一聲令下，大批印度警察衝向前進的遊行者，用鋼頭警棍猛烈揮擊他們的頭部。所有遊行者甚至沒有舉手抵擋揮擊，他們有如保齡球瓶般倒下。從我所在之處，我聽見警棍發出令人作嘔的聲音，揮擊打上沒有保護的頭顱。被擊倒的人凌亂跌落，不省人事，或是因頭顱碎裂、肩膀骨折而扭動著身軀。倖存者保持著隊形，默然地頑強前進，直到被打倒。

看著眼前展開的可怖情景，米勒苦苦對付矛盾的感覺。「我那西方心靈發現難以領會不抵抗的想法。而針對揮舞警棍的警察，我感覺到難以形容的滿腔怒火和憎恨；同樣的情緒，幾乎也投向這些不抵抗、任人揮擊的人們。」

就像米勒，你可能不解，這些甘地的追隨者到底有什麼問題？他們為何不反擊？甘地會說，他們的確反擊了，只是以非暴力的手法。他們以自身的在場及平和的意圖，來對抗警察。要是他們採取肢體上的反擊，就會挑起警察更多怒氣，使得警察心中的怒氣正當化。甘地認為讓情況惡化很愚蠢，任何透過暴力手段贏得的勝利都是幻象，只是延後下一個流血篇章的到來。

軟化人心需要時間，進步不見得總是肉眼可見。經過鹽廠突擊及野蠻的回應後，情況似乎毫無變化，印度仍舊是英國的殖民地。然而，的確有所不同了。英國已失去道德優勢，同時也沒胃口再去傷害那些堅定拒絕、以怨報怨的人們。

甘地從未將非暴力視為策略，視為「隨意穿脫的衣物」。非暴力是原則，和重力定律一樣是不可侵犯的法則。如果他是對的，那麼我們就會期許非暴力抵抗在各地成功，而且是在任何時刻，不管是住在倫敦或東京，身處在十八世紀或二十一世紀。然而，是這樣嗎？甘地只是一次性成功，只是僥倖？

在一九五九年，美國民權領袖金恩博士（Martin Luther King Jr.）前往印度，會晤甘地及聖雄的家族成員，這趟旅程讓他留下深刻印象。幾年後，他在非裔美人的民權運動中，採用「堅愛」

的非暴力抵抗。非暴力也在其他地方成功：在一九八〇年代的菲律賓，以及在一九九〇年代初期的東歐。在一項針對大約三百件非暴力運動的全面性研究中，研究員艾瑞卡·切諾維斯和瑪麗亞·史帝芬發現，這種方式有半數以上奏效（而約占研究案例的四分之一為「部分成功」）。

一個非暴力抵抗不奏效、未能奏效的明顯例子是：與希特勒同在。在一九三九到一九四〇年前，甘地寫了一系列書信給希特勒，力促他採行和平之道。不久之後，甘地寫下絕對是歷史上最誤判的聲明之一：「我不信希特勒先生像人們描述的一樣壞。」就連二次世界大戰終了，當大屠殺的惡行廣為人知後，甘地仍建議猶太人「應該要將自己獻給屠夫的刀，他們應該從海中撞向懸崖……這樣就會喚起全世界及德國人民」。

我們是怎麼做出如此明顯誤判的天真發言呢？這位邱吉爾口中的「半裸苦行僧」，是一個騙子嗎？

我不認為。不能因某人想法不是隨時隨地都管用，就將其摒棄，這可就錯了。或許，甘地的仁愛法則不像重力，而比較像是彩虹，是種有時只在特定條件下顯現的自然現象，但當它出現時，卻是無與倫比的美麗。

◇

從我的狗兒帕克身上，我學到許多關於非暴力抵抗的力量。牠有部分小獵犬及部分巴吉度獵犬的血統，卻是百分百的甘地一族。帕克擁有聖雄的頑固特徵，以及像他一樣恪守非暴力原則。就像甘地，帕克知道牠想去哪裡散步，以及何時要去。要是我推薦另一個方向，牠就將自己並非微不足道的全身重量壓向後腰腿，不肯挪動，以表達不悅。有時，牠會趴在地上，四腳大張，並轉開視線。不管是在人行道、寵物店，還是繁忙的街道上，牠都公然耍著我稱之為「全甘地式」的花招，讓人尷尬不已。

帕克不咬不撞，不狂吠或咆哮。牠只是坐在那裡，平和但堅持地抵抗。牠不傷害我，但也不打算幫我。

說真的，我的反應就和英屬印度一樣，覺得挫折，也覺得生氣。帕克就像甘地，在進行一場實驗，而我就是實驗對象。我要如何回應一個令人火大卻徹底平和的挑釁？以怒火還是暴力？若真要如此，我會於何時實現這樣的暴怒蠢行？或許今天，或許明天，沒問題，帕克有的是時間。

如果牠展開攻擊，這實驗就會比較無用。我將會只顧著憤怒——你咬我！——然後忽略自己的罪責，變得鐵石心腸。帕克堅定拒絕報復或收斂，暴露了我的暴力能力；而暴露了之後，便讓我有意識地摒棄它。我們只能斷然拒絕自己所能看見的事，而帕克這個小混蛋，便讓我看到這件事。

甘地認為，拒絕暴力還不夠，我們必須找到讓敵手變成朋友的創新方式。大部分的暴力不是源自不道德的衝動，而是缺乏想像力。具有暴力的人就是懶惰的人，不願從事解決問題的工作，反而揮拳或拿槍，這全是老套的回應。甘地會看一眼我的帕克困境，並敦促我發揮創造力去思考，也就是實驗。

於是，我就這麼做了。我很高興地宣布，經過幾次失敗的實驗，帕克這種全甘地式的發作已減退不少。牠還是很容易反抗，但不會持續太久；因為我發現，帕克和聖雄不一樣的是，牠能以培根口味的零嘴收買。

這是作弊嗎？或許吧，但我寧可將這當成有創造力的抗爭。帕克得到牠想要的，而我得到我要的，也就是回家。這是一個不完美的解決方案，或許吧，卻是一個好辦法。甘地曾將他的非暴力運動比喻成歐幾里德的線，那是一條沒有寬度的線。從來沒有人畫得出來，也永遠不能，這是一件不可能的事。然而，線的概念就像甘地的理想，有其價值，並充滿了啟發性。

◊

我和凱拉許默默坐在柏拉公館外的長凳上，這是一種屬於有共同往事的兩人之間的自在沉默，我們都不覺得非得說話打破沉寂不可。

凱拉許告訴我，大部分的印度人其實並不欣賞甘地，他們欣賞的是印有他肖像的鈔票，事實就是如此。「人們說甘地是懦夫，認為『如果另一個人比我強，我就得當甘地。但如果我比較強，就可以為所欲為』。」很遺憾地，這是一種常見的誤解。甘地的非暴力其實是強者的武器，而非弱者。

那凱拉許呢？他對甘地是怎麼想的？

「甘地非常有智慧，頭腦很乾淨。」他說。

聽到「乾淨」這個詞，我微微一笑。甘地曾經說過，印度必須「成為依照乾淨思想而行的乾淨行動領導者」。

第一次看到這句話時，我被難倒了。他是什麼意思？思想和行動要怎麼「乾淨」？甘地說的「乾淨」思想是指「沒有隱藏暴力」的想法。或許，我們心平氣和地對待他人，但我們若懷有暴力想法，也就是不乾淨。他曾經禁止信徒對著他們不認同的人大喊「可恥、可恥」。現今，只因自己討厭該政治家就擾亂對方用餐的人們，甘地也不會仁慈看待他們。這些抗議者或許沒有肢體傷害他人，卻只是「披著非暴力的斗篷」。

我的思想，差不多就和德里的空氣一樣乾淨。我太常答應別人的願望以避開衝突，也會以生悶氣來表達不滿。我暗中不乾淨地抗爭，雖貌似溫馴卻好戰。甘地不是消極性的攻擊，而是攻擊性的消極。他的行動似乎很有攻擊性，或至少說很堅決，然而刮掉表面後，你找不到仇恨，而只有愛。

在自傳中，甘地回想他寫了短箋給父親，懺悔自己偷錢、抽菸及吃肉的情景。甘地雙手顫抖地把紙箋遞給父親，老甘地坐直身子細讀，看完後「淚珠不斷淌下他的臉頰，打溼了信箋」。甘地回憶：「這些愛的淚珠淨化了我的內心，沖走我的罪惡。唯有經歷過這樣的愛，才能瞭解它是什麼。」

這種愛很珍貴，且並不常投射至內心。我是經常冷酷對待自己的人，知道甘地也苦於時時發作的自我厭惡後，倒是覺得很振奮人心。在怒火爆發期間，他有時會狠狠捶胸。隨著年紀增長，他慢慢克服這種自我傷害。步入晚年時，他建議一名友人：「不要對任何人發脾氣，哪怕是對自己也不要。」

◇

大多數的我們不會對抗一個帝國，我們的抗爭比較日常，但對我們來說，卻一樣重要。幸好，對於夫妻口角、辦公室爭吵及政治喧鬧，甘地的非暴力抵抗哲學也同樣管用。

讓我們從甘地式觀點檢視一個小爭吵。你和伴侶準備外出晚餐來慶祝一個里程碑，你想吃印度料理，而她想吃義大利菜。你非常確定印度料理是一流美食，而伴侶也同樣確定義大利菜更好。這就是衝突，該怎麼做？

最快速的解決之道，是一種「強迫式勝利」。你可以將伴侶綁起來、丟進麻袋，強迫她和你去孟買的一流餐廳用餐，但這種做法有其缺點。或者，你可以堅持要吃印度料理。就是這樣，不用再討論。假設你的伴侶同意，你就贏了，對嗎？

然而，你沒有。晚餐時令人不安的寧靜只是虛幻的，因為沒有人喜歡被打到順從。「這種爭吵的最後結果，可能只是另一篇章衝突的開始。」《甘地之道：解決衝突的典範》（*Gandhi's Way: A Handbook of Conflict Resolution*，暫譯）作者馬克·傑根史邁爾（Mark Juergensmeyer）說道。而訴諸於「隱藏暴力」，傷害的不只是伴侶，還有你自己。

相反地，你可以同意吃義大利菜來「安撫」伴侶，卻整晚都在生悶氣。這個結果也就是另一種形式的暴力——而且還更糟，這是不誠實又「不乾淨」的暴力。你最好為自己的原則抗爭，但不要裝作自己沒原則。

你可以建議一個折衷的美食，例如，日本料理。這表示你們雙方都未得到想要的，而且表面下的衝突仍在惡化。甘地提防這種折衷的妥協，他完全贊成互相遷就，但牽扯到個人原則時則不然。對原則妥協就是投降——也就是他說的：「只有施，沒有受」。一個更好、更有創造力的解決方案是，雙方得到他們不知道自己原本想要的東西。

甘地會建議退後一步，檢視你的位置；要記住，你自己只掌握部分實情。你真的確定印度料理更好吃嗎？或許義大利料理，有你未領會到的美好？也要檢視你對伴侶的態度，你是否將她當成對手或敵人？如果是後者，那倒是個問題。甘地說：「不能因為反對，就說對手不好。」他有許多對手，但沒有敵人。他奮力去看見人們最好的部分，還有他們潛在的良善。他看到的不是人們現在的樣子，而是可能成為的樣子。

甘地會建議，要有創造力。比方說，你可以充分解釋印度菜的好處，強調它不只對你有好處，對伴侶也一樣。或許，她已有好久沒吃印度菜了，或許她還有未嘗試的新菜色。你要溫和地說明，如甘地說的，因為你的目標不是譴責，而是要改變對方。

◊

現在是中午，德里的太陽越來越強烈。我詢問凱拉許曾有過的口角，我確定他一定有，畢竟印度最稀有的東西，就是手肘能活動的空間了。就像叔本華的豪豬理論，印度的十三億人頻繁地計算和他人的理想距離。這是不完美的科學，有時你會被刺到。

當凱拉許就讀我和妻子替他註冊的方濟各住宿學校時，他偶爾會因為襪子或T恤被偷，和其他男孩打架。現在，他已擁有自己的房子，還成了房東，用不著在意被偷走的襪子。只是，金錢並未讓我們免於爭端，而是移向更昂貴的領域，凱拉許也是如此。

他告訴我他和房客的一次爭執。他要房客打烊後，就關上店外的燈，因為有個鄰居會將燈光視為可以在那裡停車的許可，結果擋住艾瑪文具店的大門。

「我說『請把燈關掉』，說了好幾次。」房客開始生氣，但凱拉許有好一段時間仍保持冷靜。有一天，他看到她沒關燈就要離開了。當他要求她關燈時，她指出電費是她付的，不是凱拉許。於是，他對她大吼大叫，而她也大罵回去。這算不上是甘地式的抗爭。

「她說得有道理嗎？她說得沒錯吧？」我問凱拉許。

「她說得對，但同時也錯了。」他說。

我心想，這倒是很甘地的一個回答。在名為真理的餡餅中，衝突雙方都各自擁有一片餡餅，而不是整個餡餅。比起交換餡餅，目標放在「擴大餡餅」比較好。

◊

在他人生最後一天的最後一小時，聖雄甘地見了印度新政府的一個部長。之後，瑪紐替他買來晚餐：十四盎司的山羊奶、四盎司的果菜汁，以及三顆橘子。他一邊吃，一邊用他的

「charkha」，也就是紡車，織印度土布。他注意到時間，已經超過五點幾分鐘了，於是立刻起身。他的晚禱時間過了，而甘地討厭遲到。

他曾珍愛地稱呼侄孫女為「我的枴杖」。現在，由侄孫女陪伴兩側，他走向祈禱區，那裡已有數百名支持者在等待他。甘地從侄孫女肩膀挪開手，然後做了合十禮，向群眾致意。

當時，一名穿著卡其上衣的強壯男子接近甘地。瑪紐以為是要來觸摸甘地的腳，以示敬意。這時常發生，但甘地討厭這種事。「我只是個平凡人類。」他這麼說。「你為何想要拾起我腳上的塵埃？」

瑪紐上前干涉，指責男人使甘地耽誤了更多時間。「你想讓他難堪嗎？」她問。那人以大力推她作為回應，力量大到她蹣跚往後退，甘地的念珠和眼鏡盒跟著掉在地上。當她彎腰去撿時，三顆子彈快速地連續擊出。火藥味瀰漫空中，瑪紐回憶：「整個天昏地暗。」甘地依舊站著，雙手依舊合十，而人們聽到他說了「Hey Ram」（哦，神呀），身子便一晃倒下。

這裡紀念了甘地最後的足跡，一道白色石頭的腳印沿著草地走道而行，最後結束在暗殺子彈的發射處。我和凱拉許現在站在最後兩個腳印，赤腳的兩人，一棕一白。皮膚傳來石頭的冰涼觸感，這不是第一次，也不會是最後一次，我不解，到底如何在死亡之處感到如此平靜。

「你會嗎？」凱拉許問。

「會什麼？」

「和甘地一起住。如果可以的話，你會加入他的靜修所嗎？」

甘地有數百萬名的崇拜者，但他最親近的信徒只有數百人。跟隨著甘地一起生活，相當苛刻勞神。追隨者恪守十一項誓言，範圍從簡單（不偷）到困難（體力勞動），到艱巨（守貞）。而就我們所看到的，甘地並非總是很親切的人。他的要求很高，有時還很嚴厲。「和甘地同住，就像走在劍刃上。」一名信徒說道。我思忖，我有辦法進行這種平衡行動嗎？

「會。」我告訴凱拉許。「我會加入甘地的靜修所。」

當我聽見自己說出口的話時，感覺像是他人口中所說，但我瞭解這些話是真心的。有時候，我們要一直到說出口，才會承認事實。

我會加入甘地的行列——無關乎這種生活會有多少要求，而是因為正有這樣的要求，我才會加入。我花了相當多時間、金錢和努力，來增加我的舒適程度。此時，我卻知道這不是我所需要的，伊比鳩魯怎麼說的？對於認為『足夠』還太少的人來說，什麼都不夠。甘地死時，他的世俗財產只有一副眼鏡、一個木碗（來裝食物）、一個懷錶，以及日本友人送給他象徵「不見、不聞、不言」的三個小盜猴。

吸入一大口的德里空氣後，我望著計程車窗外的交通狀況，今天比往常擁塞。我們在前往火車站的途中，儘管現在很晚了，凱拉許仍堅持要目送我離開，而我沒有推辭。

等火車的時候，我好好看了凱拉許。他不再是多年前我初次看見，那個瘦得皮包骨的孩子。他已經長胖、長大，也成了一個男人，而且是個好男人。我見到凱拉許身上的甘地軌跡：堅持不懈，對新的思考方式抱持開放態度，毫不動搖的正直，以及與生俱來的良善。

我沒有對凱拉許提及這個觀察，我確定，他會覺得很荒謬，而且還覺得褻瀆神明。**甘地先生？我？世界上只有一個甘地先生。**

或許是，也或許不是。甘地從未認為自己自成一格。他不是神，也不是聖人。他只是一個實驗的人，實驗新的抗爭方式，以及稱之為愛的強大力量。他是心靈的愛因斯坦。

一列火車進站，加速了月臺上已經狂亂的活動：搬運工提著大如小船的行李箱；賣茶小販的叫賣聲，希望能多賣上一、兩杯茶；握緊手以免被人潮衝散的家庭。火車緩緩停下，車身標示牌寫著：「拉賈尼特快車」。

我決定接受羅伊先生提供的「好火車」最後一張車票，也就是「非瑜珈特快車」的火車路。

這算是一種投降，我屈服於現實了。我輸掉戰役，我失敗了，就和甘地一樣。他夢想能夠和平過渡到統一的印度，但從未成真。到了人生最後階段，他覺得漂泊在一個「暴風雨肆虐且飢餓的世界」，絕望似乎就要淹沒他。

然而，他從未停止抗爭。一九四七年八月十五日的午夜，印度人在鐘響中慶祝獨立，甘地的那天卻在齋戒祈禱。不久之後，他搭火車或步行，行遍這個年輕國家，努力止血。他達成了他的方式，即便沒達成結果。

如何抗爭，比抗爭什麼來得重要。我好好地抗爭了，我認識到了不公平，並與它對峙。我富有創造力，以及乾淨地對抗一個頑強對手：印度鐵路公司。我沒有訴諸暴力，不管我有多想這麼做。的確，最終結果雖不是我想要的，但我的苦難根源不在於結果，而是缺乏。而且，還是會有其他抗爭，總是會有。

凱拉許幫我把行李抬上火車，提醒我在這過夜行程中要鎖好包包，我向他保證我會注意。我們擁別後，他從火車跳下月臺。我注視他好幾秒鐘，然後他就不見了，吞沒於溫暖的德里夜晚、濃濃的空氣汙染，以及人群之中。這裡有無數行動的人，談判、交涉著狹小空間及複雜的人際關係。愛和抗爭，抗爭和愛，通常有先後順序，但偶爾也會同時並行。

◊

聖雄甘地進行了最後一趟火車之旅，就在遭到暗殺的十三天後。他的骨灰被帶上開往亞美達巴德的火車，這裡是三條聖河的匯流處，也是甘地的最後安息處。

在行經路線上，人們爭先恐後想要看一眼這列火車。他們流著淚，手中做出對聖雄最後的合十禮。在晚上，村民點燃篝火和火把，慟哭著「Mahatma Gandhi, ki-jai!」（聖雄甘地勝利！）。而這列用來進行這段旅程的火車，全是由三等車廂組成。

⑨ 如何像孔子一樣仁愛

Confucius

下午五點三十四分，在曼哈頓下城某處，我搭乘紐約市地鐵F線，目的地：隨心所至。

我已經搭乘F線好長一段時間——比大多數通勤者、心理健康專家所建議的時間還久。我曾搭乘這個路線去皇后區的牙買加，以及布魯克區的康尼島，還有在這兩地間的許多地方。整整一星期，F線一直是我的家。

我向你保證，我沒瘋。我是進行任務的人，我在找尋仁愛。我承認紐約市地鐵不太像是能找到仁愛的地方，許多人認為它是個無情的地下世界，而這正是我來這裡的原因。我想，如果能在紐約地鐵找到仁愛，任何地方也都找得到。

我以梭羅的眼睛和叔本華的耳朵掃視周遭，留意最細微的仁愛跡象。三名年輕人上車，顯然是同事。我聽見他們對話的片段內容。「她需要辭職……不，她需要被開除。」我想，這裡沒有仁愛。

我注意到，有一位戴著紐約洋基球帽的拉丁美洲人，不小心撞到另一名乘客。「抱歉。」他說。我繼續掃視，有個女人緊抱一隻白色小狗於胸前，她的腳步蹣跚，然後連撞至少三名乘客。「對不起。」她說。兩人確實都有禮貌，但這是仁愛嗎？禮貌是社交潤滑劑，而仁愛是社交強力膠。禮貌文化不見得是仁愛文化。

坐在我隔壁的年輕人，穿著連帽衫及破損的牛仔褲，耳朵塞著耳機，姿勢低垂。他睡著了，或說是我認為如此。當一名青少年走過來販賣糖果為學校募款時，那人有了動靜，他從口袋撈出一元鈔票，遞給少年。接著，他旋即回到他的音樂和低垂的姿勢。我再一次提醒自己，隨時要質疑假設。

◊

我在F線上的同伴，是一本是一本叫作《論語》的奇怪之書。它是我們認識孔子的方式，卻不是他本人的著作。《論語》是孔子門生編集，提取了孔子智慧的本質，或許還加上一些編者的觀點，就像柏拉圖為蘇格拉底增添風味。《論語》是完美的地鐵讀物，其中包含一系列簡短對話及明快格言，很容易在站與站之間零碎消化。這本書時起時落的節奏和F線相似，孔子一下子在解釋孝順美德，接下來又建議要穿什麼顏色的衣服。

這很容易讓人得出一個結論，認為這本書沒有一貫的中心思想，也沒有令人信服的觀念。但是，它的確有。F線可能會走走停停，但還是開往某處，而孔子也是。

當地鐵開進曼哈頓的東百老匯站，我下車、上樓，迎面而來的是最為嚴苛的早春天氣，感覺就像是冬天。我拉上夾克拉鍊，緊緊裹好圍巾，我往西，找尋孔子。

走了幾個街區後，我轉彎，一棟具備冰冷蘇維埃美學的住商複合建築，讓我相形見小。孔子大廈具有如灰狗巴士車站的所有魅力。我行經孔子社會日照中心和孔子藥局，在孔子花店右轉，而夾在孔子眼鏡行和孔子手術用品店之間的是……孔子雕像。

他絕對有三公尺高，但不知為何，卻沒有讓我覺得渺小。他留著他的招牌鬍鬚，長而稀疏，既整齊又凌亂。他雙手緊扣，眼神睿智。對著包厘街，孔子睿智的眼睛看到了一切，見到德康中藥和國寶銀行，見到舞會舞蹈社（「學習在舞會跳舞／拉丁舞！」），還看到了麗心餅屋。他的眼睛也見到了仁愛：一群嘰嘰喳喳的五歲學童，在冷風呼嘯吹過孔子大廈時，接受成人照顧者帶隊引導。

我在雕像底下佇足，這裡有個刻著〈禮運大同篇〉的中英對照碑文。孔子在其中描述了一個大同世界，選賢與能，盜竊亂賊而不作，人不獨親其親，不獨子其子。這是個大膽的視野，考慮到當時——西元前五世紀——仁愛還是新奇的想法。

我在那裡佇立許久，渾然不覺春風料峭，想像著這完美的大同世界，以及這不完美的人。後者構思出前者，是在很久很久以前。

◊

孔子生活艱苦，即使是作為哲學家也一樣。他出生在一個還算富裕的家族，但三歲時，身為鄒邑大夫的父親死亡，孔子由勉強維持生計的母親撫養長大，而他「多能鄙事」幫助家裡。但他仍一直研究古書，像是《易經》，即「變化之書」。

當他環顧當下，看到的是分裂成敵對派系的民族，被重視私利勝於公益的統治者統治。他認為，這不只不道德，而且不切實際，孔子察覺到有更好的方式。記者麥可・舒曼（Michael Schuman）在其傑出的傳記作品中如是說：「劍與盾不會贏得國家，沉重的稅賦和兵役不會吸引忠貞的臣民。仁愛是通往力量和威望的正確、也是唯一的道路。」孔子說，我們全都偏離「道」，需要返回正道。

他的說法完全未得到回應，只有給人震耳欲聾的寂靜。真要說有什麼改變的話，腐敗和暴政變得更加嚴重。壓垮孔子的最後一根稻草，以歌女的形式出現。臨近的齊國送來歌女數百人，讓魯國國君明顯分心，於是三日不朝。

後來他便離開，開啟十三年的顛沛流離。他開始周遊列國，為任何願意聽取的國君擔任謀士。但是，無人聽從。他曾在衛國工作一段時間，而衛靈公和魯國國君一樣好女色，「吾未見好德如好色者也。」孔子說。

孔子回到家鄉，雖然疲累，卻未挫敗，他決定繼續授業。幸虧如此，要是他在周遊列國期間取得謀士職務，我們今日也可能就無法知道他的存在。他有教無類，不計學生背景和支付學費的能力。作為見師禮的束脩是束帛或脩脯，即當時的肉乾。

在課堂上，孔子是很令人生畏的存在。被稱為夫子的孔子，給人的印象是「極端講究傳統，對於禮堅持不懈」，舒曼寫道。他席不正則不坐，即使獨處也維持完美的姿勢。有一次見到友人原壤「夷俟」，即古時男性張開腿的說法，孔子便說他是「賊」（意指「禍害」），並用手杖敲打對方的小腿。

但夫子也可以很溫和，甚至是輕鬆愉快。他唱歌撫琴，和朋友說笑，每一天都可以找到樂趣。例如：「曲肱而枕之，飯蔬食飲水，樂亦在其中矣。」

孔子和蘇格拉底相隔萬里遠，但兩名哲學家卻有很多共通點。他們幾乎可算是同代人；蘇格拉底在孔子於西元前四七九年逝世不到十年後，便誕生了。兩人都處於不安的地位，受門生、信徒愛載，卻不受上層重視。兩人都擁有一種隨意對話式的教學風格，都質疑假設、很看重知識，也重視無知。兩人都不喜歡形而上的猜測，曾有學生問孔子死後的世界，子曰：「未知生，焉知死？」兩人都注重定義；孔子認為，如果言語不正確，判斷就不明確。

言語對孔子很重要，卻沒有任何字比得上「仁」。它在《論語》出現了一百零五次，比其他字詞都多。「仁」沒有直接的譯解（孔子本身從未給予明確定義），但曾有各種翻譯，像是憐憫、無私、親愛、善行、至善、完美行動。而我喜歡的翻譯是「人類心性」。

「仁」者會經常行使五種基本美德：恭、寬、信、敏、惠。「仁」當然不是孔子發明的，但他的確提升了它；把它從一種寬容提升為一種哲學關鍵，以及良好統治的基礎。他是第一個將「仁」和「愛」置於金字塔頂端的哲學家。孔子說：「己所不欲，勿施於人。」早於耶穌五百年，他就明確提出這黃金法則。對孔子來說，仁並非軟弱，而是實際有用。孟子說，把仁推及到所有人，便可「治天下可運之掌上」。

◊

F線不只是火車，它也是文化，而且就如同所有文化，採用了一定的規定。有些規則白紙黑字寫下，有些則僅靠理解。我環視周遭，發現到處都是訴諸文字的規則：不得倚靠車門，也不得抓著車門；不得穿梭在車廂之間；不得飲食，車門關閉時請保持距離。

孔子大可以寫下這些規則。他發現「禮」的重大價值，或是如中國古籍《禮記》所說的「適當的禮節」。以下是講述進食之禮的例子：

> 毋摶飯，毋放飯，毋流歠，毋咤食，毋齧骨，毋反魚肉，毋投與狗骨。毋固獲，毋揚飯，飯黍毋以箸。
>
> （譯：不可把飯搓成一團；不可放回多取的飯；不可大口喝湯；吃東西不可發出聲音；不可用牙齒咬嚼骨頭；不可放回已經咬過的魚；不可把骨頭丟給狗兒；不可搶吃想要的食物。不可把飯攤開揚去熱氣；不可用筷子吃黍米。）

我看完後嘆息，這就是我對儒家的想像：一個依據規則的哲學，尊重父母，不質疑權威，而且車門關閉時永遠保持距離。難怪老子以其溫暖柔軟的「無為」，成了新時代群眾的寵兒，孔子卻不是。如果老子是中國哲學的衝浪好手，孔子就是它的代課老師。

我承認，「適當的禮節」對我沒有吸引力，一個字也沒有。對我來說，禮儀是一種用來反抗，而非值得擁抱的東西。盲目依循傳統，似乎與哲學的大聲疾呼相悖，正如康德明確指出：

「敢於為自己思考！」但是，儒家不只這樣，遠遠不止於此。它並不鼓吹不用心的守禮，動機才重要。孔子說：「為禮不敬，吾何以觀之哉！」

他的循規蹈矩還有一個理由，因為這和「仁」有直接關係。仁不是自由浮動的，它需要容器；對孔子來說，這個容器就是「禮」，即適當的禮儀。或許，你在這些儀式中看不到價值，但孔子說這沒關係。擺正席子，當成你在乎；以指定的規矩用餐，當成它很重要。這些看起來似乎是平凡的事，但就是在這種日常的基礎上，仁才得以建立。

孔子的目標是性格的發展，及獲得道德技能，而當中最重要的技能就是孝道。《論語》中每一頁，都像是被躁動的家長手指打了浮水印。《論語》說，兒子有義務尊敬父親，即使這表示要掩飾父親做錯的事。而這些義務不會因為父母死亡而終止，子女的行事舉止必須繼續按照父母原來的期望。

孔子要求堅定不移，但並非不思考的獻身。如果年長的家長偏離正道，務必重新導正他，但要審慎尊敬地進行。孝道是一種手段，不是目的。就像我們去健身房，不是為了流汗，而是要得到好身材。我們孝順不（只）是為了它本身，而是發展我們仁的力量。照顧父母是重大的責任，孔子又讓它更為沉重，堅持我們必須要懷抱真誠的笑容，愉快地照顧父母。

家族就是我們的「仁」健身房，我們在此學會愛和被愛。臨近很重要，先從仁愛地對待身邊最接近的人開始，再往外推及。當我們擴展關切範圍，從自己、家人、鄰人、國家，再到萬物；就像石頭扔進水塘，仁的漣漪以等距加寬的圈圈往外擴展。如果我們能同情一個對象，就能擴展到全體。

只是，我們經常無法成功從家人的親愛，跳到更廣大的仁愛。養育這件事，經常仍是「殘酷海洋裡的一座仁愛孤島」，兩位當代作家如此命名。我們需要逃離這座島嶼，或更好的是，擴展這件事，邀請別人加入我們。

◊

「車門關閉時，請保持距離。」我保持距離，遵循適當的禮節。附近有個女子抱著一個巨大的Dunkin' Donuts杯子，顯然違反了不可飲食的規定。離她不到五步遠的一個男人更勝過她，他從背包拿出一整個披薩，開始大快朵頤。

一個錄製廣播傳來，它的指示讓我震驚：「各位乘客請注意，不要把皮夾和手機放在後口袋。」這是提醒說不能信任他人。在大城市裡，仁愛沒有歸屬；如果想要仁愛，請造訪小城鎮，或說是我們自己這麼想。

當地鐵駛進五十三街站，車門打開，車廂頓時充滿一個街頭藝人的歌聲。他唱的是約翰．藍儂的〈想像〉（Imagine），儘管有點走音，卻依舊如此觸動人心；但也或許正因為如此，才觸動人心。

我瞭解到，這個歌傳唱的就是孔子烏托邦式的「大同世界」。無情冷酷不是源自於殘忍意圖，而是出自於無法想像。不仁愛的人無法想像他人的苦難，無法設身處地。然而，藍儂說：「如果你嘗試就很容易。」孔子也是如此認為。「己欲立而立人，己欲達而達人。」

藍儂短暫的情感爆發，是否感染了地鐵裡的心境？是否讓我們更容易有「人類心性」？當然，這很難量化計算，但我想要這麼想。我想要認為，仁愛會產生仁愛。

我從堅尼街出口離站，決定尋找中國餐館吃午餐。這裡就和F線一樣擁擠，只是較不搖晃，而且有較可口的香味。

「幾位？」老闆責備似地大喊，彷彿我打斷了一個重要會議。

「一個。」我說，膽怯地舉起食指。

「和別人共桌可以嗎？」

不可以，但我沒說。我不想讓這個大吼的男人失望，他讓我和一群德國觀光客坐在一起。

比起F線，紐約市的中國餐館並沒有明顯親切多少。服務充其量只是粗魯無禮，服務生不只對你吼叫，還期望你快快點菜吃完。

然而，一種隱藏的仁愛穿透這個地方，注入點心和白菜，浸入金屬的茶壺裡。這是尊敬公益的仁愛，如果你願意和人共桌，大家都受益。如果你吃得快，其他候位的人也可以早點享受鮮蝦燒賣。這不是書面的規則，但人們能理解。它們構成了中國餐館中的「禮」，即一種適當的禮節，這是盛裝「仁」的容器。

我的中國餐館確認了孔子五種「仁」的基本美德：恭、寬、信、敏、惠。服務生給我一定程度上的尊敬；他們當然也誠信，這是在更為傲慢的機構上所看不到的；他們勤敏，同時也以自己的方式做到慈惠。至於寬厚？倒是不多，但五點中達成四點，還不壞。

◊

回到蜿蜒穿過皇后區的F線，我掃視同車乘客想著：他們是好人嗎？仁愛嗎？我們是否都持有「仁」、人類心性？或只有一些非凡人士才有？那些孔子口中的「君子」？這種「優秀的人」？

人性，是哲學上最棘手的問題之一。湯瑪斯．霍布斯等哲學家相信，人類天性自私，而社會緩和了這種野蠻性格。盧梭等思想家則認為人性本善，是社會讓人墮落。而還有其他人，像是法國存在主義者西蒙．波娃，則懷疑是否真有人類天性的存在；不具天性，是我們的天性。

孔子是在性善那一邊，而一世紀後，孟子把這個觀念發揚光大。孟子說：「人皆有不忍人之心。」他並提出一個試想，來驗證他的觀點。你想像自己經過一個村莊，不想多管閒事，卻見到有個孩子在井邊搖晃，就要掉入井中了，你會怎麼做呢？

孟子說，你很有可能會感覺到「怵惕惻隱之心」，會本能想要救助，這不是為了贏得小孩父母的感恩，或鄰居友人的稱讚；而是因為身為一個人，而且「惻隱之心人皆有之」。光聽到這個故事，我們便會覺得內心翻騰。如果沒有，孟子說，那就是「非人也」（孟子並沒有預測人們會真的會幫助孩子，同情和行動之間有一道巨大鴻溝，許多善良意圖都墜落其中，不再被聽聞）。

孟子說，我們每個人都同樣有潛在的良善。就像光禿禿的山地仍有小小綠芽萌發一樣，最為殘忍的人也保持蟄伏中的仁愛。「苟得其養，無物不長；苟失其養，無物不消。」

我們的行善能力，就和我們的語言能力一樣。我們全都生而擁有語言的能力，但這需要啟動，不管是靠父母還是羅塞塔石碑[23]。同樣地，我們天生的行善能力也必須動員，而孔子相信，動員方式就是透過學習。《論語》的第一則，就是讚揚學習：「學而時習之，不亦說乎？」

孔子的「學」並不表示死記，甚至也不是學習本身。他有更深層的想法：自我道德修養。我們學習所被教導的，我們吸收所修養的。每一個善行都不嫌小，每一件同情舉動都像是灌溉紅杉種子，你永遠不知道它能長多高。

◇

我有個問題想問孔子：如果人性本善，為何這世界看起來如此殘酷？從成吉思汗到希特勒，人性的歷史全以鮮血書寫成書。夫子，打開電視或筆記，你會看到這些無所不在。新聞全是那麼糟的事：恐怖分子攻擊、自然災害、政爭。仁愛曠工去了，或是看似如此。

不管我們有沒有注意到，仁愛始終都在。已故的哈佛古生物家史蒂芬·傑伊·古爾德（Stephen Jay Gould）稱這種現象為「偉大的不對稱」。他說：「每一個驚人的惡行都會受到一萬個善舉平衡。」我們每天在街道、在家裡，是的，甚至是紐約地鐵上，都會見識到這種行為。老婦人不懼嚴寒的十一月日子，餵食鄰近地區的松鼠；開會已經遲到的商業人士，停下來協助單親媽媽搬雜貨上車；一名手中拿著滑板的青少年，注意到停車計時表上的時間已到，幫忙投了二十五分的美元硬幣。這些很少上新聞的尋常善行，並未變得較不真實，或比較不英雄。

古爾德說，這是我們的職責，是一種近乎神聖的責任，「記錄並尊敬這些無數小善的勝

23 Rosetta Stone，一七九九年所發現的石碑，所屬年代約在西元前一九六年。上面有三種不同語言，刻有埃及法老托勒密五世的詔書，協助考古學家解讀已失傳的古埃及象形文字。

利」。古爾德這位不屈不撓的科學家，見到表露善行的實際方式。當善行受到尊重，就等於善行加倍。善行是有感染性的，當我們見識到美好善舉，會激發大量肢體和情緒上的回應。觀察善行這件事，鼓勵我們的舉止更加仁善，最近幾項研究已證實了這種現象。

我曾第一手經驗到這種有感染性的仁善。在搭乘F線的那一星期過後，我「異常警覺善行」，讓自己變得更加仁善。我替別人拉住門，並變得比較少挑剔；我感謝我的咖啡師，並趁她不注意時留了小費。我瞭解，這些小舉動不會讓我贏得諾貝爾獎或聖徒的地位。但這是個開始，我又往紅杉種子灌溉了更多滴水。

◊

搭乘F線夠久的話，就會開始注意到一些模式，而我也是。仁愛善行並不經常出現，它們潮起潮落，在離峰時刻，我觀察到的相當少。然而，在尖峰時刻，我注意到許多：一個肌肉結實的年輕人讓位給老婦人；這裡一聲「抱歉」，那裡一聲「不好意思」。當然，人們心中的仁愛，在正午時分並不少於下午五點鐘，只是仁愛的機會較少。仁愛會擴展，以符合需要者的需求。

在尖峰時刻，需要者膨脹成銀河比例。我們慢慢駛向布魯克林，每一站上車的乘客越來越多。到了聯合廣場，地鐵已經滿滿都是人。我認為我們不可能再容納更多乘客，然而，我們卻做到了。

一切行動加快：人們搶位子更快，掃瞄周遭更快。就連列車員的廣播也變快：往康尼島F線車門關閉時請保持距離。

「紐約客不粗魯。」當我和紐約土生土長的朋友艾比說，要在F線找尋仁愛時，她如此說道。「他們速度很快。」

她可能說到重點了。我心想，快速行善是否有可能？還是仁愛需要緩慢下來？緩慢煮食比速食美味，而且，如同我們所看到的，好的哲學也需要時間。當F線在東河底下移動時，我沉思速度和仁愛的關係。加速時，仁愛會減少嗎？孔子似乎也是這麼認為，他形容君子是「敏於行，訥於言」。

我不以為然。的確，行動快速的人比較不會注意到他人的痛苦，但有時速度是比較仁愛的。如果房屋失火，會希望行動遲緩，還是腳步飛快的消防員呢？如果生病了，會希望急診室醫師閒蕩，還是動作快速呢？如果我在F線這裡昏倒，承受因為思考過度所造成的醫療危機時，我會希望同車乘客能夠飛快幫忙，而不是慢條斯理。

一個朋友最近告訴我，他在紐約地鐵目睹這樣的緊急時刻。一名女性在地鐵到站時昏倒在地，同車旅客反射性地急忙採取行動。一人握住門，以便讓列車停留在該站；而另一人通知列車長，第三人則實施急救。孟子會讚賞這種反射性同情的表現。仁愛來自於天性，而殘忍來自後天學習。

我心想，我仁愛嗎？是的，在印度幫助凱拉許時，我的確展現了孔子的「仁」，或用我喜歡的說法「人類心性」。我並沒有尋找凱拉許，而是他找到了我。他是井邊的孩子，我的這種本能反應，就如同在滿室的灰塵中打噴嚏一樣，並未特別值得稱許。現今世界所需要的仁愛，比起過往，不只是需要反射性的那種仁愛，同時還需要信心堅決。

◊

我還未看見她本人時，便聽見她了，一個哀怨受傷的聲音如鏽刀般劃過我。「我有過年輕的臉蛋。」她說，沒對著誰說，又像是對著所有人說。「那又怎樣？我有過年輕的臉蛋？為什麼？」

她身上的衣服只比破布好一些，她的腳步不穩，大大的身軀彷彿被強風吹襲般搖搖晃晃。我低頭查看她站不穩的來源（至少是個來源）。剛開始，我以為她是穿著舊鞋子，但不是，她赤著腳。她的雙腳腫脹變形，模樣怪異，看起來不像人的腳。

好長一段時間，她就站在那裡，沒有討錢，也沒有懇求任何協助。這是最糟的部分，情況完全不明。我感到怵惕惻隱之心，卻不知道該怎麼做。

仁愛不容易，即使我們想要幫忙，卻不知道怎麼做。最好按兵不動，我們告訴自己。同車乘客以微妙的紐約風格，同樣覺得不自在。有些人讓道給她通過，其他人加強直視前方的目光，而我埋首孔子之中。

女子移動到車廂的另一頭，我已經看不到她了，卻仍聽得到她的聲音：「我以前有過漂亮的臉蛋。」

然後她就走掉了，大家都呼出一口氣，但也可能是我的想像。我抬起頭，沉思剛才發生的事。面對這樣受苦的人士，要怎麼做？是的，我應該可以幫助那名女性，但如同我說過的，我不知道從何著手，也沒有人知道。那麼，怎麼能傳播仁愛行為？總要有人開始。

仁愛不容易，它包含同理心，但這樣並不夠；我們還需要儒家的禮。在結婚、畢業或死亡等人生重大時刻，我們求助儀式有其原因。這些事件激發如此強烈的感情，於是，我們有了脫序的風險。禮儀維持住我們，提供我們情緒的容器。我們F線的乘客，在這名悲傷女性搖搖晃晃進入我們的車廂時，就需要這樣的容器。唉，但是沒有任何容器，所以我們沒有任何作為。

孔子說：「任重而道遠。」仁愛不容易，任何有價值的事物也都是如此。

⑩ 如何像清少納言一樣欣賞小事

Sei Shōnagon

上午十一點四十七分，我搭乘從東京到京都的東日本鐵道第三一八號列車。時速：三百公里。

我已知曉，速度是關注力的敵人。速度粉碎我們的知覺，讓它裂成百萬個小碎片，全部小到無法掌握。

那麼美呢？它是否也會隨著我們加速而減少？還是速度有它自身的模糊美？每秒鐘揮動八十次的蜂鳥翅膀，劃過天穹的閃電，以及安靜飛快地移動在城市間的日本新幹線，或說是子彈列車。

當我在亮麗的品川車站搭上現在這班列車時，我不知道是否該倒抽一口氣還是該笑。看到扁平的鴨嘴獸鼻子附著在如泳者身形的車身，讓列車顯得有點滑稽，以及美麗。新幹線是喜劇大王羅賓．威廉斯（Robin Williams）式的火車：一種公然蔑視物理法則的荒謬，卻以如此驚人的速度進行，而一切都被原諒了。

正如羅賓．威廉斯生前未和其他喜劇演員競爭，新幹線也未跟其他火車競爭，而是和飛機競爭。日本鐵道公司盡全力模仿飛機座艙的感覺，我簡直像在搭乘空中巴士，只是沒有安全帶。沒有罐裝廣播告知我們，在不太可能出現的水上迫降時該怎麼做。

當我們準時從品川站出發，空中旅行的回音彷彿就更大聲了：高頻的呼嘯聲，慣性作用力溫和地把我壓向椅背——平滑順暢，毫無美國國鐵那種搖晃顛簸。

如果一切按照計畫，而這在日本幾乎總是如此，我們會在輕快的兩小時八分鐘內，解決東京到京都三百六十五公里的直線距離。我們速度飛快，但不是在飛。我望向窗外，不是看著地平線，而是附近房屋或鐵路穿越處——我的確感受到我們的非凡速度。速度是相對的，沒有參考點就沒有意義。

一名隨車人員走來，撿起某人（好，就是我）掉落的筷子碎屑。在我心中，它小到不能算是垃圾，但對方顯然不這麼想。我散落的木屑，破壞了火車的美學和諧。在日本，事物不是恰恰好，就是完全不好。

我拿出我的小小黑色筆記本，不是我在英國丟掉的那個珍寶（它無可取代），而是比較平庸的款式。我鬆開束縛我想法的鬆緊帶，打開新的一頁——充滿可能性的空白頁——開始列表。我喜歡列表，我認為列表是深刻的哲學活動。不用相信我的話，去問柏拉圖，他也會列表；他會列舉哲學家之王以及美好人生的特徵，他的學生亞里斯多德更是青出於藍。亞里斯多德是哲學的偉大列表者，熱衷在紊亂的現實加上秩序，創造層層的類別和子類別。

大約兩千年後，美國女性主義作家蘇珊・桑塔格（Susan Sontag）為她長期的列表習慣，做了極有說服力及代表性的理性辯護：「我發覺價值，賦予價值，創造價值，我甚至創造——或說確保——存在。因此，我有做『列表』的強迫欲望。」義大利小說家安伯托・艾可（Umberto Eco）說得更是簡潔：「列表是文化的起源。」

我的列表相形見絀，它並未確保存在或建立文化，而且就我所知，並未發覺價值。但是，它的確有助於圍起我的想法，有助於讓世界，以及我本身合乎道理。還有比這更哲學的嗎？

優秀列表的關鍵，在於做出正確類別。它的範圍必須夠大，足以包括各式各樣的條目；然而又夠小，可以包圍住你的思維。「有史以來最棒的音樂」範圍太廣，而「一九三〇年代芝加哥波裔美人所作最棒的波卡舞曲」又太狹窄。

我看著自己剛在筆記本上做出的列表：我所住過的國家。列表並不長，只有三個條目，卻比其他列表更塑造出我的思考方式，以及我這個人。

列表上的每個國家，都教會我一些重要的事，即使並非出於刻意。印度教會我如何在混亂中找到沉靜；以色列教會我忍耐的重要。這全都是寶貴的教訓，卻都無法和日本相比。日本教會我，什麼叫愛讀書的人，什麼叫頭重腳輕的文字狂熱者，以及運用語言的人；還有，如何該死地閉嘴五分鐘，去感受一種不同的存在方式。日本開拓了我對事物哲學的視野，並觀察到美麗的小事物。

◊

《枕草子》真是個奇怪的書名[24]！大約二十年前，我第一次知道這本書時，我便這麼想。我當時住在東京，擔任NPR的特派記者。它讓我興趣盎然，這本以夜間配件為書名、由一千年前不太有名的京都女官所寫下的奇怪書籍，到底是什麼？它又是如何吸引十個世紀後的讀者？

24《枕草子》英文書名是 The Pillow Book，直譯就是枕頭書。原書的「草子」是採取「冊子」的漢字諧音，「枕」則沒有定論，有「珍貴不願示人」之意，也有直觀的枕頭之意。

我對此書調查的開始和結束都止於此。當時，我忙著提交日本經濟或日本老年化人口的報導，或是搭機去支援印尼或巴基斯坦當地衝突逐漸升高的採訪。我沒有時間，或者說實話，沒那個愛好，去讀一本沒特定寫什麼的千年古書。不過，這本書及該書的想法，還是與我同在，只是降格到腦海外圍地帶，耐心等候我敞開通往市區的空間。

◊

我和《枕草子》依偎在一起時，剛好貼切地把頭枕在枕頭上。我現在在東京澀谷區的一家旅館房間，只是在日本，所謂的「房間」可是見仁見智。

不管是風格還是大小，這「宣稱是房間」的房間都讓我想起船艙。這是空間有效利用的大師之作，據說可以睡三人，但內有玄機。三人都必須保持靜止不動的狀態，任何動作都需要事前協調，就是那種典型出現在總統出訪，或婚前性行為所採用的那種協調。與其說這是房間，不如說更像是隱蔽處。

隱蔽處並未得到公平的應有評價，至少在成年人之間是如此。孩子欣賞好的隱蔽處，並會本能地尋找它們，如果找不到就自行創造。我記得當初還是憂鬱的五歲孩子時，曾把巴爾的摩家中的客廳改造成隱蔽處迷宮；我接起數十條毯子和床單，再用任何拿得到的東西固定，像是椅子、長沙發及狗兒。我當時還太小，無法清楚表達我的動機，但現在，我瞭解到我渴望的是什麼：舒適、驚奇、圈禁、廣闊、安全和冒險的巧妙結合。這些是唯有隱蔽處能夠提供的一切。

我仍舊喜歡隱蔽處，深受幽閉恐懼症的相反所苦（如果這是正確的說法）。我深受狹小空間的吸引，並樂在其中。或許，這就是我如此喜歡日本的原因，因為沒有人像日本人如此空間受限。他們是隱蔽處的人們，會擠進地鐵車廂、酒吧和所謂的旅館房間。引人注目的是，他們雖然如此擁擠，卻不會殘害彼此。

我翻開第一頁，《枕草子》讀起來像私人日記，而且有很好的理由這麼想，因為它確實是私人日記。作者清少納言寫道：「我寫下來，僅僅是為了記錄我本身思考過，及感覺過的個人逍遣事物。」她從未料想到她的文字會被他人閱讀，這也就是大家覺得此書讀來令人開心的原因。《枕草子》以毫不掩飾的誠實想法寫下，而這通常只會出現在匿名和垂死之人筆下。

我翻動書頁，不時調整我的枕頭，並逐漸被吸引到清少納言的世界，深深著迷於她的大膽、對於細節的熱愛——以及她如何在最料想不到的地方發現美。

如《枕草子》這樣的書名非常神祕。為什麼是「枕頭」？或許清少納言把手稿放在床邊，就像枕頭般。或許，她發現這文字含有的安逸感，就像我們在最喜歡的枕頭裡找到的一樣。然而，沒有人知道理由。

《枕草子》不是一本書，至少不是傳統意義的書。它沒有敘事線，沒有重複出現的角色，也沒有最重要的主題。《枕草子》是觀察大小事物（主要是小事）的什錦菜，「是小插曲、意見和軼事的瘋狂拼布被子。」《枕草子》英文版譯者梅瑞迪絲．麥金尼（Meredith McKinney）說道。

這本不是書的書共有二百九十七篇，各篇長度從單一個句子到好幾頁都有。有些轉述京都朝廷的軼事，有些只是武斷的列表，而列表是我的心頭好。我在清少納言身上找到一種同宗的精神，我們是列表盟友。

清少納言拒絕停留在單一條目。她從「精緻高雅的事物」轉到「毫無價值的事」，然後又回到「絕佳的事物」。我們很容易做出她迷失方向的結論，但她沒有。她是採用「隨筆」形式，字面意思就是「隨著筆走」。這是一種不是技巧的日本文學技巧，我認為撰寫一本不是書的書，這是最完美的方式。隨筆作家勇於跟隨直覺，搔撓知識上的癢處，然後又繞回來，但也可能不繞回。作者不強加架構，而是任由架構自己出現。

我認為，我們所有人都該使用更多的隨筆，而且不是只用在寫作上。設定明確目標，貫注所有能量來達成，心理自助書時常這麼建議。這種方式假設我們在旅程開始之前，便已確定目的地。但人生不是這樣進行的，有時直到開始移動，才會知道要去哪裡。所以，從身處的地方開始移動；畫下一筆，看看最後會到哪裡。

清少納言並未描述這個世界，而是描述她的世界，其中沒有中立的觀察。她知道她喜歡和不喜歡什麼；她贊同視角主義，這是千年後的尼采所提倡的哲學理論。世上沒有單一真理，而是有許多個；清少納言說，選一個吧，然後把它變成自己的真理。

困擾我們的，是意見過剩而不是匱乏；儘管你可能會反對這些看法。多虧有社群媒體，大家都能隨時對任何事物發表意見。只是，這些意見受到朋友、「專家」以及最為隱伏的演算法等事物的調解。結果是，我們透過模糊的鏡片看世界；我們堅信的事物其實薄如紙。你喜歡那家新開的壽司店嗎？還是因為人們給它五顆星評價，所以你認為自己會喜歡？泰姬瑪哈陵真的美麗嗎？還是看到那一切令人痴迷的 Instagram 貼文，讓你堅信它很美麗？清少納言奮力確保她的透鏡乾淨清楚，確保她的意見完全是她的意見。

清少納言雖然事事都喜愛，卻有些事讓她覺得不快、心煩、厭惡，甚至是她最終極的發洩：大怒。對於這些事，她寫道：「忙碌的時候，客人來了。沒什麼了不起的平常人，笑容誇張不斷閒扯。狗兒發現前來幽會的情人，不斷吠叫。跳蚤。在你說話時插嘴，還洋洋得意自己做了總結（的確，不管是小孩還是大人，插嘴的人最讓人討厭）。蒼蠅。正想睡覺時，卻有蚊子發出細微嗡嗡聲來襲。除夕當天下了整天的雨。」

清少納言想法武斷，卻也帶著變通。說到梨花，日本人皆覺醜陋，並以它作為貶義，像是

「他的臉像梨花。」但她也提到，中國人卻讚賞梨花，所以「其必定有獨到之處」。的確，更進一步思索後，她認為梨花的確有種美。如果能夠「帶著同情心仔細端詳，或許就會注意到花瓣尖端隱約帶著漂亮光澤」。

和甘地一樣，清少納言難以取悅。「看到別人穿著泛黃白單衣，真讓我受不了。」這種苛求通常讓我很不愉快，但我卻逐漸欣賞清少納言；與其說她挑剔，不如說是敏感。

就像伊比鳩魯，清少納言發明了一種快樂的分類系統。她區分出僅僅的愉快和真正的有趣。「有趣」不同於愉快，它含有驚訝的元素，出乎意料的激動。同時，有趣不像愉快，它不會留下苦澀的餘味。你永遠見不到即將來到的有趣，所以它走時，你也不會想念。

對清少納言來說，最微小的細節也可能打破平衡。她喜歡三重扇骨的扇子，而不喜歡五重扇骨（她說「太厚，而且扇底也不好看」）。天空快下雪的感覺很有趣，但是「如果天空雲層厚重，像是要下雨，就破壞心情了」。她的哲學是「恰好主義」，事物不是恰好，就是完全不好。差之毫釐，可能就失之千里。牛應該要額頭泛白，而貓卻應該全黑，「除了肚子，這裡應該要非常白」。奏樂只在晚間有趣，因為「此時看不到人的面孔」。

對清少納言來說，事物不需要完美才能有趣，但必須值得欣賞。它必須適合氣氛或是季節，也必須和本質一致。因此，「夏天極熱時最佳，冬天則要冷到受不了」。

清少納言發揮所有感官，尤其是嗅覺。「忽然傳來不熟悉的牛背牽鞦帶[25]氣味」、「蓋著微帶汗味的薄衣午睡」，這些都讓她覺得有趣。她喜愛「香架子」，這是一種用來讓衣物沾染特定香氣的木製裝置；而她也喜歡觀看優秀的「香味比試」，看誰能在激烈競爭下，調製出最芬芳的香味。

大部分的哲學家都摒棄氣味。許多大部頭書籍會撰寫視覺美學或音樂哲學，但對氣味卻幾乎沒有隻字片語（康德甚至認為，嗅覺這種感官完全無美學地位）。然而，嗅覺卻是根植最深的感官。六星期大的嬰兒面對女性的氣味，便已展現對母親氣味的強烈偏好。氣味以其他感官無法比擬的方式觸發回憶；遺憾的是，現在嗅覺卻成了討人厭的感官。說東西「有味道」，是暗指其氣味不好；如果東西可疑，我們就會說它「有怪味」。

正如梭羅教導我的，我們只看見我們準備好要看的東西，而大部分的人，都沒怎麼準備要看小事。但清少納言不是，她知道我們的生活，不過是數百萬小小快樂的總合。「刨冰澆上甜漿，以閃亮金屬碗盛之食用。水晶念珠。紫藤花。雪覆梅花。可愛的小孩吃草莓。剛從池塘裡採下的蓮葉。」

25 ox's leather crupper，套住動物尾巴的皮繩，用於防止馬鞍、背帶或其他設備滑動。

清少納言也喜歡櫻花，就和當時及現在的多數日本人一樣。眾所周知，櫻花轉眼即逝，花朵只盛開兩、三天，就開始凋謝。其他花朵，例如梅花，就相當持久。為何要費這麼大的力氣，去培育如此脆弱的東西呢？

佛教的「無常」觀點提供了蛛絲馬跡。生命短暫，我們所知所愛的一切，有朝一日都會消失不見，包括我們自己。大部分的文化畏懼這個事實，有些是忍受它，而日本人是慶祝它。

「人生最珍貴的，就是它的不確定性。」十四世紀的佛教法師吉田兼好寫道。他提議我們多關注即將綻放花朵的枝葉，或是凋零散落的花園，而不是盛開的花朵。櫻花之所以美麗，不在雖然花期短，而是因為花期短。「美存在於自身的消逝。」日本學者唐納德．里奇（Donald Richie）說。

欣賞人生小事及稍縱即逝的樂事，需要放鬆地掌握，抓太緊的話會碎裂。用在梭羅身上的話，同樣也適用於清少納言：「他關注事物，但不是緊抓它們、操控它們、努力想要弄清楚它們是什麼。」

對我而言，這個技巧並非與生俱來。我總是掌握得太緊，總想要弄清楚事物，挖掘底下可能有、也可能沒有的存在。至於無常，它讓我驚駭萬分。

清少納言喜愛許多事物，卻無一比得上紙。她就像一位勃艮第葡萄酒的鑑賞家，曾經回憶雙手撫上「陸奥紙」的時刻。紙和木被視為具有神性的事物，工匠以木頭製出極為珍貴的物品：放置佛經書卷的金漆盒、鑲嵌珍珠母貝的檀木盒、畫屏、鏡了、毛筆、墨水架、樂器，及圍棋盤。即使現今在日本，紙張、木頭和稻草等日常物品，都受到和金子及寶石等奢華物品般的關注和頌揚，有時甚至更多。

清少納言對紙的喜愛，我也能感同身受。每次去東京，我會特意前往銀座的伊東屋。伊東屋是文具行，但這種說法，就好像只稱馬友友為一位提琴手；嚴格說來沒錯，但極為不恰當。伊東屋占地兩棟大樓及十八層樓，簡直是直立的頌歌；這裡有義大利皮革的行程計畫手冊、令人讚嘆的筆記本，以及精緻的筆。每一個人，不管是消費者還是員工，都分享著對觸覺感知的熱愛。沒有人趕你，歡迎拿取玩賞。我可以在伊東屋花上好幾個小時——甚至好幾天！我相信清少納言也可以。

◊

對她來說，有些事物得在原始狀態，才能發現它的有趣。她歡慶頌揚的許多東西都是老舊、磨損——甚至骯髒的。比起小心照料的池塘，她更喜歡「受人忽略而水草蔓生的池塘，月華映照水面，在叢叢綠意間，若隱若現閃動白光」。

日本人把這種對於不完美的喜愛稱為「侘」（wabi）。「侘」就像磨損的和服、櫻花凋落地面，或是「一整套」莎士比亞全集卻少了一、兩本。如果你曾經買過破洞牛仔褲或舊皮革包包，便已向「侘」致敬。

◊

對於一個迅速揭露別人，不論是顯現對方魅力或缺點的人而言，清少納言卻很少在書上透露自己。我們只知道基本資料，她大約生於西元九六六年，入宮侍奉定子皇后，替皇后做任何想要、需要、或日後可能會想要或需要的事。清少納言藉此換來京都皇居的食宿，並得以接觸美的世界。這還不算太壞的安排。

清少納言的世界非常局限，地理上以皇居及鄰近庭園的宮牆為界；而社會上，則是一道隔離貴族及其他人的無形、卻同樣可畏的牆壁。或許，你會認為這般受限的世界，可能會鈍化其中居民的感官，但情況卻正好相反：它加強了人們的感知。清少納言住在隱蔽處，卻是一個美麗的隱蔽處。

我坐在計程車上，前往京都御所[26]，但決定步行完成最後幾個街區。我想要說自己像盧梭一樣專注徒步，但這不是實話，我其實漫不經心地走著，頭腦和腳步搭不上話。

我走進御所和鄰近庭園的牆內，今日的它們一如十世紀時一樣美麗。這是個廣闊的園地，兩旁林立的櫻花樹和橘樹，通往自然融入環境的杉木建築群。

我走著，感受脖子上夏日太陽的熱意，汗水浸溼了我的襯衫，我在腦海中想像清少納言的世界。她生長在平安時代，平安意指和平，交戰派系把劍套上劍鞘，改拿毛筆。這段期間從西元七九四年持續到一一八五年，歷史學家伊凡・莫里斯（Ivan Morris）稱其為「崇拜美的異教」。

我喜歡這個名稱。如果我曾經加入異教崇拜（隨時都有可能，既然我有烏托邦傾向，及證據充分的天真），這個時期正適合我。沒有其他文明（除了文藝復興時期的義大利可能是例外）能像平安時代的日本一樣，對美有極高推崇，並竭盡所能培育美。他們寫詩、奏樂、創造精緻庭園，加入現今為夏威夷科納咖啡和美式足球夢幻賽，所保留的那種專注狂熱。

平安時代的日本內化其藝術衝動，讓它隱而不見，有如設計良好的建築物隱而不見的椽梁及其他支撐架構。生活是藝術，藝術是生活，兩者關係如此密切，無法分隔。當時的日本重視美學體驗勝於抽象推論。比起所知，更重要的是如何觀看、如何聆聽，以及，是的，如何嗅聞。

26 又稱京都皇宮，曾是日本天皇的居所。

平安時代的日本重視所有藝術，但無一能與詩作相提並論。詩作出現在人生每一個里程碑：出生、求愛，甚至是死亡。體面的平安時代紳士，會帶著辭世詩離開人世。好的詩人可以贏得情人芳心，或是升職；而不好的詩人，則會受到無情的嘲笑。

好詩怎麼寫都不夠，而且還得加上優雅包裝。想像你住在西元九七〇年的京都，想送信給別人，那要怎麼做？

首先，必須選定紙。並不是什麼紙都可以，必須擁有「適當厚度、大小、設計及顏色，以符合想要表達的心境，以及當時的季節，甚至是當天的天氣」。然後，嘗試不同文體和毛筆，寫下幾份草稿。等到滿意文字和筆跡後，就以可接受的風格形式摺好，配以適合的花朵枝條或花簇。最後，召來「好看伶俐的傳信人」，派他送往確切地點，再等候回音。你的詩作可能會受到讚許、嘲笑，最糟的是石沉大海，已讀不回並非二十一世紀的發明。

得知這些精緻的詩作儀式後，我忍不住以我們將就的電子郵件儀式來比較。當然，我會選擇字體，或許加上一、兩個表情符號，但從來沒有人問過我電子郵件的香味，或簡訊的香氣。電子郵件很方便，但方便不等同免費，永遠帶有隱藏費用，這是讓親密感消失、且失去美感的「方便稅」。不管是否意識到了，我們都很樂意付這個稅，但平安時代的人們並非如此。

他們會覺得我們冷漠。沒有香味的信件不只欠缺美學，而且有道德疑慮，也就是不道德。在當時的日本——甚至直到現在——美被視為一種美德。道德誠實的人擁有諧和美學，美不只是美好人生，也是好人的基本要素。讓世界更加美麗是一種慷慨無私的行為，而這是一種道德行為，就像勇敢軍人的勇氣、睿智法官的同情心，或像西蒙．韋伊所相信的那樣，懂得關注的人們充滿愛意的心。

清少納言顯然是個機智、有洞察力的作家，但她是哲學家嗎？參考任何歷史上偉大哲學家的綱要，都不會找到她的名字。這可以理解，因為她並未發展出哲學體系，也沒有發明理論來探討宇宙及我們在其中的定位。她對觀念本身並未流露太大的興趣，她為之著迷的是人與事，尤其是美麗的事物。

然而，若哲學家的任務，是如同一名學者所說的「展現事物的另一面」。那麼，清少納言顯然就是哲學家。她對我們展示這個世界，用許多文字訴諸她的世界：看看這個，是不是很棒？如此微小，卻如此美麗。倘若哲學家的任務是如尼采所說，是「增進我們對生活的品味」，清少納言確實是位哲學家。在閱讀她的文字幾小時後，顏色顯得更加生動，食物只會更加美味。

隱含在清少納言哲學之中的，是「我們會成為怎樣的人，很大程度是受到我們選擇環繞自己的事物所塑造」。這是個關於選擇的問題，而哲學家披露我們所做的隱藏選擇。瞭解一件事是出自於選擇，就是做出更好選擇的第一步。如德國作家赫曼．赫塞（Hermann Hesse）說的：「初次摘了一朵小花，好讓工作時能有花兒在身旁，這樣就是往生活中的快樂踏出一步。」

我目前在佛蒙特州，在一張書桌前寫作。我每年夏天都會來這裡，總是同一棟房子，周遭也環繞著同樣的事物。這裡有我的筆電，它的背光鍵盤散發出近乎縹緲的柔和光芒，以及伴隨我打字而來、令人滿足的敲打聲。這裡還有我的咖啡杯，我感受馬克杯的重量，以及在這個季節反常的寒冷夏日中，它溫暖我手的感覺。我感受在我舉杯就口，嘴唇碰觸杯緣，品嘗咖啡的溫暖及愉悅的苦澀時，咖啡液體傳來的輕柔嗖嗖聲。

然後就是書桌本身，它堅固莊重。設計師的意圖嵌入木頭之中，指引了書桌作為特定用途及特定用法。這裡還蘊含書桌的歷史和傳記，因為事物本身也有故事可說。這裡還有流連其中的存在，像是製造書桌的工匠、前任主人、搬它來此的搬運者，還有每週日前來清潔桌面的好心女性。是的，這只是一張書桌，卻含有眾多人士在其中。

◊

跨越數世紀，我讀著《枕草子》，和清少納言目光交會。她的眼神堅毅，打量著我。她看到我的禿頭、皮膚的局部性角化症，以及錯搭的衣服。我可以想像自己出現在這列表上：「但願自己不是這個人」及「哦，我的天，我不能接受」的分類上。當然，她也會見到一個享受和重大觀念搏鬥的人，但一樣，她也不會對我留下深刻印象，因為在此的是一位缺乏美學衝動的人。

她沒錯，我不是講究細節的人。打扮梳理是次要人類做的事，身為有思想的人，我沒時間應付這些瑣事。對於自己的邋遢作風，我有種執拗的驕傲；我相信，智力深度和整潔成反比。我的心思追求廣大，就像加上廣角鏡的相機，它忽略細節，而尋求宏偉及普遍原則。

我的規模主義，幾乎擴展到我人生的每一個角落。我擅長打開食物保鮮盒（大），但忘記蓋上（小）；我記得餵狗（大），但不記得餵貓（小）；我寫書（大），但筆跡糟糕（小）。我從未好好思考我的規模主義——誰有空去理會這種小事？——直到現在。我瞭解到，對細節的漫不經心，會讓你付出代價。它阻礙我、限制我，有一次還幾乎害死我。

青少年時期，我曾經上過飛行課程。就某種程度而言，我的表現還算不錯。「你的大事不錯，但小事不佳。」一次課程結束後，我的飛行教官對我說，我不知道這是恭維或侮辱。我猜想，這視情況而定，要看你有多重視小事。他重視，但我沒有。

有一天，預定課程結束後，我要將飛機開回機坪，然後關上引擎。在我解開肩帶時，他漠不關心地說：「我要下去了，你何不自己來？」

「什麼？」

「你已經準備好了。」

「我準備好了嗎？」

「是的，沒錯。」

那是我的第一次單飛。當時我十六歲，還沒獨自開過車。我用力吸了一口氣。

「艾瑞克，你辦得到。」一個聲音說道，它聽起來相當熟悉，因為是我自己的聲音。

「是，我辦得到。」我回答自己。

「我毫不懷疑。」教官說。「但先讓我下去。」

「哦，好，當然。」

他離開飛機，讓右邊的座椅顯得空洞可怕。我以無線電聯繫地面指揮中心，請求跑道起飛的許可。

「收到，滑向十四號跑道。」清晰分明的回應傳來。

我駕駛飛機到跑道邊，然後進行飛行前確認事項。

襟翼？就定位。

油表？滿格。

高度表？確認。

一切似乎都沒問題。我以無線電回報塔臺，準備起飛。我緩緩往前推動節流閥，爬升空速不錯，引擎動力正常。等等——那個嘎嘎作響的聲音是什麼？

不太對勁，我只有幾秒鐘時間，決定是否要繼續滑行跑道，還是放棄起飛。隨著速度加快，嘎嘎聲也越來越大聲。我抬頭一看，發現門把在開啟位置。

該死，我忘記——那個技術名詞叫什麼？——關上門了。我一手握著操縱桿，伸長另一手拉緊艙門。幾秒鐘後，我升空了。接下來的飛行，就像所有飛行該有的狀況，安然無事。最後，我完成降落。

等我滑行回到機坪，空中交通控制中心一改往常不帶感情的離開通知，輕快地說了一句：「恭喜，艾瑞克。」

「謝謝。」我說，但心中卻一直想著，要是你們知道發生什麼事，要是你們知道的話。

那天晚上回到家後，我在心中重現整個事件。儘管這只是小小的疏忽，僅僅只是門把，卻可能造成大災難。我的教官說得對，我的小事不佳，而小事可能害死你，也可能拯救你。

沒有人比清少納言更清楚此事。一天，定子皇后見到清少納言對著編織精緻的榻榻米欣喜不已時，她說：「最簡單的瑣事也能安慰妳，是嗎？」清少納言並未記下她的回答，但我可以想像她心中的想法：是的，殿下，只是它們不像您認為的那樣瑣碎。

悲傷的感覺很沉重，但或許這是一種錯覺。或許它比我們想像得更輕，或許我們不需要英勇策略，或許人生所謂的瑣碎小事——小事的偉大美麗——可以拯救我們。或許得救之道比我們想像中還近，我們所需要的只是伸出手，或是關上門。

◇

日本「崇拜美的異教」現今是否依稀存在？看一眼黯淡的高樓大廈，以及水泥圍岸的河流，你可能會得到不存在的結論。從這個觀察角度，你想得沒錯，大規模的日本很醜。

不過，從小觀之，一切就變得完全不同。我感覺像是第一次探看顯微鏡的十歲孩童，驚訝於這始終存在的隱藏世界。我看見到處都是「微美麗」：自動販賣機的柔和光澤；御飯糰這種米飯加上魚肉內餡的小三角形，經過仔細包裝，讓海苔維持酥脆到咬下的剎那；日本酒置放在完美木盒裡的玻璃杯送上。

回到往東京奔馳而去的新幹線時，我拿出購物袋中車站店員打包放入的便當。袋子是紙做的，非常美麗，它有堅固的手把，正面有吸引人的設計。我小心翼翼地移出便當，心中感激店員的親切行為。

午餐後，我拿出筆記本書寫。我用英文大寫記下：日本子彈列車，列表。這是好的開始，只是有點太廣泛，我需要讓它更具體、更縮小範圍。關於日本子彈列車的趣事，這樣好多了。

一、列車長輕巧地穿過走道，然後轉身面對乘客鞠躬。二、一名穿著高跟鞋的年輕女性乘客行經走道時，稍顯蹣跚，但最後以芭蕾舞伶般的優雅穩住自己。三、保麗龍咖啡杯的觸感，可列入最堅固厚實的保麗龍杯之林，而杯子散發出讓人不覺燙手的宜人暖意。四、杯子上以英文印著「芳香特快咖啡」，而其中芳香的英文字「aroma」的「o」是咖啡豆形狀。五、越接近東京，景觀越是都市化的模樣，不過這是逐漸地改變，讓這城市顯得沒那麼物質化。六、一塵不染的洗手間。七、出人意料地瞥見海。八、和對向列車交會時的呼嘯聲，速度快到還來不及擔心對撞。九、雨滴滑過車窗的模樣，形成水流，又分成支流，移動輕快，似乎有能動性。

關於搭乘子彈列車的懊惱事。一、當發現到，不，那不是富士山，只是其他沒什麼特別的山時，看到富士山的瞬間興奮，只剩下銳利刺痛的失望。二、本來很開心見到自己隔壁座位是空位，卻在最後時刻，見到彷彿剛下班的相撲力士坐進去。三、陳舊的水藍色座椅。四、即使不是「安靜車廂」，所有乘客依舊安安靜靜，也不會悄悄窺看他人。

在高品質的紙張上，我寫下清單列表——雖然不是陸奧紙，但還是好東西。這是無酸紙，它會存續很長的時間，可能好幾世紀，或許更久，只是並非永遠。我的清單終究會碎裂，並加入其他無常的傷亡名單。這個事實讓我難過，卻沒有擊潰我。這就像搬家卡車、中學畢業典禮、退休派對的悲傷，以及一陣風捲起成堆的落葉，隨葉子舞動出的深秋傷悲。

我們準時抵達東京。很好。我要到酒吧和友人純子會合，而我可不想遲到。那不是尋常的酒吧，而是御宅族酒吧。「御宅族」就是指「宅男」，但只有在日本這個御宅族國度，這個名詞才不像其他地方那般帶有貶義。在某些圈子，御宅族甚至是榮譽徽章。

◊

這裡是火車御宅族的酒吧，訴求對象是火車宅男。在酒吧中央，如新幹線般準時的模型火車不斷移動。這樣的配置很容易流於花招，但這裡沒有。模型火車及其穿過的微型塔看起來很自然，十分有趣。對於設計這個小小火車城鎮的人來說，任何細節都不算小，都很重要。不管是小小商店前的小小招牌，小小停車場上的小小汽車，或是小小道路兩旁的小小灌木，都不嫌小。酒吧本身也很小，只有六到七張圍著中間火車模型的座椅。換句話說，這裡是一個隱蔽處。

純子點了啤酒，而我點了三得利。我的威士忌倒在堅實莊重的玻璃杯裡，散發著沉靜的優雅。酒保面帶微笑，小心翼翼地雕鑿一個冰塊，彷彿它是大衛像，而他就是米開朗基羅。

他工作時，我問了他——還能問什麼？——關於火車的事。他解釋說，小時候，從他的房間看出窗外能見到駛過的火車，在跌跌撞撞的年少時代，這就是個令人安心的存在。大部分的孩子長大後就不再喜歡火車，但他不是。作為不快樂的受薪上班族時，他有空時會漫無目的地搭乘火車。「搭火車讓我感覺快樂寧靜。」他說明。「在火車上，我可以更清楚地思考人生。」

我點點頭，抿了一口威士忌。莊重玻璃杯的可靠感覺、橡木口感及微微甜香，都讓我感覺有趣。而自始至終，我的目光都凝視著眼前的小小美麗世界。

第三部

黃昏

DUSK

⑪ 如何像尼采一樣無悔

Nietzsche

下午兩點四十八分，在瑞士阿爾卑斯山某處，我搭乘著從蘇黎世開往聖莫里茲的瑞士聯邦鐵路九二一號列車。

我的餐桌傳來令人滿意的可靠咔嗒聲，固定就位，很好。我的窗外展現了《海蒂》[27]裡的景觀，高聳入雲的山峰，以及翠綠的原野，很好。幾分鐘後，一個奇怪的遐想闖入我的腦內：這一切都很好，卻太好了。

太好？這可能嗎？人人都喜歡「好」，尤其是美國人。我們彷彿在使用辣椒粉般，不斷在對話中灑上「好」；有時候，我們還會拉長音「很——好」。但是，「好」再多也不夠。當我們習慣性地說：「祝你有個美好的一天。」卻不會加上「但可別太好」。太多的好，就像過多的巧克力甜點，或是太多的愛——理論上可行，但沒有人曾體驗過。

直到現在，經過好幾小時延續不斷的好，我反而渴望砂礫、粗糙，甚至是汙垢。

或許，我已經旅行得太久，變得有一點「椰子」了，我有個朋友用來稱呼這種道路引起的瘋癲狀況。或許真是如此吧，我心想。而隨著列車穿越一個好隧道（我不知道隧道還有好的），我也喚醒我潛在的被虐待狂特質，即將成為徹底的盧梭，暴露我的臀部，邀請別人來狠狠打一頓。

不過，還是有另一個可能性。就在梳著完美髮型的列車服務員，推著擺置完美糕點及完美咖啡的完美手推車，前來詢問她可有效勞之處，得以讓我的旅程更加美好時，我突然福至心靈。思索她的問題時，我心想，或許受苦是美好人生不可或缺的部分。或許，受苦以其扭曲的形式，給予好的影響。

「先生？有我能夠效勞的嗎？」

是的，有，我心裡想。妳可以稍稍毆打我，或用塵土汙泥來弄髒我。傷害我，讓我受苦，拜託。

27 Heidi，德國作家約翰娜．史皮里（Johanna Spyri）一八八〇年出版的兒童文學。日本曾製作成動畫《阿爾卑斯山的少女》，臺灣早期引入時的譯名是《小天使》，而海蒂譯名為「小蓮」。

一百多年前，另一位搭乘瑞士火車的旅客也有類似的想法。他是個失敗的作曲家和詩人，是一個離開少年得志生涯，前往山區居住的學界青年英才，他自稱「精神的氣球航行家」。他頌揚笑聲及舞蹈，以「生活在危險中！」為座右銘。而他，也渴望受苦。

◊

《今天暫時停止》（*Groundhog Day*）是我非常喜愛的電影，超越其他甚多，我必定已看過數十次。《今天暫時停止》是我非常喜愛的電影，超越其他甚多，我必定已看過數十次。《今天暫時停止》是我非常喜愛的電影，超越……

我並非只是觀看這部電影，還跟其神交，吸收其精神。當電影於一九九三年首映時，我就愛上它。早在它成為文化迷因之前、早在人們於對話中使用「迷因」這個字之前，就喜歡上它了。我現在依舊喜歡，而且比往常更加喜歡。

男主角名為菲爾．康諾斯（Phil Connors），是個脾氣不好的電視氣象播報員。他身處賓州的彭蘇塔尼小鎮，再次負責採訪年度的土撥鼠節。菲爾對這項指派的任務不太高興，一有機會，就向認真的工作小組表達他的不悅。菲爾發送報導後，就去睡覺。隔天早上醒來，卻發現今天又是土撥鼠節，這樣的狀況一再又一再地重現。菲爾困在彭蘇塔尼這庶民小鎮，註定要重覆過同個日子，報導同樣乏味的故事，不斷重複。他回應這個困境的態度，先是懷疑，再到放縱、憤怒、欺騙、絕望，以及最終的接受。

電影被歸類為浪漫喜劇，但我認為，《今天暫時停止》是史上最有哲學意味的電影。當菲爾努力解決「永劫回歸」對日子中的幸福和詛咒時，他也在設法解決哲學的重大課題：構成道德行為的是什麼？我們是否擁有自由意志，還是我們的人生是命定的？一個成年男子能吃多少藍莓鬆餅，而不會爆炸？

當我知道這部電影非常近似一世紀前，由德國哲學家弗德里希・尼采（Friedrich Nietzsche）所提出的那套迷人又令人難以置信的理論時，我很高興，卻不訝異。尼采是西方哲學的壞男孩，簡直可說是一個過度聰明、有遠見，讓人無法忽視的不良少年。儘管我們很想摒棄他，說他是瘋子、反猶太人或誤入歧途，但尼采全然不是這樣。他當時是，現在也依舊是一個最誘惑人心、最不可避免的哲學家。

◊

我抵達瑞士的錫爾斯瑪莉亞，比尼采晚了一百二十四年，我看得出他為何喜歡這裡。薑餅屋式的房舍，真實又討人喜愛；空氣清新鮮明，而且就目光所及，全是綿延至天際的阿爾卑斯山。

如果這裡有所謂的瑞士塵土，我倒是找不到證據，因為，就連垃圾桶也乾乾淨淨的。

我從下榻旅館走了幾公尺，便來到尼采住過的小屋。當時，一樓是一家販賣茶葉、香料和其他名產的商店。尼采租下二樓的一個房間，現在它被忠實保存下來，如同尼采當時設有的簡單家具：一張小床、一張小書桌、一張東方地毯，以及一盞煤油燈。

正如我在日本所學到的，簡單未必表示匱乏。簡單可以是美麗的，而這個房間裡，就有一種令人愉快的優雅美學特質。尼采親自選了壁紙，就像清少納言一樣，他在小事上發現美。他寫道：「我們想要成為自己人生的詩人——首要是在最細微、最日常的事物中。」

尼采渴望不變的日常行事。他早起，洗冷水澡，然後，坐下來吃如修道士般的早餐：幾顆生雞蛋、茶、一個比司吉。白天時，他會寫作和散步。在晚上的七點到九點，他就靜靜坐在黑暗之中。真是令人敬佩的僵硬例行日常，但很難說有英雄氣概。我不解，那位哲學的蠻勇之人、精神的氣球航行家到哪裡去了？

在體格上，如同這裡陳列的黑白照片顯示，尼采不算是超級英雄。照片呈現的是留有鬍子的人，而八字鬍還比人搶眼。尼采有一雙又大又深黝的眼睛，給人深刻的印象，而迷人的俄國作家及反傳統者蘿．莎樂美（Lou Salomé）感受尤其深刻。這位後來讓尼采心碎的女性，如此回憶他的眼睛：「完全沒有那種探究及眨動的特質，這會讓許多近視人士看起來不自覺地唐突。」她說，他有缺陷的視力「讓他的五官有種非常特別的魔法，並非反映在針對外在事物的表情變化，而是呈現他內心深處的想法」。然而，如鐵血宰相俾斯麥式的濃密八字鬍，更是加深了尼采的費解難懂。他騙倒眾生，讓大家誤判，將不是真實的他當成他。

尼采是少數頌揚健康是美德的哲學家之一，而他本身卻欠缺珍貴的健康身體。從十三歲開始，尼采便苦於偏頭痛，而這症狀再加上其他疾病，就困擾他一生。他視力不佳，並且逐年惡化，不時的嘔吐發作甚至會一連數小時，讓他有時根本下不了床。

他嘗試過許多醫療處置，但對於一個總是抱持懷疑的人來說，尼采相當容易接受騙人的醫術。有名醫師開出什麼都不吃的處方：不喝水、不喝湯、不吃蔬菜，不吃麵包。換句話說，就是什麼也沒有，只除了施放在尼采耳垂的水蛭。

尼采強烈感受到死亡陰影，而他的爸爸在三十六歲辭世。醫師說死因是「頭腦軟化」（很可能是癌症），而尼采害怕相同命運也在等著他。他的往來書信中，時常提及這迫在眉睫的厄運；他的書，更是以心知來日不多的急切行文風格所寫成。

他近乎超人般多產，從一八七二年到一八八九年間，共出版了十四本書。這些書都賣得不太好，無一例外，尼采還自掏腰包付了幾本書的出版費用。世界當時還沒準備好聆聽這位「錫爾斯隱士」要說的話。

就我個人來說，我會在第三次失敗後就放棄；尼采卻不，他依舊堅持不懈。儘管遭受拒絕及身體病痛，他甚至也沒有放緩腳步。

這棟房子有一間小小的圖書室，收藏尼采的著作及關於尼采的書籍，還有一些樂譜，證明了他曾有過卻夭折的音樂雄心。最吸引我的是信件，他寫了很多提及天氣的信，對於氣象的細微差別極度敏感。不管去哪裡，他都會留意氣溫及氣壓，並記錄降雨及露點。陰天讓他心情鬱悶，他渴求「一個永遠歡樂的天空」。

然而，在錫爾斯瑪莉亞地區，他找到這一片天空。如果真有地方能拯救生命，那麼錫爾斯瑪莉亞就救了尼采一命。沒錯，他仍會頭痛、胃不舒服，但這些病症已逐漸緩和。阿爾卑斯的空氣，也鎮靜了他的神經緊張，他能再次呼吸了。

就在錫爾斯瑪莉亞，他孕育出他最重大的觀念，他宣布「上帝已死」，這是哲學上最為肆無忌憚的主張之一。正是在錫爾斯瑪莉亞這裡，他召喚出他的舞動先知及另一個自我——查拉圖斯特拉，他是下山跟人類分享智慧的波斯先知，而尼采借其之口撰寫了《查拉圖斯特拉如是說》（*Thus Spoke Zarathustra*）。同時也是在錫爾斯瑪莉亞，一種他認為不可能存在的凶猛狂暴，讓他猛然體悟到他最偉大的思想——「思想中的思想」（the thought of thoughts）。

那是在一八八一年的八月，尼采一如往常沿著席爾瓦普拉納湖畔散步，這裡的海拔「超越人類和時間六千呎」。他才剛遇見「一塊巨大的錐型石」，然後這思想中的思想就不請自來，彷彿觀念大地震，促成重新思考宇宙和我們在宇宙的定位，還有由比爾．莫瑞和安蒂．麥道威爾主演的那部偉大劇情片《今天暫時停止》。這觀念又快又狠地擊中他，然後，加熱擴展到難以想像的規模，後來才冷卻凝結成以下文字。

想像在深夜之中，惡魔前來拜訪你，對你說：「你現在過的人生以及生活過的人生，你將必須一再又一再、不限次數地重新活過，其中不會有任何新意。你人生中的每一個痛苦、每一個快樂、每一個想法和嘆息，所有難以形容的小事和大事，都一定會回到你身上，而且一切都按照同樣的連續性及順序——蜘蛛和穿過樹林的月光都是相同的模樣，這個時刻和我也是相同情形。永恆的存在沙漏將一再又一再倒轉——而你會跟著一起，你這沙粒中的沙粒！

尼采說的不是轉世重生，並不是以同樣的靈魂回到不同的身體，而是「同樣的自己」不斷回來。你不會像《今日暫時停止》裡的菲爾一樣，回憶先前的迭代；你也無法像菲爾一樣，編輯你再現的生活。一切以前發生過的事，將以完全相同的方式再次發生，並永遠持續下去。全部都是，即使是你的七年級學校生活。

你會怎麼回應惡魔？尼采問。你會「咬牙切齒咒罵如此說話的惡魔？還是會在惡魔面前鞠躬說：『你是神，這是我所聽過最具神性的事了！』」

尼采稱他的觀點為「永劫回歸」（Eternal Recurrence of the Same），這讓他深深著迷，也深感恐懼。他疾走，實際上已發足狂奔，回到他在錫爾斯瑪莉亞的樸素房間。而接下來幾個月，儘管頭部和眼睛劇烈疼痛，他依然幾乎無法思索其他事。

◊

我醒來，迎接在錫爾斯瑪莉亞的另一天。和昨天一樣，我刷牙，往臉上潑潑冷水。我刮鬍子，並且再度刮傷臉頰。我跌跌撞撞跑下樓到早餐室，這是尼采經常用餐的同一個房間。我見到和昨天及前天一樣的女服務員，她再次忍受我含糊不清地說「早安」，並替我帶位到靠著同一個窗戶的同一張桌子。

在取餐區，我看到同樣的選擇：同樣的 Jarlsberg 乳酪塊，同樣的酥皮可頌，以及同樣的水果沙拉，排列成同樣完美的半圓形。我如同昨天及前天一樣點了咖啡，倒進等量的牛奶。當我起身離去，服務員跟昨天及前天一樣說了「祝你有美好的一天」。而再一次，我心中想著好，但可別太好，卻沒說出口。

我再一次行經櫃檯，和蘿拉問候。和昨天及前天一樣，她今天穿著背帶皮短褲。我走到戶外，進入如昨天及前天一樣的完美瑞士日子，然後啟程走上附近一條健行步道。這和昨天的步道不一樣，而正如比爾．莫瑞在《今天暫時停止》裡面飾演的憤怒角色說的，不一樣很好。我在進行任務，但不是來自上帝（我們殺了祂，尼采提醒我），而是來自尼采的舞蹈先知查拉圖斯特拉。我下定決心要找到那塊巨大石頭，找到尼采首度想像永劫回歸的地方。等到看見它、碰觸它，我希望去思考他當天是怎麼想的——更好的是，去感受他當時的感覺。

我像盧梭般行走，彷彿我擁有全世界的時間。這種感覺很好，不只是我的腳步律動節奏，隨著我進出席爾瓦普拉納湖畔林立的松樹之間，還有陽光和陰影所呈現的交替模樣。土地踩起來柔軟有彈性，有如在與我對話。

我繼續走了又走，雙腳感到疼痛。但我還是走著，不管疼痛地走著，或正因為疼痛而走著。尼采會贊同，並指出我正在鍛鍊我的「權力意志」（will-to-power）。一步一腳印，在成為「Übermensch」（字面意思是「超人」）的道路上，努力克服障礙。

我很想停下來閱讀尼采，但這位哲學家勸阻我：「如果一天不至少花三分之一的時間遠離激情、人類和書本，那如何能成為哲學家？」

他不良的視力成了一種祕密的幸福，讓他脫離書本的暴政。無法看書時，他就走路。他一趟會走上好幾小時，步行相當遠的距離。他說：「別相信不是在戶外及自由運動中出現的想法。」我們用手書寫，但用腳也能寫得好。

◊

「真相皆扭曲。」尼采說，而所有生命也是如此。唯有回顧時，我們才會改正敘事及分配的模式和意義。在這段期間，生命全是曲折急轉；而空白處像是文本的中斷，切開我們的「前自我」和初露頭角的「未來自我」。這些空白處像是遺漏，但並非如此；它們是我們的生命之流，轉移航向的無言過渡和地點。

一個這樣的分歧點，發生在尼采的早期人生。那時，他在萊比錫大學研讀神學，有一天他逛進了一家二手書店。他回憶，當時有一本書特別吸引他，即叔本華的傑作《作為意志和表象的世界》。他買書前通常會猶豫不決，但這次沒有。

尼采一回到家，就坐進沙發，然後「任由精力充沛和陰鬱的天才在我身上運作」。尼采很高興，同時也覺得驚駭。「在此，我見到疾病和健康，流亡和避難，地獄和天堂。」沒多久，他就從神學轉而攻讀語言學，即研究語言和文學的學問。或許，這看起來不像什麼人生的重大時刻，但身為路德教會牧師的兒子及孫子，這件事對尼采來說，意味著一種反叛行為。

尼采出類拔萃，在二十四歲時，就被指派為瑞士巴塞爾大學的古典語言學教授，後來卻證明這段蜜月期很短暫。

他的第一本著作《悲劇的誕生》（*The Birth of Tragedy*）蔑視學術規範，沒有註解、沒有仔細斟酌的枯燥行文。一名老導師稱它是「偏執狂所創作的偽藝術，及非學術性的宗教神祕化作品」。得志少年的光環褪色，學術界喜歡的是聰明的反叛者。

第二個分歧點出現在一八七九年，當時他的健康惡化。有時，他幾乎看不見，並要求學生讀給他聽。此時，哲學已是他的新歡，他也嘗試取得哲學的教授資格，卻失敗了。我想，大部分的人會得過且過，並尋求更好的醫師，和系上的領導分子修補關係，或是與學術界談和，沒有人會離開歐洲最有聲望大學的終身職。

然而，尼采卻離開了。他把事情處理得井井有條，然後對他的出版社扔下了一封短信。「我瀕臨絕望，幾乎沒有任何希望。」他說，然後以全部人寫的英文，為這封信署名為「半瞎的人」。

還有，就是他的戲劇化姿態。他將安穩的教授生涯，換成野生哲學家的生活，只對自己負責，無牽無掛。這是難以置信的勇氣，或說是愚笨無知的行動。猶太裔作家史蒂芬・茨威格（Stefan Zweig）說：「或許，沒有人像尼采這樣，把先前的生活拋開到離自身如此遠。」

和盧梭一樣，尼采也漫遊閒逛，但和盧梭不一樣的是，他的漫步有一種模式、一種節奏。夏天在瑞士，冬天在義大利或南法，而他唯一的財產是他穿的衣服、寫下的紙張，以及用來攜帶它們的大行李箱。

他搭火車旅行。但他討厭火車，討厭沒有暖氣的車廂，討厭它的晃動，因為會讓他嘔吐不已。一天的旅程，卻要用上三天來恢復。

換車讓他暈頭轉向，有時還會搭往錯誤方向。有一次，尼采去拜訪作曲家華格納時，把一個包包忘在火車站，而裡面有一本珍貴的愛默生散文集，以及華格納親筆簽名的歌劇《尼貝龍根的指環》（*Ring des Nibelungen*）。和海明威及勞倫斯一樣，尼采完全無法挽回此事。有時候，損失就是損失了。

◊

我還未找到尼采的「巨大的錐型石」，決定先停下腳步閱讀，我確信他會諒解這樣的反叛行為。我看到一張長凳，便坐下來打開尼采的《快樂的科學》（*The Joyful Wisdom*），它有時會譯成《歡愉的智慧》。只看了幾句話，我就瞭解到尼采不是在和我說話，而是在對著我吶喊！如果蘇格拉底是問號哲學家，那麼尼采就是驚嘆號哲學家。他喜歡驚嘆號！有時還會一連用上兩、三個!!!

閱讀尼采，既愉快，又覺得負擔。愉快是因為他的文筆清楚簡潔，令人耳目一新，可與叔本華相提並論。他的行文，帶著青少年訴說重要事物時毫不掩飾的熱情，他的寫作方式，像是他的生命完全取決於「寫作」這件事。

尼采認為哲學應該是有趣的，於是他採取戲謔有趣的辛辣風格。他說，每個事實都應該伴隨著至少一個笑聲。他擺弄觀念和文學技巧，並以格言、童謠和歌曲方式書寫。而他最為著名的創作《查拉圖斯特拉如是說》，更是採用仿造聖經的筆調。他簡短明快的句子，感覺能在推特上如魚得水。

讀尼采之所以是負擔，是因為他和蘇格拉底一樣，都要求我們質疑根深蒂固的信仰，而這向來不是愉快的事。我一直認定，哲學是由確實的道理及冰冷的邏輯所驅動。如果說盧梭削弱了這樣的信仰，那尼采則是摧毀了它。書頁裡充斥著對於衝動和非理性的一種平靜頌揚（有時也不是那麼平靜）。對尼采來說，在通往邏輯的道路上，情緒不會讓人分心，也不會讓人繞道；它們是目的地。賢者是非理性的，而最為崇高者「屈服於衝動。在其最好的時刻之中，他的理性完全消逝」。

盧梭擁抱心臟，而尼采的目標則較低。他是內臟的哲學家，學者羅伯特．索羅門說，這個地方是「懷疑和反叛滋長的所在。這個身體部位無法僅靠著有效論點或教授權威來馴服」。

尼采並不喜歡純粹抽象的思想，他認為，這種模糊反思從來不曾啟發任何人做任何事。「我們必須學會採取不同的思考……不同的感覺。」他說。尼采承受著一種情感的聯覺（synesthesia），就像我們大部分的人用本能在感覺，他使用的是本能在思考，而且強烈到不完全在他自己的掌控之中。尼采不是構思觀念，而是誕生觀念。

我沉浸在他緊湊的文字之中，可能還來到「心流」邊緣，此時，我感覺到一種存在。我抬起頭，看到一隻蝴蝶。牠降落在尼采的書上，金棕色翅膀在第二〇七頁上鼓動。我不知道該怎麼做，很想為牠拍張照片，卻又怕驚動蝴蝶。而且，記錄這個時刻，就像是體驗這個時刻的拙劣替代品。

蝴蝶停留的章節叫作〈見到一本博學的書〉（At the Sight of a Learned Book），挑得好，這是典型的尼采。「我們對於書本、人或音樂價值的第一個問題是：它管用嗎？或者再好一點：它會跳舞嗎？」

有些哲學家會震驚，許多會想爭論，有一些會得到啟發，只有尼采會跳舞。對他來說，沒有比跳舞更能表達熱情和「命運之愛」（amor fati）了。他寫道：「我只相信知道如何跳舞的神。」尼采的查特圖斯特拉熱烈狂野地舞動，甚至沒有絲毫自我意識。

尼采說，每一個優秀哲學家的精神，就是舞者的精神，但不一定是位好舞者。他說：「寧可笨拙地跳舞，也不要一瘸一拐地行走。」而他也這麼做了。他在舞池上，甚至跳不出幾步像樣的舞步。那就這樣吧，優秀的哲學家和優秀的舞者一樣，都很樂意出糗的。

尼采的哲學舞動得極好，它富於節奏，在書頁上蹦跳、滑動，有時也像是太空漫步。就像舞蹈沒有目的一樣——舞蹈本身就是目的——尼采的哲學也一樣。對尼采而言，舞蹈和思考移往相似的目標，就是「頌揚人生」。他並未試著證明任何事，他只是想要你以不同角度，看這個世界及你自己。

和藝術家一樣，像尼采這樣的哲學家會交給我一副眼鏡，然後說：「透過這個看世界，你是否看到我所看見的？是否很不可思議？」我們所看到的東西，從科學角度來說，可能為真也可能不為真，但這不是重點。哲學家傳達的真理，不是科學家的，而是藝術家或小說家的真理。這是一種「彷彿」的處理手法，看世界時，要以彷彿有另一層次的現實觀看，即表面下還有一個本體。度過人生時，要以彷彿它會無止盡地重複。看看會發生什麼事？以這樣的方式看世界，是否照亮了你的世界？以不同的方式看世界——甚至是採取「不正確」的其他方式，如梭羅彎腰從腿間窺看——將會豐富你的生活。

蝴蝶飛走了，牠的金棕翅膀翩翩舞向天空，而我再次出發，沿著湖邊漫步。空氣稀薄涼爽，我看出為何尼采渴望這樣的天氣；暖空氣讓心靈遲鈍，而冷空氣讓心靈清晰。我已經走了好幾公里，但還是不見尼采的巨大錐型石。我四處張望，查找它應該在哪裡，又應該不會在哪裡。但我一無所獲，於是我循原路回去，兩次，而且我痛恨走原路，但仍沒看到。我感到精疲力竭，考慮放棄，但不，我必須堅持不懈，尼采的權力意志要求我如此。他被情人拒絕、被讀者忽略時都沒有放棄了，而我也不會。

◊

尼采不是第一個提出宇宙重複其本身的人，大約二千五百年前的希臘哲學家畢達哥拉斯已有類似假設，而印度的吠陀甚至更早。尼采當然知道這些理論，就像馬可·奧理略，他是智慧的清道夫，把心靈投射得更遠更廣。

尼采想把這觀念繼續擴展，想把永劫回歸從荒誕轉變成為科學。有好幾天、好幾星期，他不斷在筆記匆匆記下可能的「證據」。他在其中一個筆記，把宇宙比擬成一對骰子，骰子有許多種組成，而終究會全部擲出來。而井字遊戲中，還有更多組合結果，總共有兩萬六千八百三十種。這是很大的數字，但仍舊有限。最後，一步一步地實驗，每一個遊戲的結果都會重複。在西洋棋中，有更多種比賽結果：十的一百二十次方（一後面一百二十個零）。這是大到難以想像的數字，不過，依舊有限。它可能會花上非常漫長的時間，但兩名棋手終究會走出可能的每一步組合、每一種棋賽結果。就某方面來說，宇宙也是一場大而複雜的對奕，一切終究會重複。

不過，尼采的信念就只是這樣——由古老神話，加上迷人但可疑的數據，或可能性所支撐的假設。尼采始終不覺得，自己有足夠的信心來出版這些筆記，而現今大部分的物理學家都駁斥永劫回歸，認為它是小說而非科學。

尼采說，其中還有一種可能性。或許，證據問題並不重要；缺乏科學證據讓永劫回歸這種「不可能的假設」，依舊引人入勝。「即使是想到一種可能性，也會粉碎及改造我們。」他說，同時提及基督教的「地獄永罰觀念」。地獄或許不是真的，但地獄想法卻提供了動力。我們用不著證明永劫回歸，才能表現得它好像是真的，然後靜候會有什麼事情發生。

試想羅伯特·索羅門的例子。在一九六〇年代，他是密西根大學一個「不快樂的一年級醫學生」。他一時興起，決定修一門叫作「哲學與文學」的課程。當教授介紹尼采的永劫回歸時，索羅門大為困惑。它捲起猛烈的情緒和思考「旋風」，還有懷疑。他真的想一再又一再、永遠永遠過著這樣不快樂的人生嗎？這對他來說，彷彿是特別熾熱的地獄。

上完課後，索羅門離開醫學院，轉而追求哲學生涯，最後，成為世界上頂尖的尼采學者之一。而這是一個他未曾後悔過的決定。

永劫回歸是一種思想實驗，一種存在壓力的測試。當它出現在人生的快樂時刻，我們輕易就通過測驗。例如，我們很樂意再次經歷吃冰淇淋聖代，或終場哨音時投入致勝三分球的時刻。《今天暫時停止》裡的男主角菲爾，對於彭蘇塔尼小鎮的困境感到絕望，於是思索：「我曾經去過維京群島，認識了一個女孩。我們一起吃了龍蝦，喝了鳳梨可樂達。夕陽西下時，我們有如海獺般做愛。那是非常美好的一天，我為什麼不能一再又一再重過那一天？」

永劫回歸不是那樣運作的，不是全有，就是全無，是一種同捆交易。你的人生會確實以同樣的方式重複，尼采指出：「全都一樣，不會提前，不會延後，永恆不變。」不容許編輯，這整個人生你必須重新來過，包括所有缺點及冗長對話，如導演剪輯版的人生。尼采知道，這種設想會讓你局促不安，因為他知道你會想要修訂人生、剪去某些場景，加上其他場景，幾個地方要修片，並雇用替身。

我很想回到我首次單獨飛行的那天，但這次我會在起飛前關好駕駛艙門。我願意付出一切，好回到某個在芝加哥的晚上，當時我和六歲女兒一起旅行。天色已晚，她很想睡，而有時當孩子想睡覺時，深藏的恐懼就會浮出水面。在我們走路時，她看著我問：「你真的是我爸爸嗎？」

身為養父，我有機會提出一個深情及讓人安心的答案。但是，出於我至今仍不明所以的理由，我卻做出乾脆冷漠的回答。「當然是。」我厲聲說。「妳怎麼會問這種事？」這讓她很受傷，眼睛盈滿了淚水，我搞砸了。要是我能夠再經歷一遍那個時刻，這一次，我會用愛回答她。

「不。不能編輯。你都沒在聽嗎？以每一個細節證實你整個人生，不然就是全無，毫無例外。」尼采說。

難怪，尼采會稱永劫回歸是「最沉重的負擔」。沒有事物比永恆更沉重，如果一切都無限回歸發生，那麼就沒有輕淺時刻，也沒有瑣事。每個時刻，不管多麼無關緊要，都和其他事擁有同樣的重量和質量。「所有行動都一樣偉大和渺小。」

將永劫回歸想像成對自己的每日簽到表：你現在是過著想要的人生嗎？你確定想要喝那瓶龍舌蘭，忍受無窮的宿醉嗎？永劫回歸需要我們無情地審核我們的人生，然後詢問：什麼值得永恆？

有一種瞭解永劫回歸的做法，就是採用學者所謂的「婚姻測試」。想像自己剛離婚，剛結束一段長時間的婚姻。現在你知道一切了，那你會再次說「好」嗎？

這個測試還不壞，但我還發明了另一個「青少年測試」。回家後，我和女兒共進晚餐，在談論科展和足球行程之間，我解釋了尼采的永劫回歸。她是怎麼想的？她會報名嗎？

桑雅知道她喜歡什麼、不喜歡什麼。她不喜歡尼采的永劫回歸，並立刻宣布這是「反社會的觀念」，她絕對不想人生永遠重現。「想想那會有多悲慘，陷在無窮迴圈裡。每個人都曾在人生中犯下大錯——我還沒有，但我知道這必然會發生——所以想像一再又一再重新經歷，就像想像被斧頭殺手給謀殺了。你想不斷重新經歷它嗎？要是你得了癌症呢？還想再過一次嗎？」

「說得好。」我說，然後表達尼采的答辯。「但人生的美好事物呢？像是演唱會、朋友和雞塊呢？這些事物難道不能彌補不好的事嗎？」

「不能。」她斬釘截鐵。「沒有人的人生會那麼好，我的人生沒有任何事，可以讓我想要再次經歷可能出現的壞事。」

我發現自己陷入不習慣的狀態：靜默。我沒有反駁，人生不好的時刻的確像是強過美好時刻。相較於化療的痛苦，巧克力甜點的快樂就黯淡了。還是說，尼采知道桑雅及我們其他人所不知道的事呢？

◊

如果有人有理由全力成為叔本華，並做出結論，說我們都住在「所有可能世界中最糟糕的一個」，那就是尼采。但他沒有，在其過於短暫的坎坷人生即將結束時，他宣稱自己感激這一次，並且衷心加上一句「Da capo!」（再一次）。

受苦是不可避免的，這用不著哲學家來告訴你這件事，但我們如何受苦、因何事而受苦，比我們原本認為的還要重要。我們是否經歷著尼采說的「本質受苦」？或是其他事，其他比較不那麼受苦的事？我們是否只是容忍受苦，還是看重受苦本身呢？

尼采不是受虐狂，但他認為受苦是美好人生的要素之一，是一種學習的手段。他說：「唯有受苦能通往知識。」受苦是我們未曾徵求的召喚，卻無論如何一定要回答。我們的回應方式是藉著麻木自己，還是如叔本華的建議，撤回到藝術及禁欲主義？我們是否藉由更深入地參與世界，來回應「受苦」這件事？甚至要膽大妄為？尼采稱這是「戴奧尼索斯式」（Dionysian）的選擇，以喜歡酒、戲劇和人生的希臘神祇命名。他表示：「我想要學習越來越多東西，以便把事物的必要部分視為美好，這樣我就能成為讓事情美好的人們之一。」他說，你不要「雖然」受苦仍熱愛人生，而要「正因為」受苦而熱愛人生。

我認為，尼采在一八八三年寫給他妹妹的信中，對於受苦在其人生所扮演的角色，提供了最真誠的解釋。「我所承受的極度身體苦痛所有的意義，就在於僅僅是多虧了它們，我就被扯離我人生原本的任務規畫。而這任務不只大錯特錯，並且低級了一百倍。有些粗暴手段是必要的，才能把我召回到自己……那是一種最高位的自我克服行為。」

我尤其喜歡其中一句話：把我召回到自己。尼采說，用不著放眼外在尋求意義，也用不著探索內在。抬起頭。「你真正的存在，不是封閉在你的內心深處，而是難以測量地高於你之上，或是至少高於被你通常視為『我』的東西之上。」
永劫回歸剝除了我們的錯覺，證明我們的成就是謊言。你剛完成了重大交易，寫完一本書，得到升職？恭喜！只是，現在這些事早已消逝，你必須再來過。一次又一次，永永遠遠。我們全都是希臘神話的可憐蟲薛西弗斯，他被眾神懲罰去推動巨石上山頂，但每次到達時，卻只能見巨石又滾落，永世不斷。我回想起，在紐澤西州蒙特克萊市的那個露臺上，我的朋友珍妮佛所提出的問題：「成功長什麼樣子？」我知道尼采會怎麼回答：成功就是「徹底接受你的命運」，就是快樂的薛西佛斯。

◊

和許多哲學家一樣，尼采比較擅長提供智慧，勝於遵行智慧。「在正確的時候死去。」他這麼說，卻沒做到。他死得太早——也太遲了。

一八八九年，在義大利杜林市，尼采見到有個男人在鞭打馬兒。他衝向馬兒，並抱住牠——然後就昏倒了。尼采最後的知覺行動，是嘗試去緩和另一種生物的受苦，等他醒來時，他就瘋了。他開始用「戴奧尼索斯」簽名信件，並表示自己是神。

擔心不已的友人出面帶尼采回德國家中，但尼采已失去行為能力，這很可能是因為梅毒的關係。才四十四歲，他就再也沒寫出任何文字。接下來的十年間，家人照顧他，先是他的母親，當母親死掉後換成他妹妹。此時，儘管他已經緘默，他的名聲還是逐年增漲。

令人悲傷的是，就是這個身心交瘁且神智不清的尼采，在照片中永垂不朽，並且被他充滿野心、且反猶太人的妹妹利用。尼采的妹妹濫用他的遺產，造成希特勒唯利是圖地擁抱尼采。

當尼采昏倒時，他正在寫一本名為《重估所有價值》（*The Revaluation of All Values*，暫譯）的書。書名笨重，但想法深遠，要是他能寫完這本書的話，可能會對永劫回歸提出重要洞見。如果我們的人生——實際上是整個宇宙——確實重複的話，我們控制了什麼？尼采認為，不是我們的行動，而是我們的態度。他的哲學就其核心來說，是「在一個完全不確定的世界中，重新定位自己的實驗」。通常，我們會逃離不確定，而奔往確定。但尼采說，這並非不可改變的事實。它是一種價值，而我們重視的一切都可以重新評估。

我們可以選擇不處於確定之中，而是在其對立之物中找到喜悅。一旦我們這麼做，人生對我們而言，感覺就不一樣了——儘管在局外人的觀點中，仍然是相同的人生。在不確定中找尋喜悅，讓辦公室的喧譁成為慶祝的原因，別讓它成為當天結束時切齒抱怨，甚至多喝一杯紅酒來澆愁的原因。在不確定中找尋喜悅，即使是疾病，儘管身體仍舊疼痛，也已經不再可怕。這種看法的改變雖然細微，卻意義重大，讓世界看起來不一樣了。尼采承認，這樣的重新定位並不容易，卻有可能——而且，除了探索此前夢想不到的可能性，還有什麼是哲學？

我的散步行程最後以失敗收場。儘管不斷搜尋，甚至一再回頭尋找，我還是沒找到錐形石。哦，當然，總是有明天。此時，我想起《今天暫時停止》中菲爾說的話：「要是沒有明天呢？今天就沒有。」

◊

在永劫回歸中，每一個明天都是今天，而每一個今天都是明天。我將會無限次行走同樣的步道；在好萊塢版本，我可以修正道路、進行大大小小的調整，直到找到錐形石，得到那女孩，一切安好。就這樣，然後就可以上演員表了。

只是，尼采的永劫回歸不提供這種快樂結局。是的，我將會行走同樣的步道，一次又一次，但不會有偏差。我將會選擇同一張長凳，遇到相樣的蝴蝶，我將會尋找，但不會找到尼采的錐形石。每一次都這樣，永遠都這樣。

你能接受永無止盡的失敗嗎？尼采問。不只如此，你能擁抱它嗎？你能愛它嗎？

要愛一顆找不到的石頭，當然可以。關於人生更大的失望，像是搞砸工作面談、拙劣的育兒情況，靠不住的友人等，我就不太確定了。我可以讓自己安於它們的存在，甚至接受它們。但是愛它們？這要求真的太大了。我還沒到達那裡，或許我永遠到不了，不管我和宇宙重複多少次。

《今天暫時停止》被列為喜劇有個原因：如果我們的確永遠永遠、以完全一樣的方式，一再又一再度過完全一樣的人生，那麼除了笑之外，我們還能做什麼？

更好的選擇，是跳舞。別等待理由才跳舞，就直接跳舞吧。彷彿沒有人在觀看那樣，狂熱地跳、恣意地跳。如果人生美好，就跳舞；如果人生令人難過，也跳舞。而當你的時間到了，舞蹈結束了，那麼就說——不，請用吶喊的——「Da capo!」再一次，又再一次。

⑫ 如何像愛比克泰德一樣應對人生

Epictetus

下午五點四十八分，馬里蘭州某處，我搭乘著從華府經由芝加哥到丹佛的美國國鐵首都特快號列車。

我們的行程展開還不到三十分鐘，火車就停住了。我們等待，再等待。我非常不耐煩，心知自己讓西蒙．韋伊失望了，但我就是控制不了自己。

讓我如此惱怒的不是等待，而是不知道原因是什麼。是鐵軌上有倒塌的樹木？是要讓運貨列車先行？還是核子攻擊即將到來了？我看著手錶，彷彿上面有答案（並沒有）。我坐立難安，看看手錶，又更加坐立難安。

我擔心我們要在這裡坐上好幾小時，我便會和芝加哥失去聯繫。這不好，一點也不好。

我認定，這個狀況讓人苦惱，於是我便苦惱了。

我意識到美就在我窗外：栗樹林立，沿著切薩皮克和俄亥俄運河，山茱萸綻放著，而上方是一片湛藍的天空。只是，我並未享受美景，因為這樣會妨礙我的苦惱。我需要幫助，我需要斯多噶哲學營。

看到那張廣告時，我就瞭解這一點。廣告是黑白的，毫不顯眼，沒有花俏的圖繪。上面寫著：「逃離紛擾，前往雪山山麓紫營，得到『斯多噶寧靜』的感覺。」

我們再度移動了，或許我的煩惱毫無意義，也或許，它並非微不足道的能量推動我們前進。我一直相信，是我的苦惱讓世界凝聚在一起，要是我停下來，哪怕只是一秒鐘，宇宙也會停止存在。

我和芝加哥又產生聯繫了，沒多久，我們就開始往西行，前往丹佛，最後到達懷俄明的雪山山脈。美國國鐵前往許多地方，但不會到懷俄明州的拉勒米。最後一段路，我必須搭乘公車。只是，當我們抵達丹佛聯合車站時，卻不見公車蹤跡。我又本能地小題大作，開始苦惱。公車拋下我離開了，還是說它不存在，根本從未存在，也永遠不會存在了。

感覺像是過了好幾個小時，但可能只有十二分鐘的時間，公車到了。我上了公車，找到後方的座位。就像火車一樣，我們移動，橫越空間。只是，這並不相同。

「依循自然而生活」是斯多噶派的常見勸誡，斯多噶營的籌辦人士按照字面意義接受了這個忠告。營地依偎在濃密的懷俄明森林裡，距離最近的城鎮好幾公里，而那也不太能說是城鎮——不過是一個加油站和三個酒吧。

◊

我們這些斯多噶營隊成員聚集在主屋，準備參加說明會。這是一個廣闊的空間，有高高的天花板，一端設有紮實沉穩的壁爐，即便現在已是五月下旬，我們仍很需要它，據說此時還會下雪。一個巨大麋鹿標本在牆面上俯視我們，主屋所謂的家具，是由如大雜燴般的不成套長沙發和塑膠硬椅所組成——這是會讓清少納言不高興的不和諧美感。如果讓滑雪小屋搭配最低規格的監獄，成果就會是這樣子。

我們是怪異的一群人，是斯多噶營的隊員。葛瑞格三十出頭，是一個來自紐約的數位產品企業家；亞歷山大是個活潑的德國顧問；還有幾名懷俄明大學的研究生，這些認真的年輕男女因為存在——因為存在的想法——看起來非常痛苦；而且每當休息時間，不管天氣如何，他們都會衝出戶外抽菸。然後，就是我們這些被取了「灰鬍子」綽號，正好及時被斯多噶主義吸引的人。

我們圍成一圈聚在一起，形成哲學即興討論和團體療法的通用幾何圖形，啜飲保麗龍杯裡的咖啡。一個如小天使般的肥胖男子宣布開會，羅柏．柯特是個中年人，有著令人印象深刻的啤酒肚，留著山羊鬍，眼睛靈活銳利。他看起來像是上了年紀、褲腰低到臀部的耶誕老人。在傳達深刻事物時，就會輕撫他的山羊鬍，而這種事倒是時常出現。

「歡迎各位。」羅柏說，語氣並未透露過多情緒。「如果有看過天氣預報，就會知道我們的斯多噶能力將受到挑戰。」現在是五月底，預報卻仍說會下雪，而且是大雪。我很憂慮，我打包的是應對春天的行李，不是冬天。而且斯多噶營結束之後，我還要趕上另一個飛機行程。

羅柏就像他喜愛的哲學一樣充滿矛盾，他閱讀古希臘以及飛蠅釣魚法[28]。他愛好戶外的健康生活，卻坦承有一種「熊貓快餐[29]的問題」。他對哲學有深刻的瞭解，卻也不畏懼承認無知。被問到特別棘手的問題時，他會如此說道：「我不知道，我得好好想一想。」我喜歡羅柏這個人。

幾年前，他察覺到世人對斯多噶主義的興趣激增。「然後我心想，很好，斯多噶的格言是『依循自然而生活』。然後，嘿，我們這裡周遭就深處人自然中。」他向大學的同儕哲學家提出這個「懷俄明斯多噶營」的想法，結果得到哲學式的回應：「這主意真是該死的太瘋了，絕對行

---

28 以栩栩如生的昆蟲造型毛鉤吸引魚的釣魚方式，使之誤認為是蠅蟲而跳躍上鉤。
29 Panda Express，美國的中式速食連鎖店。

不通，但儘管放手去試吧。」所以他就試了，然後我們就來到這裡了。

羅柏告訴我們，他是怎麼愛上斯多噶主義的。那是在一九九〇年代，他在芝加哥研讀哲學，那裡可是「真實柏拉圖現場」的大本營。羅柏研究蘇格拉底及其門生亞里斯多德，不是因為他喜歡他們的想法，而是因為，這是認真的哲學學生做的事。「他們是真實的哲學家，該死。」他揮拳表示強調。當然，他也知道其他哲學家，如伊比鳩魯、犬儒學派，是的，還有斯多噶學派。但這些不是「真實的」哲學家，或者說他是這麼認為。

在不同的時代，不同的哲學家會吸引到不同的人。梭羅的反叛精神吸引青少年；尼采噴火般的格言吸引年輕成年人；存在主義強調自由，吸引到了中年人；斯多噶主義則是老年人的哲學。這派哲學也是為了已經歷幾場戰事、曾遭遇一些挫折、知曉一些損失的人而存在。這派哲學，也是為了因應人生大大小小的艱辛時期：痛苦、疾病、被拒絕、令人生氣的老闆、皮膚乾燥、塞車、卡債、當眾受辱、火車誤點，以及死亡。被視為斯多噶始祖的第歐根尼，曾被問到從哲學中學到什麼，而他回答：「為每一個運氣做好準備。」

誰料想得到，斯多噶主義起源是來自一個船難事件，並且在古希臘的劇變中成長，在羅馬帝國的混亂期間茁壯。該學說最為著名的實踐者形形色色，有被流放的、被處死、致殘的，或是飽受奚落的人。然而，如同奧理略本身也是斯多噶，他們也同時是極為成功的人。

近來的追隨者，則包括美國戰爭英雄和總統。斯多噶的脈絡貫穿了美國歷史：從喬治．華盛頓（George Washington）、約翰．亞當斯（John Adams）等建國元老，到富蘭克林．羅斯福（Franklin Roosevelt），以及最近的比爾．柯林頓（Bill Clinton）。羅斯福曾說過一句名言：「我們唯一值得恐懼的，就是恐懼本身。」這表達了典型的斯多噶想法，而柯林頓則認為奧理略的《沉思錄》是傑出的智慧著作，是他最喜歡的書之一。

「智慧」是人人都知道，卻無人能給予定義的字詞之一。心理學家艱苦努力了好幾十年，想要確定有效的定義。一九八〇年代，柏林的馬克斯．普蘭克人類發展研究所中，有一群研究員坐下來討論，一錘定音。柏林智慧計畫確定了界定「智慧」的五項準則：**事實知識、程序知識、終身語境主義、價值相對主義，以及不確定事物的管理**。

我認為，最後一項準則最為重要。我們身處演算法和人工智慧的年代，這似乎暗中承諾要幫我們管理不確定的事物。要說當代有什麼不同，那就是比起過去，人生感覺更難預測及混亂。

這就是斯多噶主義閃耀的地方，該哲學的核心教誨——改變你所能改變的，接受你所不能改變的——在動盪的時期尤為吸引人。斯多噶主義提供了方向及前進的道路，閱讀了奧理略的文章後，我瞭解到這一點。而我所不瞭解的是，這派哲學有多麼艱苦，又同時很有趣。

斯多噶主義是艱苦時期的哲學，出自於災難之中。大約西元前三百年，一名叫「芝諾」（Zeno）的腓尼基商人，航行前往比雷埃夫斯的雅典港口。他的船翻覆，珍貴的紫色染料貨品全沒了。他在船難中倖存了，最後在身心交瘁中到達雅典。有一天，他偶爾發現了蘇格拉底的傳記，而那時蘇格拉底早已死去多時。

◇

芝諾問書商：「我該去哪裡找到這樣的人？」

「跟著那個人。」對方指著一個衣衫襤褸、剛好經過的雅典人說道。

那是犬儒主義的「克拉提斯」（Crates）。犬儒主義者可說是古代的嬉皮，他們過著簡樸的生活，一無所有，並且質疑權威。芝諾發現犬儒主義者的乖張，某種程度令人欽佩。他認為，匱乏是一種全面性的哲學，所以他建立了自己的學派。

芝諾在「stoa poikile」開業。「stoa poikile」字面上意義為「繪畫柱廊」，是人們前來購物、做生意以及談話的長石柱廊。在描繪真實及神話戰役的壁畫之間，芝諾充滿活力地走動，發表他的演說。他們總是聚集在柱廊（stoa）旁，這些哲學家於是被稱為「斯多噶學派」（Stoics）。

和安頓在自身花園牆內的伊比鳩魯學派不同，斯多噶學派是公開實踐他們的哲學，在商人、司祭、妓女以及任何行經的人面前進行。對斯多噶主義者而言，哲學是公開的行為，他們從不躲避政治。

到了晚年，芝諾很喜歡笑稱：「當我遇上船難時，有過很好的航行旅程。」這將成為斯多噶主義的重要中心思想：逆境中存在著力量與成長。如羅馬時代元老暨斯多噶哲學家塞內卡所說：「樹木必須經過多次強風襲擊，才能紮根茁壯。因為每次搖蕩都讓它抓力增加，更加穩固紮根……災難是美德的機會。」

◊

在斯多噶營的第一天，我發現我對斯多噶主義原先的想法全錯了。斯多噶學派冷酷無情的刻板印象，就和伊比鳩魯學派喜愛吃喝一樣錯誤。斯多噶並非冷漠無情、並未壓抑強烈感情，而是在內心顫抖時擺出勇敢的面容。斯多噶並非拋棄所有情緒，而是只針對負面情緒：焦慮、恐懼、嫉妒、怒氣或其他「激情」（也就是「pathe」，最接近「情緒」的古希臘字詞）。

斯多噶學派不是沉悶無趣的機器人，不是電視劇《星際迷航記》裡的史巴克先生。忍受人生不好的事，他們不會只是以僵硬的上唇或其他身體部位來應對。羅柏說：「那並不糟糕，也沒有什麼事物需要我們忍受。」

斯多噶學派不是悲觀主義者，他們相信萬物發生必有其道理，是一個徹底理性秩序的結果。和脾氣暴躁的叔本華不一樣，他們相信我們生活在所有可能世界中最好的一個，也是唯一的可能世界。斯多噶學派不只認為玻璃杯半滿，而是認為自己能擁有玻璃杯這件事，就是一個奇蹟——這難道不美麗嗎？他思索玻璃杯消逝，碎成上百片，對此甚至更為欣賞。他想像自己從未擁有這個玻璃杯的人生，想像朋友的玻璃杯破了，以及他所提供的安慰。他和別人分享他美麗的玻璃杯，因為他們也是邏各斯（logos）的一部分，即「理性秩序」的一部分。

萊特州立大學哲學教授、同時也是斯多噶實踐者的威廉·厄文（William Irvine）指出，「快樂的斯多噶」不是矛盾語。他解釋說：「實踐斯多噶主義，使我們容易會有歡樂情緒的小小爆發。我們對於自己成為這樣的人，在剛好居住的這個宇宙中過著這樣的生活，將會出人意料地感到快樂。」我承認，這聽起來很吸引人。

斯多噶學派並不自私，他們幫助別人——不是出於多愁善感或憐憫，而是因為這樣做符合理性，就像手指幫忙手一樣。他們也很樂意在幫助他人時，忍受不適甚至是痛苦。

斯多噶的利他主義有時不帶感情，但它異常有效。我的朋友凱倫就是一位斯多噶，雖然她並不自知。第一次遇見她時，是在耶路撒冷，當時我們都是記者。耶城有很多流浪貓，比大部分地方都還多。見到這些貓科動物邋遢骯髒、毛皮糾纏、傷痕累累，我替牠們感到難過，而這就是我的「幫助」範圍。我藉由讓自己受苦，來回應牠們的受苦，彷彿這樣總構成一種援助形式。

凱倫卻不是這樣，她馬上採取行動，這裡捧起一隻流浪虎斑貓，那裡帶走一隻東方短毛貓。她餵食牠們，帶牠們到獸醫診所，為牠們尋找家，她做的遠遠超過表露情感而已。

◇

羅柏發給我們每人一本斯多噶營的習作本，以及一本薄薄的古老課本。其實，它比較像是小冊子，只有十八頁。這本名為《手冊》（*Enchiridion*）的小書，是前羅馬奴隸轉為哲學家的愛比克泰德（Epictetus）的教義，這是斯多噶主義的精華。

我們翻開第一頁第一行，聽到羅柏大聲唸出：「有些事取決於我們，而有些事並不取決於我們。」我立刻覺得這極其正確，也極其顯而易見。有些事取決於我們，有些則不，當然是這樣。我跋涉三千公里，就為了聽這個？

但這句話，表達了斯多噶主義的精髓。我們生活在一個說是「一切操之在我」的年代，如果不夠聰明、不夠有錢或不夠纖瘦，那是因為不夠努力。如果生病了，那就是因為吃了什麼，或沒吃什麼；沒做什麼醫療檢查，或是做了什麼檢查；做了什麼運動，或沒做什麼運動；吃了什麼維生素，或沒吃什麼維生素。你就控制著自己的命運，這個訊息很明確。只是，真的嗎？你的主權到底存在於哪裡？

「不在你思考的地方」，斯多噶學派會如此回答。我們認為在自我掌握之中的事，大多並非如此。財富、名聲或健康都不是，你的成功或你孩子的成功也不是。是的，你可以經常運動，但也可能在前往健身房的路上被公車撞。你可以只吃最健康的食物，但這也不保證能長壽。你可以一天在辦公室待上十四小時，但或許老闆不喜歡你的事實，仍會破壞你的職涯。

對於我們無法掌控的這些情況和成就，斯多噶以一個名詞「漠不相關」（indifferent）來談。這些事的存在，絲毫不會改變我們的性格和快樂，它們不好也不壞。因此，斯多噶和這些事之間「漠不相關」。如愛比克泰德所說的：「找一個雖然生病卻快樂、雖然危險卻快樂、雖然垂死卻快樂、雖然聲名狼藉卻快樂的人給我看，把他找出來給我！老天，我將見到一個斯多噶！」

敵人會傷害你的身體，但不是你。正如甘地所言：「沒有我的允許，沒有人能傷害我。」而他也曾閱讀斯多噶。愛比克泰德補充，即使是暴君手中的折磨威脅，也不會剝奪你的寧靜和高貴。他的學說幫助美國飛行員詹姆斯．史托戴爾（James Stockdale）被北越擊落後，忍受了長達七年的監禁和酷刑。

這學說也幫助過羅柏。他當時在紐西蘭，正期待發表講座，卻開始感覺到腹痛。剛開始，他不予理會，認為那只是長途旅程後肚子的些許不適。只是不久後，狀況就開始惡化，嚴重惡化。

「是那種嗎啡也減弱不了的疼痛。」羅柏回憶。送醫後，醫師診斷是腸阻塞，那是一種有性命危險的病症。

在疼痛的浪潮間，羅柏設法回想愛比克泰德的話：「你和我毫無關係。」他重複這句話，一遍又一遍，對著撞擊他的疼痛浪潮喊話：你和我毫無關係。他感覺好轉——不是非常多，但比較好了。「我的身體不在我的掌控之中——身體的所有錯覺全被去除了。」

羅柏的世界縮小了，只剩下病房、醫生、護理師，以及他的疼痛。他的身體插了五個管子，六天沒洗澡，準備接受一個有難度的手術。這個手術有可能會造成他終身仰賴糞袋，而他以斯多噶方式，理性地做出選擇。「如果我不做這個手術，我就會死，那就做吧。」

手術成功了，不用糞袋，他的復原狀況雖然緩慢但穩定。他的保險公司，替他支付了頭等艙的返家機票費用。斯多噶稱這種甜頭是「讓人喜歡的漠不相關」，一種偶爾享受會很好，卻並非快樂核心的事物。

◇

回顧這個插曲，羅柏知道他的斯多噶態度並未改變結果，但確實改變他如何忍受的方式。他受苦，但並未因為他期待人生是另一種樣貌，而讓自己的苦難加劇。

西元五十五年，愛比克泰德生於今日的土耳其，出生時的身分是奴隸。他的主人是尼祿皇帝的顧問，經常毆打他，而愛比克泰德以斯多噶的態度忍受虐待。有一天，據說他的主人又開始折磨他，扭扯他的腳。「如果你繼續這樣，腳就會扭斷。」愛比克泰德平靜地說，但主人繼續扭扯他的腳，直到腳斷了。「我難道沒和你說過腳會斷嗎？」愛比克泰德就事論事地說，而這造成他終身跛腳。

最後，他終於脫離奴籍，便搬到羅馬，研究哲學。不久，他身為老師的熱忱投入及有效啟迪學生，為他搏得了名聲。當西元九十三年圖密善皇帝驅逐羅馬所有哲學家時，愛比克泰德搬到希臘西方，一個繁榮的海邊城市尼科波利斯。在這裡，他吸引更多學生，其中有許多著名人士，像是後來成為皇帝的哈德良，但大部分仍從遠方來到尼科波利斯的一般年輕人。許多人患了思鄉症，卻全熱切地投入學習。

愛比克泰德欽佩蘇格拉底，許多層面上也模仿他。和蘇格拉底一樣，他的生活簡單，他住在小屋，家具只有一張床墊。就像蘇格拉底，愛比克泰德對於形而上學毫無興趣，他尋求的是嚴格可行的哲學。和蘇格拉底一樣，愛比克泰德認為「無知」是通往真正智慧道路上的必要一步。他說，哲學始於「意識到我們自身的弱點」。

人生有許多事是我們無法掌握，但我們控制了最重要的部分：我們的意見、衝動、欲望和厭惡，也就是我們的心智和情感人生。我們全都擁有希臘大力士海克力斯般的力氣、超人般的力量，這是主宰我們內在世界的力量。斯多噶學派說，就這樣去做，你將會「所向無敵」。

我們太常將自己的快樂交付在別人手中：專制的老闆、反覆無常的朋友，我們的Instagram追蹤者。愛比克泰德曾是奴隸，把我們的困境比擬成白我強加的束縛，唯有不想要任何東西的人，才是真正的自由。

愛比克泰德說，想像你將自己的身體交給街上的陌生人。這很荒謬，對吧？然而，這卻是我們每天對自己心情做的事。我們把主權讓給他人，允許他們來我們的心靈殖民。我們必須驅逐他們，立刻去做。這不會太難，改變我們白己，遠比改變世界要容易許多。而大學校園極為常見的「預警制度」[30]，也有其問題，這制度強化了一種假設，即大學生對於可能引起不安的內容，無法控制自己的反應。這種制度剝奪了他們的權力，並不是斯多噶的方式。

西塞羅說，你試想一下弓箭手盡全力、專業地拉開弓，但一旦放開箭，呼出氣之後，箭的去向便再也不是他所能掌握的。如斯多噶學派說的：「做你必須做的事，讓會發生的事情發生。」

30 trigger warning，當課程內容涉有族群、性別或宗教等爭議性觀點，教師要預先警告。若學生認為可能會因課程內容覺得冒犯或被傷害，可以不參與課程。

我們可以從外在目標轉移到內在目標，先為失望情緒打預防針。也就是說，目標不要放在贏得網球賽，而是成就最棒的比賽；重點不是看到我們的書出版，而是寫出我們所能寫出最好、最誠實的作品。不多不少，正是如此。

◊

爐火已慢慢變小，成為炙熱的餘燼；咖啡變涼了，但沒有人注意到。我們齊膝陷入斯多噶主義，準備再潛得更加深入。我們一個接著一個讀出愛比克泰德《手冊》中的簡要條目，有些值得好好討論，有些只是簡單點點頭。然後，我們來到這句話：「困擾人們的不是事情本身，而是他們對事物的看法。」我們靜靜坐在那裡，吸收這兩千年前的金句，意義深遠也顯而易見。

斯多噶相信，情緒是理性想法的產物，但這是有缺陷的想法。我們可以藉由改變思考方式，來改變感受。我瞭解這聽起來很奇怪，我們不認為情緒有對錯之分，情緒就只是情緒，而我們無法控制它們。

斯多噶學派說，不是這樣的，和海浪沖過沙灘不同，情緒並未沖刷我們，它們發生有其道理。如同古典學者朗恩（A. A. Long）解釋：「我們通常不會毫無理由就生氣或嫉妒，而是有很精確的原因，像是我們認為有人對我們不好，或有人取得了我們應得、而非對方應得的成功。」我們要為我們的情緒負責，就如同對思想及行動負責一樣。情緒是我們做出判斷的結果，而這些判斷往往是錯的。斯多噶學派說，它們不是被誤導或被混淆，而是經驗上錯誤。

想像在一場塞車中，兩名駕駛的車子頭尾相接停住。一人疲憊生氣，猛拍方向盤罵著髒話；另一人則平靜地坐著，聆聽NPR，回想最近吃的義大利餃。斯多噶說，顯然兩名駕駛都不「正確」。的確是不正確。疲憊的駕駛不正確，如同他認定「二加二等於三」那樣不正確。若只是企望人生是別種樣貌，就代表一種理性的徹底失敗。

我們來檢視人如何產生錯誤的情緒，它始於一種因為外部事件（斯多噶的說法是種「印象」）而來的反射反應（稱為「前情緒」或是「原始激情」）。我們踢到腳趾頭，然後尖叫；我們困在車陣中，然後罵髒話。這很自然，畢竟我們是凡人。最初的震驚不是情緒，而是反射動作，就像難為情時會臉紅一樣。斯多噶說，當你「同意」它，這就變成了情緒。當你同意，就把它的狀態從反射提升為情緒。

這一切發生得很快，就在一瞬間，但一切都經由我們的允許而發生。每當我們選擇尊重，並放大這些負面的原始激情，我們就選擇了不幸。斯多噶問，你到底為何要這麼做呢？

我們必須切斷印象和同意之間的連結，這裡就是斯多噶的停頓——我稱之為「萬能的停頓」——派上用場的時候。愛比克泰德說：「不要馬上拜倒在生動的印象面前，而是要說：『印象，等我一下，讓我看看你是什麼，又代表什麼。讓我試試你。』」直到我們瞭解自己面對困難的反應不是不假思索，而是種選擇，我們才能做出更好的選擇。

但遇到塞車或踢到腳，難道不是每個人都會生氣的嗎？不，不是，羅柏說，而且「只因為許多人踢到腳會生氣，並不表示你也應該如此」。我們隨時都可以自行拒絕同意，這件事是完全取決於我們。

愛比克泰德建議，如果你必須同意這些原始的情緒反應，那就以不同的方向同意，並重新標示它們。如果你獨自一人，重新標示你的孤獨成為寧靜；如果你擠在人群之中，重新標示它為慶典節日，「然後就心滿意足地接受全部」。這是另一種心智詭計嗎？不論如何，是很有用的一個詭計。反正，你的心智總是在和現實以詭計鬥智，那何不將這些詭計放在好的用途上？

電影《阿拉伯的勞倫斯》（*Lawrence of Arabia*）中有一幕，是彼得．奧圖（Peter O'Toole）飾演的勞倫斯平靜地以食指和拇指捻熄一根火柴。

一名同儕軍官也嘗試這麼做，卻痛苦尖叫。「哇，真該死地疼痛。」他說。

「當然會痛。」勞倫斯回答。

「好，那訣竅是什麼？」

「訣竅就是不要在意它會痛。」勞倫斯回答。

勞倫斯說出的是斯多噶式的回答。當然，他感到疼痛，然而疼痛維持在一種原始感覺，是一種反射作用，卻從未轉移成一個全面爆發的情緒。勞倫斯不在意疼痛，以字面的意思來說，是他不容許他的心靈去意識、去放大身體感受到的感覺。

◊

斯多噶營不僅僅是設置在懷俄明森林裡的哲學沙龍，它也是個實驗室。我們營隊成員就是白老鼠，進行許多實驗，這其中有一個實驗：找一個習慣舒適環境的中年男子，這舒適環境包括但不只限於枕頭、毛毯及單一麥芽威士忌；然後，要他和十五個發臭的研究生一起沉浸在鄉間小屋，再扣留寢具及單一麥芽威士忌，再加上持續的噪音，並添加明亮的日光燈光線。並且時時騷擾他，要他忍受徹夜凍寒。

我的本性想要發出哀鳴，我的名字也是。我想要呻吟、嘀咕、挑剔、發牢騷，並隨意地抱怨。但我壓抑自己，回想一個古老的斯多噶格言：「好人不悲嘆、不嘆息，也不呻吟。」馬可．奧理略提醒我，抱怨不會減輕痛苦，還可能加劇。他說：「無論如何，最好不要抱怨。」

我找尋意見箱——我認為技術上來說，意見並不是抱怨——卻找不到。當然，這是斯多噶營，所以我不再尋找。我停頓下來，倒不是「萬能的停頓」，而比較像是微小的停頓，但我還是會採行。我放慢步調，自問：這個狀況有哪些方面取決於我？不是欠缺暖氣或是毛毯，這些是我無法掌控的。要是我想要來杯單一麥芽，我可以步行五公里進城，這是我的選擇。蘇格蘭威士忌，以及暖氣和毛毯，是漠不相關的，即使它們是我想要的，因為它們不在我的掌控之中。只有我的態度、我的同意，或是這兩者的欠缺，才是我所能掌控的。愛比克泰德以把「狗綁在推車上」做比喻，推車在行動，而且無論如何，它都會持續移動。狗兒有個選擇：被拖在地面行走，還是在一旁蹦跳行走？我需要開始蹦蹦跳跳地移動。

而且，我正在進行斯多噶學派所謂的自願剝奪（好吧，就我而言不是那麼自願）。塞內加是羅馬最富有的人之一，他建議每個月要有幾天執行貧困。他勸說，食用「勉強餬口及最便宜的食物」，穿戴「粗糙粗織的衣服」。當斯多噶學派實踐自願剝奪時，就某種程度上，他們是遵守其格言：「依循自然而生活」。熱時流汗，冷時發抖，感覺肚子餓時的飢餓感。只是，自願剝奪的目標不是痛苦，而是快樂。藉由偶爾自己拒絕某些舒適事物，我們就會更加感激，減少事物對我們的掌控。

自願剝奪教導我們自我控制，這有各式各樣的好處。克制自己不去吃那塊巧克力蛋糕，你將會對自己感覺良好。忘記快樂，是人生最大的快樂之一。自願剝奪培育出勇氣，它也替我們先打好預防針，以面對未來的剝奪，而這可能就不是自願的。我們現在經歷一種刺痛，但往後就會少很多。

我瞭解到，我多年來一直在實踐各種版本的自願剝奪，雖然我是用另一個更歡樂的名字稱之：間歇性奢華。這習慣出現在我擔任NPR駐外記者的時候，在海珊統治期間，我曾多次前往伊拉克採訪報導。由於聯合國制裁、航班被禁，這表示我要面對橫越陸地的漫長行程，要從約旦的安曼市到巴格達。

我有個慣例做法，我會在安曼待上幾天，申請伊拉克簽證，儲備一些生活物資（巧克力、化學防護衣、單一麥芽威士忌）。約旦的旅館不錯，雖不是全世界最棒的，但還不錯。如伊比鳩魯會說的，夠好。等拿到簽證、買好儲備物資，我就會雇用司機載我，展開橫越敘利亞沙漠的十二小時旅程。我在巴格達住的旅館，是一個名字叫「拉希德」的恐怖地方，它就沒那麼好了，房間有霉味，我甚至懷疑海珊的特務竊聽著。

幾星期後，我回到安曼，那個「夠好」的旅館感覺就像是皇宮。床鋪舒適、食物美味——就連水壓感覺也比較強。旅館沒有改變，變的是我。

多年後，當我住在邁阿密的期間，我會定期關掉汽車空調，哪怕是在夏天。不一會兒，車內就開始變熱，我發汗的皮膚會黏在福斯汽車的皮椅上。但我享受這一點，因為我正在提醒自己熱是怎樣的感覺，以此重申我對現代空調發明人威利斯．開利（Willis Carrier）深切又不變的感激。

自願剝奪？應該是。但我比較喜歡把它想成間歇性奢華——出乎意料地被升等到頭等艙、去現在火紅的餐廳揮霍一頓，以及在一星期的營隊旅程後沖一個熱水澡。

所以，我決定不再哀號這惡劣狀況（內在的哀號仍算是一種哀號），對於一個包含「斯多噶」和「營隊」字詞，而且鄰近地帶是這樣的地方，我有怎樣的期望呢？愛比克泰德勸告，要知道自己即將面臨的狀況。如果要去公共浴場，就要記得「那裡會有人戲水、有人推擠、有人叫罵，以及有人偷竊」。如果被潑溼或被搶了，都不要驚訝。他說得對，我為何要驚訝於斯多噶營的住宿環境和巴格達旅館不相上下？要改變的不是住宿環境，而是我的態度。而且，斯多噶提醒我，狀況總有可能更糟的。

在斯多噶藥房中，我們又得到另一個疫苗：「預謀困境」（premeditatio malorum）。塞內加說，預期未來的冷箭、想像最壞的情景，然後「在心中排演流亡、拷問、戰爭，及船難」。

斯多噶指出，「想像困境」和「擔憂困境」不一樣。擔憂是模糊而不成熟的，預謀困境則是明確的——越明確越好。不是說「我想像遭受財務挫折」，而是「我想像失去了房子、車子、我所有的包包收藏，而且被迫要搬回去和媽媽同住」。哦，愛比克泰德很有用處地提議說，同時想像自己失去說話、聆聽、走路、呼吸和吞嚥的能力。

藉由想像最糟的場景，就削減了未來的艱苦影響，並且感激目前擁有的一切。當災難來臨，如同其必然會發生那樣，愛比克泰德說，斯多噶學派不會比無花果樹長出無花果、或是舵手面臨逆風來得驚訝。預謀困境，就是減弱困境；預期恐懼，就減低了恐懼。至少，理論上是如此。

但我的女兒，就沒這麼確定了。當我告訴她有關斯多噶的預謀困境觀念時，她說「愚蠢」，甚至可能比尼采的永劫回歸更愚蠢。她說，思考困境不只令人沮喪，而且還沒必要。「反正你老早就在擔心會發生壞事了，為什麼還要強迫自己再更加擔心呢？」她有她的道理，但話又說回來，她只有十三歲，不算是斯多噶主義這種挫折哲學的訴求對象。因此，我告訴自己，再給她一些時間吧。

◊

到了斯多噶營的第三天，我們已開始有了慣例行事。我們上午時間都用在愛比克泰德和他的《手冊》；下午我們會分成小組，討論馬可．奧理略。那些研究生很難掌握這位哲學家皇帝，他太軟糊，無從抓起，也無物可以解剖分析。馬可並未嘗試證明或反駁任何事，他不做假設，而是奮力解決特有的自我懷疑，致力於瞭解身為人類的意義。

我們在這裡遺世獨立，沒有讓人分心的事物，沒有電視及網路，只有斷斷續續的微弱手機訊號。然而，卻有一種快樂默默散播開來。部分的快樂是因為大家志同道合，共同對抗惡劣天候；

同時，也有人類努力解決重大迫切問題的那種難得的快樂。我猜想，這必定是愛比克泰德的學生曾有的感受，遠離家鄉，只有彼此及他們的哲學。

我們斯多噶建立緊密的關係，我們在爐火上烤棉花糖，以斯多噶精神勇敢面對寒冷。我們說著傻氣的斯多噶式笑話，典型的對話就像這樣：

「嘿，我打算進城去買一箱的首選『漠不相關』，還有人要什麼嗎？」

「不，謝了，我正在實行自願剝奪。」

「好，我馬上回來，命運許可的話。」

最後的「命運許可」（fate permitting），用來表示所謂的「斯多噶保留條款」。當羅柏第一次提及時，我擔心它是否為高深難懂的法律條文——可能是什麼要簽名的免責聲明——但我的擔憂放錯地方了。這個保留條款不是法律上的，而是治療性質，是另一個應付人生種種不確定的斯多噶技術。

斯多噶主義的中心，存在著一種深切的宿命論，宇宙按照腳本而行，但這腳本不是由你所寫，不管你有多麼渴望有朝一日能執導，那就別費心了。你是演員，欣然接受你的角色吧。「如果我是夜鶯，我就會演出夜鶯的角色；如果我是天鵝，那就是天鵝的角色。」愛比克泰德說道。

渴望得到不同角色，是徒勞無功的，只會造成你遭受不必要的痛苦，就像被手推車拖著的狗。斯多噶說，我們必須學著「渴望我們所擁有的」。我知道，這聽起來很奇怪。就定義來說，渴望難道不該是渴求我們欠缺的事物嗎？我們怎麼會渴望我們早已擁有的東西？我認為，尼采對這個問題給出最好的答案。不要屈從於命運，不要接受命運，要愛它，渴望它。

「保留條款」是用來提醒，我們會遵從未曾寫過的劇本而行，事件開展，「命運許可」的話。如果有個斯多噶信徒準備搭乘火車前往芝加哥，他會對自己說：「我明天上午就會到芝加哥，命運許可的話。」而如果即將升職，就會對自己說，他會升職，命運許可的話。這個保留條款類似於穆斯林的「神的意志」（inshallah），或是猶太教的「因著上帝的幫助」（b'ezrat hashem），只是其中沒有神學因素。

不是每個營隊成員都相信斯多噶的決定論，那些喜好爭論嚴謹邏輯的研究生，對此尤其抱持著懷疑。如果一切都是命定，那有什麼地方留給人類作為呢？何必費心去做任何事？早上為何要起床呢？我也有共同疑問，同時注意到羅柏忙著撫摸他的山羊鬍，我不禁熱切期待他的反駁。

它是以比喻的形式到來（斯多噶學派熱愛比喻）。他眼睛發光地說，人們就像滾下山的圓柱體，而所有圓柱體都會來到山下，這是必然的事。只是，旅程是崎嶇還是平順，則取決於圓柱體。是否打磨拋光，擁有完全的圓柱狀？或是凹凸粗糙的？換句話說，它們是不是端正的圓柱體呢？我們不能控制山或重力，但我們可以控制我們是哪種類型的圓柱體，而這才是重要的。

我的床鋪鋪位劇烈晃動，半夢半醒間，我想到，地震！——這是我還未預謀的困境，現在我真希望自己有過。不，不是地震，這個晃動太有規律，可能是人為的。

「該是依循自然而生活了。」一個聲音說道。我睜開眼睛，瞄了一眼手錶，清晨五點了，怎麼回事？

哦，好，老好人馬可。他滿懷詩意地在黎明清醒，看著星星歡迎太陽。「居於生活的美好，看著星星，看著自己隨它們一起奔跑。」我相當確定，馬可從未在黎明醒來，從未和任何一顆星星一起奔跑。但是，羅柏已經讓哲學家皇帝聽從他的話，認定在太陽升起前起床，正是我們這些有抱負的斯多噶，所需要的提神飲料。

我跌跌撞撞地走到浴室，往臉上潑冷水，然後加入營隊隊友。我爬上山坡，好幾次都差點摔倒，而一路上身體都在發抖。我打包的行李，是為馬里蘭的春天所準備的，而不是為了懷俄明的天氣。

我們黎明前的演習，的確是基於一些理性依據，斯多噶哲學有一種「體能性質」。學派創始人芝諾出了名的體能好，難怪他在柱廊的步伐總充滿活力。他的繼任者克里安西斯（Cleanthes）

以前是拳擊手，而隨後的繼任者克律西波斯（Chrysippus）則是長距離跑者。崇尚運動的目標不是要贏得獎牌，甚至也不是要取得良好體格，而是像斯多噶的一切事物般，全是實踐美德的方式——尤其是自律、勇氣及耐力等美德。

寒風刺骨。我開始哀號，外在的哀號。只有我們三人在爬山，其他人呢？我不解。然後，我看到他們了，他們已到了山脊。「嘿！」我對羅柏說。「說好的『沒有任何斯多噶會被拋下』呢？」

「《手冊》裡可沒提到這種事。」他面無表情地說。

我改變策略，問他馬可對這樣的嚴寒會怎麼說。

「他會說『像個男子漢吧』。」羅柏回答。

斯多噶很耗費精力，這並不容易，斯多噶也不會假裝一切很容易。斯多噶不太有希臘哲學的溫和中庸，而是全有或全無的哲學——美德或不是美德，依循自然而生活或沒有依循。

和伊比鳩魯學派一樣，斯多噶把哲學視為靈魂的藥物，而且是一種苦藥。愛比克泰德曾經將哲學家的學院比擬成醫師的診間，並且又補充說「不應該快樂地離開，而是痛苦地離開」。他補充，目標不是要依賴醫師，而是要治療自己，要成為自己的醫生。

這種強調自力更生的論點，有助於解釋斯多噶上義何以吸引美國開國元老，以及現今各處的軍人，因為它把幸福、責任全然放在自己肩上。當一名年輕學生抱怨流鼻水時，愛比克泰德回答：「你沒有手嗎？自己擦鼻水，別指責神。」

斯多噶說，我們每個人都擁有一些「邏各斯」，這是一種充滿宇宙的神性智慧。理性是我們最大的祝福，是快樂的唯一真實來源。宇宙充滿了一種神性又全然理性的智慧，每當我們行為理性，就和這種智慧握手。對斯多噶來說，行為「理性」並不表示行為「冷漠無情」。要行為理性，就要採取和宇宙和諧的行為，而這完全不冷漠。「我們是天意的代理人。」羅柏說，我看得出來他是說真的。

所以，依循自然而生活，是讓自己和理性領域一致，而且處處可行。「在曼哈頓，你也一樣能夠輕易依循自然而生活。」羅柏說。這讓我思忖在我衣著單薄的情況下、置身於懷俄明一片漆黑的荒野環境時，我該怎麼做。

然後，天空就慢慢亮了，太陽露出地平線，十分美麗。我忘記了寒冷、惡劣的住宿環境，不再思考自己為何會在這裡。當我凝視逐漸明亮的天空，羅柏稍早說的話躍入我的心中：「這世界是非常大的地方，而我不是。」

他明確表達「居高俯瞰」的斯多噶觀念。想像自己盤旋在地球高處，俯瞰你那微小的世界：無足輕重的交通狀況、髒盤子、小小爭執，以及遺失的筆記本。它們全是「漠不相關」，你什麼都不是，但你又是一切。

困境的另一種說法是損失，而斯多噶對此也有很多看法。我很高興，我可以藉由這部分得到一些幫助。愛比克泰德建議應付小損失，並且轉向較大的損失。你丟過外套嗎？嗯，是的，那是因為你有外套。

◇

不過，在斯多噶的世界觀中，你其實並沒有丟掉外套，而是歸還了它。你受到的精神創傷，應該不會比歸還圖書館的書或旅館退房來得多。我帶去英國的那本心愛筆記本？我沒有遺失它，而是歸還了。如愛比克泰德所說：「當有東西被移除了，就立刻輕鬆地放棄，並感激你曾有機會使用它——除非你寧願哭喊著要找保姆或媽咪！」像個男子漢吧。

我們總是困惑著，什麼是我們的，什麼又不該是我們的。斯多噶說，不需要有這種困惑。很簡單，全都不是我們的，即使是我們的身體，我們都只是租用，而不是擁有。這可說是一種解放，如果沒什麼可失去，那就用不著害怕失去。

我最近弄丟一頂帽子，才剛買幾天而已，所以我非常放不下。和女兒提及這件事時，我決定徹底表達出我的反應：「這頂帽子讓我很快樂，所以失去它，我也就失去了我的快樂。」大聲說出這樣的話，顯得很孩子氣及荒謬。實際上，我並未失去帽子，而是歸還它，同時它也僅是「漠不相關」。

和日本人一樣，斯多噶知道「世界萬物終會腐朽」。不像我們許多人那樣，斯多噶不會將這事實視為悲傷的原因，也不會像日本人視之為慶祝的理由。理性上來說，我們對此無能為力，所以最好不要擔憂。馬可提醒我們，我們所珍愛的一切，有朝一日會像樹上的葉子那樣消失，所以必須「謹防讓你如此珍愛的快樂，因為一旦失去，心靈的平靜就會被摧毀」。

那較大的損失呢？當然，最大的失去，就是珍愛的人去世。悲傷很自然，所以斯多噶也鼓勵悲傷，對吧？錯了。斯多噶承認，些許的悲傷有其需要，但也不能太多。塞內加寫給一個剛失去摯愛的友人說：「讓你的淚水流下，但也讓它停止。」還有一次，他告誡一名婦人說，她放任亡兒的哀傷，奪走自己應該用來和孫子相處的時間。斯多噶說，面對孩子死亡的消息，適當的回應是：「我意識到了，自己生下的是個凡人。」

這是斯多噶讓我不以為然的地方。壓抑悲傷，難道不也是壓抑我們的快樂嗎？難道，我們不該敞開自己，面對人性的所有層面嗎？包括悲傷？

對斯多噶這個觀點，我覺得羅柏也有所掙扎。在營隊的最後，當他告訴我們一個故事時，這個懷疑得到證實。此時，爐火就快要完全塌滅，而外頭變得寒冷多雲，就要下雪了。

羅柏的女兒很小時就去穿耳洞，後來又加了幾個耳洞。只是，在她十三歲那次卻血流不止。他們帶她去看家庭醫師，發現「血球數目不對勁」。經過更多檢查，傳來的是壞消息。羅柏的女兒罹患一種稱為「再生不良性貧血」的罕見疾病，她的骨髓不再製造協助凝血的血小板。

這是一種極度難以治療的疾病。「相較之下，癌症還比較容易。」醫師對羅柏這麼說。他們見到一名患有這疾病的朋友死去，而羅柏搜尋該病病友的平均餘命，是十六年。

「所以——」羅柏語調鎮靜，又繼續說。「對我來說，這就是斯多噶主義的價值，是見真章的時刻。說實話，這很困難，很難對我的女兒說『妳只是表象』，但我不得不如此。」羅柏以斯多噶式問題自問：這狀況中，有哪些部分是取決於我？而他的回答是：盡全力當個好父親。「如果我不能當個好父親，所有的分析和檢驗都毫無意義。這是什麼意思？這意味著我得是那個開車送她去醫院、為她去拿藥的人。這意味著，我得是一個不會驚慌失措的人。」身為斯多噶信徒，羅柏成為了一個更有用、更好的父親，以及一個更關愛的父親——儘管斯多噶很少用到這樣的字詞。

◊

在斯多噶營的最後一天，我醒來時見到大雪紛飛。積雪已達數吋，而且仍下個不停。五月底的大雪，自然像是沒有依循它自己的法則，但我又知道什麼呢？

我知道通往丹佛的道路封閉了，而我還得趕搭飛機去巴黎。大家都很擔心，而這裡的大家其實是指我，羅柏則建議保持鎮靜。

「我真希望有令人保持鎮靜的 app。」我說。「有啊。」他回答。「就在你手中。」

「我的 iPhone？」

「不，你的另一隻手上，愛比克泰德的《手冊》。」

當然，在斯多噶營，難道我沒學到一點東西嗎？當我面臨真正的困境時，所有關於拒絕同意、保留條款、預謀困境等偉大觀念全都消散了。而且也不太算是困境，和羅柏在紐西蘭的健康威脅，或他女兒的疾病相比，我這受到干擾的旅程實在微不足道。

我深深吸了一口氣，並且閉上眼睛，想像「居高俯瞰」。對我而言，這個制高點有幫助，但不多，我的心目已見到班機拋下我並飛往巴黎。

我轉而尋求塞內加，他立刻徹底嘲笑我現下的困境——以及我的人生研究志業：治療性旅行。「智慧，所有技能中最偉大的一項，你認為能夠在一趟旅程裡全然習得嗎？相信我，沒有任何旅程，可以讓你處於脾氣暴怒和恐懼所不及之處。」那個可惡的羅馬混蛋。

我轉向愛比克泰德，他較能鼓舞人心。他將旅人視為「智慧宇宙的旁觀者」，這好多了。對於五月的暴風雪，他沒有提出任何直接的建議，所以我即興創作。這狀況中，有什麼是我可以掌控的事？大雪、道路封閉，以及對此的哲學旅程，都不是，是我太依附這一切了。愛比克泰德說，我就像找到一間好旅館、然後永遠不想離開的旅人。「兄弟，你是否已經忘了你的意圖呢？你不是旅行到這裡，只是行經這個地方。」

我瞭解到，我的焦慮是因為察覺到損失而出現的反應。我會錯失班機，所以損失時間，然後損失……什麼？

我不知道。我從沒有考慮過這些後果，但一旦思考了，便瞭解到其實沒有什麼真正緊急的事。我的班機是漠不相關，而我的快樂並不仰賴它，絲毫沒有。我無權要求它，它並不算是我的損失，我只是這裡的臨時房客，甚至是過客。而且，我是否能到達巴黎，也不是我所能控制的。如果道路封閉，那就是封閉了。

我判定，現在得要重新判斷我的情勢。我重新判斷我的困境，可能只是一個小型假期，讓我得以和斯多噶同儕相處更長一段時間。巴黎這城市已屹立數幾世紀了，能再等我一陣子。大雪不會永遠持續，所有東西都不會的。雪很快就會停，而我就可以往南駛，經過雪山，在浩瀚的懷俄明州天穹下，前往丹佛國際機場，最後到達巴黎的繁華都會。是的，我很快就會到那裡，如果命運許可的話。

⑬ 如何像西蒙・波娃一樣老去

Simone de Beauvoir

下午一點四十二分，我搭乘著從波爾多開往巴黎的八五三四號車次法國高速列車。

模糊的綠意——應該是農田——快速掠過我的車窗。地平線上，巨大的白色風車在這停滯的炎熱空氣中，懶散地轉動。坐在我對面的是一個青少女，身著一件標示「現實糟透了」的運動衫。哦，但什麼是現實呢？我很想問她，如果我會說法語的話。

我環視周遭，察覺我是目光所及中最老的人。這種狀況最近時常發生，我發現這種突然身處大量年輕人之間的狀況，令人坐立難安。我無法解釋為什麼，但我確定這和我無關，因為，我又不老。

幾星期前，我決定到大學附近一家咖啡館寫作，但這是個大錯誤。我淹沒在閃亮亮青春海洋裡，這一群完美的人種，有著完美牙齒、完美頭髮和完美又開闊的未來。他們穿著考究的運動褲、戴著昂貴耳機，以熱烈的拳頭相擊，彼此致意。

去他們的，我幾乎這麼想，但我克制住自己；因為，這正是憤憤不平的老男人才會有的想法，而我還不老。當活潑的咖啡師宣布我的伯爵茶好了，我沒有回答，因為我正在思考存在主義還是柏拉圖，於是她只好再喊一次。我擔心她會認為我老了，而我又不老。我不像那些要求看紐約時報的怪老頭——我當然是要紙本的！——咖啡師只好像在拿色情刊物那樣，從櫃檯底下拿出來；或是像將計算機當作某種古老工藝品，並放在桌上的悲哀難纏鬼——是計算機耶！不，那不是我，我不老。

我們的火車抵達巴黎時會誤點，列車長先是宣布誤點二十分鐘，然後是一小時、兩小時。車上的年輕人開始焦躁不安，克制不住地一直看手錶，彷彿這樣可以加快抵達；而年長的旅客倒是不看錶。當列車長遺憾地宣布誤點時間加長時，我轉動手腕，特意看錶，因為你知道的，我不老。

◊

年老就像一個不能移動的大物體，而且往往比實際目測更接近。遇上年老，永遠不會是溫和之事，不是輕輕碰擊，也不是擦撞，而是迎頭撞上。

一天早上，西蒙．波娃（Simone de Beauvoir）一如每天早上例行的那樣照鏡子，但卻見到一個陌生人回視她。這個人是誰？這個「眉毛滑向眼睛，眼睛底下有眼袋，臉頰過度豐滿，以及嘴邊皺紋時時帶來悲傷感」的女人是誰？不可能是她。然而，的確是她。「在我仍然保持自我時，是否會變成不同的存在？」

當時的波娃五十一歲，依然美麗如昔，但如同她在著作提及這件事時所說，年紀的增長，已被注視我們的人們看在眼裡。她擔心那些眼睛不喜歡自己所看到的，或更糟的是根本視若無睹。她臆測，對二十歲的人來說，她「已經死了，成了木乃伊」。這段鏡子插曲過後不久，致命的最後一擊就來了，有一名年輕女子在街上攔住她，說：「妳讓我想起我媽媽。」

波娃覺得疑惑，更覺得遭到背叛。時間一度是她的朋友，現在卻反過來算計她。她向來過著很有前瞻性的生活，「探向未來」，構思下一個偉大計畫或探險旅程。但現在，她卻折回原路，回頭檢視過去，波娃迎頭撞向她的年紀。

你可能會以為，她已預見這種衝撞，也總有一天會來臨。她從小就很在意變老，而且害怕老年勝於死亡；她分析思考，認為死亡是「絕對空無」，所以會奇妙地給人安慰。但老年呢？老年則是「人生的拙劣仿作」。

她的長期伴侶、哲學家尚—保羅．沙特（Jean-Paul Sartre）稱老年為「無以瞭解」（unrealizable）。

「無以瞭解」是指「雖然主動存在其中，卻始終未能完全內化」的一種狀態，而只有他人才能理解這種狀態。或許，我們看起來老年、行為老年，經過任何客觀衡量都是老年，但我們卻從未感覺到老年。我們從未認知到我們的年老。因此，在波娃和年紀衝撞十多年後，寫下：「我現在六十三歲，但這事實對我來說仍舊陌生。」

◇

老年的指引地圖很少，行為榜樣更是少。當然，有許多扮演年輕人的老年人，但他們是扮演年輕人的老年人的榜樣，不是「變老」這件事的榜樣。

西蒙．波娃是小說家、哲學家、女性主義英雄，我承認，也是一個非想像中的老年榜樣候選人。她論及老年的文章讀起來陰鬱黯淡；她並未優雅地變老，而是殺氣騰騰、不情不願的。她憤怒，對光亮的消逝憤怒，也對那些否定她的怒火的人憤怒。然而，到最後，她和老年和平共處，並接受它，而且——雖然她可能會否認這一點——她也熱愛它。

是時候參考榜樣了，因為我察覺我的老年衝撞即將來臨。警告標誌已經出現，就在今天上午，一個棕色小斑在我的左頰顯露，加入它在另一邊臉頰的雙胞胎，以及頭上的兄弟，還有脖子上的遠親。它昨天還不存在，至少我認為它不存在。說真的，我沒有很常照鏡子，就算照鏡子也比較像是瞇眼一視，而不是好好端詳。瞇眼一視已能從鏡子輸入足夠的視覺資料到頭腦，得以確認我持續存在於這個物理世界，但卻又不足以讓我察覺如新生斑點等諸多不便的事實。現在我想起來了，我已有好多年沒真正細看自己。

這能怪我嗎？我不屬於特定的年齡階段，而是在一個模稜兩可的階段。我上了年紀，但並不是老年。這段尷尬過渡期要叫什麼呢？「後中年」不太理想，因為有「後」這個字，但已經比「初老年」好多了，因為當中有「老」。而我不老。

當我見到真正的老人時，我見到了波娃所謂的「他者」（the Other）：看起來如此異己，而我們將之視為「物體、可有可無之物」。他是老人，我告訴自己，而我不是。這個聲言的言外之意是：而且我永遠不會是老人。我知道，這是個謊言，卻很有用，因為它讓我能像馬可那樣每天早上起床，持續戰鬥。

我瞭解，這是大勢已去的戰役，而撤退已經開始。當鬍子首次轉為灰白，我便每星期都把它染成棕色，以免成為灰鬍子。現在，一星期慢慢變成兩星期，再變成三星期。我可以預見我對灰鬍子投降的那一天；我可以見到，我的衝撞就要來臨。但不是現在，還不是，因為我不老。

我的自欺能力，不是從第一根灰白鬍子開始的，如同羅馬哲學家西塞羅指出，許多我們歸咎於老年的缺陷，其實是性格的缺點。與其說老年產生新的人格特質，不如說它會增強既存的人格特質。隨著年紀的增長，我們的性格變得更加強烈，而通常不是往好的方向。財務謹慎的年輕人，變成吝嗇牢騷的老頭子；意志堅定、令人欽佩的年輕女性，變成令人火大的頑固老太婆。這種特質增強，必定會偏向負面嗎？變老時，我們可以逆轉情勢嗎？我們可以變老，並成為更好的版本嗎？

◊

令人費解的是，大部分的哲學家都對老年保持沉默。我說令人費解，不只是因為變老是人生如此重要的部分，也因為許多哲學家都過著長壽、又成果豐碩的人生。柏拉圖在八十歲過世時，仍在辛苦工作。希臘演說家伊索克拉底（Isocrates）活到九十九歲，並且在九十四歲寫下其最著名的作品。希臘哲學家高爾吉亞（Gorgias）讓他們都看起來像年輕小伙子，他活到一百〇七歲，而且一直工作到最後一刻。

真替他們高興，你會這麼說，但我們真的需要關於老化的哲學嗎？畢竟，科學探究中不乏「成功老化」的研究（真是可笑的名詞：哦，現在我也必須成功老化了嗎？很好，但我還有其他感覺不能勝任的事）。世面上不乏減重飲食、運動、預防醫學相關書籍，也不乏兜售「銀髮社區」美好生活的光亮小冊子。哲學能為這對話做出什麼貢獻？

很多貢獻。哲學並未教導我們思考什麼，而是如何思考，我們需要對老年有新的思考方式。事實上，我們並未真的思考變老，我們思考的是保持青春。我們沒有老化的文化，我們有的是青春的文化，而「變老大隊」則拚命要抓住青春。

老年不是疾病，不是病理現象，不是異常，也不是問題。老年是一種連續過程，大家都走在上面。我們隨時都在老化，當你在閱讀這些文字時正在老化——而且不會比嬰兒或老爺爺，老化得更快或更慢。

哲學協助我們定義詞彙，這是一種蘇格拉底式的做法。我們說的「年老」是什麼意思？實際年齡缺乏標記，因此沒有意義。研究老化的哲學家尚．巴爾斯（Jan Baars）說：「實際年齡不是任何事的原因。」它並未告訴我們關於一個人的任何事。

◊

古希臘有兩個字代表時間：「chronos」和「kairos」。「chronos」是實際的時間，像是手錶上的分鐘、月曆上的幾個月。「Kairos」則是「及時、恰當時間、成熟時機」的意思。當你說「機不可失」、「現在不是時候」時，你說的就是「Kairos」。

現在，似乎像是來趟父女旅程的好時機。我女兒不再覺得我的笑話有趣（她堅稱從未覺得有趣），也不再擁抱我，但我們仍會對話。在不確定的宇宙中，誰知道這情況會持續多久呢？

我們的孩子是歲月流逝的經驗證據，就像樹木研究者用來判定樹齡的年輪。他們逐漸長大、改變，而我們知道我們也在改變，只是比較不明顯。身為上了年紀的父親，年齡就更顯重要。我比大多數時刻，都更深刻察覺到這年輪同心圓的累積。我抗拒將享樂延後的誘惑。為何不去巴黎？為何不是現在──趁著青春期湍流還未沖走她之前？而決定性的一件事是，桑雅會說法文，而我不會。如果這不是「Kairos」，就不知道什麼才是了。

我事前想好一切，如蘇格拉底警告的，凡事總有危險。在我心中，這會是一趟感人的父女巴黎之旅。我想像我們探索波娃的出沒處，想像我們在左岸咖啡啜飲夏多內和雪碧，一邊討論存在主義箴言。我想像我和我的十三歲女兒，更加瞭解彼此。

這趟旅行是我的「謀畫」（project），這是存在主義的愛用詞。謀畫使我們可以超越我們生活的環境，超越我們自己。但波娃警告，我們的謀畫總會撞上他人的謀畫；我們的自由和他人的自由交纏，因為我們和他們一樣自由。我的謀畫──慈愛的父女法國之旅──迎頭撞上桑雅的謀畫：吃麥當勞，和朋友傳簡訊，然後回家。

◇

我不太會操作地鐵站的售票機，這不是語言問題，而是數字問題。我似乎總是沒辦法以正確順序按下正確按鈕。

「讓我來吧，老爸。」她說。桑雅已經開始叫我老爸，會說「我們來吃點雞塊吧，老爸」之類的，她真愛開玩笑，我可不老。她的手指在鍵盤上飛舞，砰砰，我們的車票就出來了，然後，我們一下子就衝過旋轉票口。

我們抵達目的地，巴黎大學。比起大多數哲學來說，存在主義是模糊的哲學。我需要有實質東西來抓取，所以我這個喜歡造訪地點的生物，就對準西蒙·波娃曾就讀過的菁英大學。

桑雅看了一眼，便宣布她覺得「這棟大型米色建築」毫無特色。更糟的是，我們發現普通遊客不得入內。我們在寒冷的毛毛細雨中站了幾分鐘，像是在等待糖果店開門的小孩，巴巴地凝望裡面。至少，我是在凝望，而桑雅是在翻白眼。

我伸進我的劍橋包，拿出一些裝訂在一起的紙。這是「西蒙·波娃在巴黎」的導覽冊，手冊本身很薄。波娃得到的關注，遠少於法國哲學英雄沙特，不過塞納河上倒是有一座行人陸橋以她的名字命名。這聽起來前景看好，在我的經驗中，橋讓身體恢復精力並喚起智力，而且，還有很好的隱喻。

「我們要去西蒙·波娃橋！」我宣布，彷彿我是正在宣布巴黎自由了的戴高樂。桑雅沒有用語言回答，只是略帶挖苦意味地翻了白眼。

我們沿著塞納河行走，拉緊身上衣物，對抗不合季節的料峭春寒。

「爸。」桑雅說。「我有個問題。」

問題！是一切哲學的種子，求知的根源。或許她在想，世界是否是一種假象，或是思考我們如何在不真實的世界裡過著真實人生。讓她困擾的，也可能是康德的定言令式（Categorical Imperative）；這觀念是指，正直人士不論環境及動機如何，行為都符合道德倫理。無論如何，我很高興，並蓄勢準備傳授爸爸的智慧。

「好，桑雅，妳有什麼問題？」

「你的髮際線是什麼時候開始往後退的？」

「呃，我想，大概是在我二十四歲的時候。」

「你為什麼不直接全部剃光？」

「我想，我還是抱持著希望。」

「情況不是這樣的，你知道的。」

「是，我知道。」

好，不怎麼算是柏拉圖式的對話。但我想，總是個開始。

在我們步行途中，我以爸爸語調主動談到存在主義。我以爸爸語調說明它是怎樣的哲學，如其名稱所暗示，它著重於存在，因此象徵著回歸到哲學的原始治療任務：不是何物（what），而是如何（how）。我們如何過著更真實、更有意義的人生呢？

存在主義者說，好消息是，答案完全取決於我們；而不在上帝，也不在人的天性。沒有所謂人的天性，只有可能的天性，或如波娃說的：「人類的天性就是沒有天性。」

這使人感到相當具有自主權，但也非常可怕。以沙特的名言來說，我們「命中註定是自由的」。我們渴望自由，但也懼怕它，因為我們若真正自由了，那我們的不快樂就只能歸咎自己。

對存在主義者來說，我們的作為就是「我們」，句點。我們正是我們自己完全實現的謀畫。沒有抽象的愛，只有愛的行為；沒有天才，只有天才的行為。在我們的行動中，我們一次一筆，畫出我們的自畫像。我們是這張自畫像，或如沙特所說：「只是這張自畫像。」別再嘗試找尋自己，開始畫出你自己吧。

我以爸爸的說教口吻說，我們可以成為想要的一切。用沙特最知名的例子來說，只因為你是咖啡館服務生，不代表你必須一直得是服務生。你有選擇，正是這些有意識做出、並且徹底追求的選擇，創造了我們的本質。

當我完成爸爸式的諄諄教誨，我轉向桑雅。她一直默默聽著，我把它當成好徵兆——爸爸說教成功！——但她的眼神告訴我，她可不買帳。

「所以只要藉由選擇，我就可以成為想要的一切？」

「沒錯。」

「但，要是我想成為一隻雞呢？我不可能只因為我選擇成為雞，就能成為雞。我可以整天孵蛋，像雞一樣咯咯叫，但我沒辦法成為雞。你有見到我長羽毛嗎？」

「哦，沒有。但那是因為，成為雞不在妳的現實性。」

「現實性？」

「現實性」（facticity）是另一個存在主義名詞，指的是我們無法選擇的人生要素。對於出生在這個國家、這個時間及怎樣的父母家中，你無法選擇；你無法控制你的現實性。我以爸爸式的語氣說，好消息是你可以超越它，超越你的現實性，並且超越你自己。

「現實性？真的嗎？這個西蒙．波娃被高估了。那莎士比亞呢？」

「莎士比亞怎麼了？」

「他發明了一大堆字，像是『眼球』（eyeball）和『了不起』（awesome）。如果沒有莎士比亞，你就不能說『了不起的眼球』，你想想看吧。」

「妳說得有道理。」

「瞧，我可以成為下一個西蒙．波娃。」

「妳可以，只是，妳需要一些哲學名詞。所有真正的哲學家都有，我們想想，『了不起性質』如何？」

「什麼意思？」

「哦，呃，表示成為『了不起』的狀態。這觀念是說，每個人在其心中都有一些『了不起』。」

「有人比其他人擁有更多『了不起』嗎？」

「不，只是有些人比別人更能領會『了不起』。當妳利用妳的『了不起』水庫時，就是所謂的『了不起性質』。」

桑雅默默不語，但也沒有翻白眼，這已是最高的讚美。

隨著我們的腳步，陽光漸漸穿透雲層，讓我想到我們剛剛正在進行哲學。不是看哲學或研究哲學，而是在進行哲學。我們發聲解決我們對於共同人性的重要觀點——經歷『了不起』——並且發明一個術語來闡明它。我瞭解「了不起性質」和柏拉圖的「理型論」，或康德的「定言令式」無法相提並論，但總是個開始。誰知道，最後會有怎樣的成果呢？

最後，我們來到西蒙．波娃橋。我認為，它是非常哲學的橋。橋由三個坡道組成，從其中一個坡道上橋，越過塞納河，再從三個坡道之一下橋。用不著進出都選同一平面的坡道，隨時可以更換平面。

我開啟爸爸說教模式，說：「人生是多麼像這座橋，由一連串無盡的選擇組成。我們選擇一個方式，但隨時可以自由更改路徑。我們從不停止選擇我們的坡道、我們的本質；並假裝不這樣的話，就是放棄我們的能動性（agency）。這座橋是以鋼鐵形式表現的存在主義。」

「爸？」

「什麼事？」

「你可知道假性懷孕是什麼？」

「呃，不。」我回答，不知道她打算說什麼。

「就是擁有所有懷孕的生理現象，卻沒有懷孕。你只是說服自己說你懷孕了。」

「很有趣，桑雅。但我不知道這和——」

「你有假性思想。你以為這座外觀很酷的橋隱喻著偉大思想，但我確信，這只是一座外觀很酷的橋。」

哲學家很容易好高騖遠，熱切想要追求深奧道理，他們總是冒著出現「心智幻覺」的危險。然而，有時候波光粼粼的不是綠洲，而是你的心日在戲弄你，但有時最簡單的解釋也最好。所以蘇格拉底才會相信，哲學最好是兩兩成對執行，也就是夥伴系統。你需要他人，也就是另一個心靈，以保持你沒有離題。桑雅是我的蘇格拉底，她質疑我的假設，播下懷疑的種子。

◊

西蒙・波娃喜歡咖啡館，而且還是在咖啡館上方出生的。波娃家的公寓有個可以眺望左岸圓亭咖啡館的陽臺；一天，當父母都不在家，波娃說服妹妹，說她們應該偷溜下樓去喝一杯奶油咖啡。「這行為真是徹底大膽！大膽妄為！」她的妹妹海琳回憶道。

波娃是個「專橫的小女孩」，以她自己的說法來說，而她也有一顆好奇心。她喜歡看書，各式各樣的書，尤其是遊記，這觸發了她後來一直保有的旅行癖好。後來有一天，一個老師建議她研讀哲學，於是她就這樣迷上了。

在年少的時候，當她還沒成為存在主義學者，在「存在主義」這個名詞還沒存在之前，波娃說：「我的人生會是一個美麗故事的實現，是一個我會持續編寫的故事。」這就是存在主義——沒有遵循的腳本，沒有舞臺指導。我們是作者、導演，以及我們人生故事的演員。

在二十一歲時，波娃通過艱難的哲學教師資格考試，是史上最年輕的一位，而且名列第二，只落後沙特。波娃非常勤奮，但缺乏幽默感。一個同學為她取了「河狸」（Castor）的綽號，這個暱稱一直跟著她，而她也視之為榮譽徽章。寫她傳記的法國作家說：「『工作』這個詞本身似乎擁有魔力，它以一種特別嘹亮、特別的音調響起，成了她人生的密碼。」

波娃總是在做著某件工作，還經常同時做好幾件。當她發生嚴重車禍、在醫院養傷時，仍在工作。在沙特久病期間，她仍致力於一部談論老年的著作。「工作是我的防禦。」她說。「幾乎沒有任何事能阻礙我工作。」

◇

如我所說，哲學通常忽視了「老年」這個主題，但有一個知名例外：西塞羅。他在六十二歲遭受巨大痛苦時，寫下了他嚴謹樂觀的散文〈論老年〉（On Old Age）。

他寫道：「每個人都希望活到老，但老年到來時，我們大部分的人都抱怨它。」為什麼？老年並不是太壞，年事增高讓我們的聲音更加悅耳，談話更加愉快。西塞羅作出結論：「人生中最滿足的擁有，莫過於專心於知識和學習的悠閒老年歲月。」

一派胡言，波娃說道。她無法容忍西塞羅這種興高采烈的看法，決意以目光震懾「老年」這個議題，且決不眨眼。成果是：達五百八十五頁的巨著《論老年》（*The Coming of Age*），這是很艱辛的苦工。以下是書中節錄：

受限的未來和凍結的過去，這是老人必須面對的狀況。在許多例子中，這會使他們麻痺無力，他們所有的計畫不是早已完成，就是已經放棄。他們的人生已打烊，沒有事情需要他們的存在，他們不再有任何事要做。

情況越來越糟。她說，老人是「行屍走肉……註定貧困、衰老、悲慘及絕望」。在這種黯淡原因中，波娃加入人類學角度，指出亞馬遜流域的南比夸拉族（Nambikwara）以一個單一的詞表示「年輕美麗」，而「年老醜陋」也是單一的用詞。她也援用歷史為據，表示只要現場有老人和較年輕的人，老人就會一直被年輕者嘲笑。

有一個思想實驗：想像一名女子獨自一人在荒島長大，她會老化嗎？她會長皺紋，必然會出現健康問題，行動開始遲緩。但這是老化嗎？波娃不以為然。對她來說，老化和文化有關，是別人做出的社會裁決。如果沒有陪審團，就不會有裁決。因此，荒島上的女孩會經歷到衰老、生理功能的惡化，但她不會老化。

波娃對於年老的冷酷論述，絕對是受到她本身環境的影響。她在六十歲時寫《論老年》這本書，當時她「好到尷尬」的健康開始衰弱。她腳步變得遲緩，經常喘不過氣。每當有人提及「人生的黃金歲月」時，她便嗤之以鼻，決心要針對老年，寫一本「不加掩飾」的書。

我認為，波娃陷入了認知陷阱，也就是休謨斷頭臺的另一種版本。不是「實然—應然」的問題，而是我說的「可以—必須」的問題。我可以像盧梭那樣公然露屁股，但並不表示我就必須如此。老人可以陷入絕望，但並不表示他們就必須絕望。他們擁有選擇，這是你認為如波娃這樣的存在主義者會承認的事。

難怪，當代哲學家瑪莎・努斯鮑姆（Martha Nusbaum）等人摒棄波娃陰鬱的宿命論。在其論述老年的著作中，努斯鮑姆寫道：「我完全不認可我自身的經驗，以及同年齡朋友的經驗。」我認為，波娃是對西塞羅的樂觀愉快矯枉過正了；她將這位羅馬哲學家的玫瑰色眼鏡，換成深黑的太陽眼鏡。這樣的眼鏡保護她不受有害射線侵害，但也阻擋了光線。而且，的確有光線存在。老年不必是波娃認為的慘淡慢動作死亡，它也可以是一個擁有重大喜悅和創造性產出的年紀。而可以作為驗證這說法的代表人物是誰？西蒙・波娃。

◊

一天晚上，在吃雞塊餐時，我和桑雅談起這個話題。和十三歲的青少年談論變老，就好像和美人魚談論爬山。

「我又不擅長這個。」她說，彷彿變老是選項，像是要玩小鋼珠還是上芭蕾舞課，像是如果心血來潮她會去做的事，但她就是看不出它已經來了。

我提醒桑雅，就和我一樣，她也會變老。

「是呀，但你是壞的變老，而我是好的變老。」

「好的變老？」

「是呀，很快我就可以上高中、開車。」

「那好的變老和壞的變老，到底有什麼差別？」

「好的變老是接近自由，壞的變老是接近死亡。」

我轉換問題，先解釋我現在正試著找出變老的好處。一定有好處的，對吧？

「不，其實沒有。」她說。

「那知識呢？老人懂得比較多。」

「未必哦，其實是年輕人懂得多，因為他們有老年人的知識，還有新知識。」

我再次改變方向。「那回憶呢？老人比年輕人擁有更多回憶，這就像擁有較大的 Netflix 電影資料庫能選擇，這當然是好處。」

「老爸，不是任何事都值得觀賞。」

然後，她察覺到我的沮喪，便施捨了其他東西給我。

「我看得出來，這有點困難。你在寫如何優雅變老時，卻不知道怎麼辦到。你何不翻轉一下，換個章節來寫：如何不變老？不是指生理上，而是心理上的。」

她承認，這不容易。如果年輕人穿著格子褲、聆聽黑膠唱片，就是「懷舊」；但要是老人打扮成青少年的樣子，就會被說是「差勁」。

所以我問，如果變老是一件討人厭的事，而社會又不許我裝年輕——至少不可能不被狠狠嘲笑——那是要置我於何地？

「到『接受』那裡。」

「接受？」

「對，你應該寫〈如何接受變老〉之類的廢話。」

這孩子可能有所發現。

「那麼人要如何接受變老？妳有什麼建議？」

「就順應心流，別打擾腦波。」

「腦波？」

「比喻上的『腦波』，老爸，是比喻上的。如果你的頭腦告訴你：『嘿，老兄，你老了，你要鎮靜。』你就應該鎮靜。」

桑雅的建議非常斯多噶，如果像斯多噶所認為，智慧的中心在於分辨什麼是由我們掌握、什麼不是——改變前者，接受後者——那麼，老年就是斯多噶智慧的絕佳訓練場。隨著我們年紀增長，平衡慢慢轉移，我們從控制改向接受。接受不是順從；順從是偽裝成接受的抵抗。假裝接受，就好像假裝去愛人一樣。

「接受」一詞鮮少出現在波娃的作品裡。這位河狸非常忙於選擇、成為及致力從事她的謀畫，她很少有時間讓謀畫僅代表她本身的存在。不過，謀畫有許多種形式；有時，它們需要河狸般的勤奮，但並非總是如此。學習接受——不是順從，而是真正開放心胸地接受——這本身就是個謀畫，或許還是最重要的一個。

◊

我坐在左岸的花神咖啡館，有兩個讓我非來這裡不可的理由。一是我受夠麥當勞，再也沒辦法吃了（我把桑雅留在旅館，讓她和她的電子裝置、雞塊在一起）。二是，這是波娃和沙特最喜歡的咖啡館，他們在此交談、喝東西，在這裡思考。

他們也在這裡寫書——剛開始，是因為這家咖啡館有暖氣，而他們戰後時期的公寓沒有；後來是因為，呃，他們就是喜歡在咖啡館寫作。存在主義是一種以生活經驗為基礎的哲學，還有什麼地方比巴黎的咖啡館更有生活經驗呢？就人類的缺點及可能性來看，找不到比這個更好的實驗室了。這在波娃的時代為真，而今日依舊為真。看一眼咖啡館的人們，就揭示了人生的所有表現：滿足享受義式濃縮咖啡的年輕情侶、陷入腦力激盪的長者、穿著優雅的女士，正與她的夏多內及想法獨處。

咖啡人生，不可避免地滲入波娃和沙特的哲學之中。沙特在探討「本真性」（authenticity）的重要性質時，就以咖啡館服務生為例子。

服務生是服務生，但和玻璃杯是玻璃杯、鋼筆是鋼筆的情況不一樣；沒有什麼天性讓他成為服務生。他不會只是一朝醒來，說：「我就是一個咖啡館的服務生。」是他選擇了這樣的人生，並自願屈服於這樣的習慣。他不必每天在清晨五點鐘起床；他可以賴床，即使這代表著會被開除。把工作視為選擇以外的事物，他就是在欺騙自己──就是在「不誠實」中行動。

沙特更加仔細觀察這個服務生，他是個好服務生，但有一點太好了；我女兒會說，是的，有一點「過」了。「他的行動速度積極，有點太過精準，有一點太過快速。」沙特說。「他彎腰得有點太過熱切；他的聲音和眼神，表達出有點過於關切點餐的顧客。」他不是咖啡館裡的服務生，沙特做出結論，他是在假裝成為咖啡館的服務生。

我們之中，有許多人都如此夢遊般度過人生，將自己的社會角色和個人本質混為一談。沙特說，我們「被其他人給把持住了」，只按照他人的想法來看待自己。我們失去自由，缺乏「本真性」（authenticity），這個詞源自希臘文「authentes」，意指「獨立行事的人」。

這種退讓，我認為在老人身上尤其真實。外人認為他們無助且無足輕重，於是他們很快也這樣看待自己。他們假裝成為老人，他們預約早鳥特惠，搭乘加勒比海遊輪，閃著左轉燈號，開車開了五公里路。因為，呃，這就是老年人應該做的事。沙特說，且慢，你真的喜歡早鳥特惠嗎？這是否是你刻意及有意識之下所做出的選擇？還是只是順理成章？

其實，用不著這樣。以退休為例，我們終生扮演了某一個角色之後——可能是銀行家、記者或服務生——我們突然被剝奪了這個身分。那麼，我們是誰呢？或許像托爾斯泰的小說主角伊凡．伊列區那樣，後來領悟到我們的人生一直是個謊言——而且更糟的是，是自己告訴自己的謊言。面對有限的人生，我們就更願意捨棄我們的角色，就像演員在表演結束後就離開角色一樣。我們可能會和伊凡一樣，感受到一個自由時刻，即使它來得太遲。

◊

我決定重讀波娃的《論老年》，或許它終究不是那麼黯淡。這一次，我在段落上標示「不」或「光」。「不」代表「令人不快」，「光」代表微光，表示有希望的微光。之後，我會重新審視標示，「不」的數量一定會大勝「光」，結案，是吧？

別太快下定論。我是個自由且本真的存在，總是真誠地行事。我可以選擇專注的對象；我不能不選擇，所以我選擇專注於「光」的部分。

「不」和「光」總合在一起之後，它們形成一本較短卻很有意思的書。我也讀了波娃全部四本的回憶錄，以及幾本傳記。

我發現到，故事裡有故事，就像以隱形墨水書寫的訊息，只有在朝向特定光線才會現形。當我讓波娃對著那道光，見到的是一個極度擅長面對變老的人。她的老年恐懼消逝了，取而代之的是平靜接受，甚至是快樂。

身為驕傲的法國知識分子，波娃絕對不會屈就於編寫「優雅變老的十件事」。而我既不驕傲，也不是法國人，因此，倒是毫無疑慮。

優雅變老的十件事

一：擁有過去

要怎麼處理我們的過去？對於各個年齡層的人來說，這都是一個棘手的問題，但對老年人尤其是。他們比其餘的人擁有更多過去，不管轉向何方，都會撞到他們的過去，被它絆倒。它占據寶貴的儲物櫃空間，而他們可能很想捨棄過去，或捐給慈善機構。但這可就錯了，因為過去很有價值，主要表現在兩方面：一個是治療性，另一個是創造性。

波娃說：「往事有一種魔力，是每個年齡層都會感受到的魔力。」魔力的根源追溯到過去，卻在現今開花。不管是多麼遙遠的事，我們總是在現在感受過去。

我們的過去賦予我們現有的活力，波娃無法想像當下的人生沒有豐富的過去。「如果我們身後的世界是空禿一片，我們將無法看到任何東西，只有黯淡的荒漠。」

回憶不是重播，記憶是有篩選的。它不只需要保留，也需要忘記，以免我們落得和可憐的富內斯一樣的下場。富內斯（Funes）是阿根廷作家波赫士的小說《博聞強記的富內斯》（*Funes, the Memorious*）裡的主角，他自從摔馬後，就鉅細靡遺地記得一切，因此承受了極大的痛苦。

存在主義者提醒，我們可以自由選擇要啟動哪些記憶。何不召喚好的回憶？何不更像古希臘人？他們表達懷舊快樂的詞彙可是自成一個類別，而其負面對應詞「內疚悔恨」卻沒有。

還有另一種往事，它比較富有創造力，我稱之為「偉大總結」。這個回憶立於人生巔峰附近，可以看得更遠。它們分辨出其過去隱藏的輪廓，避開年輕自我的敘事線，見到完整的人生。它們也開始注意到良性巧合，即波娃所說的「許多匯聚線交會的點」。

當我開始追溯自己的敘事主線時，也注意到了機緣巧事。例如，在我最需要的時候現身的新朋友；夢想中的工作在最精確的時機出現，以及後來從上述工作被解雇，畢竟它不太符合夢想。這讓我想起，有一位叫希爾瑪（Hilmar）的冰島作曲家曾對我說過：「在我需要遇見的時候，我遇見了所需要遇見的每一個人。」這是個睿智的觀察，唯有已活上一段人生的大人才能理解。

在偉大總結中，我們不僅僅只是追溯我們的敘事線，我們還同時建構敘事線，一次一個回憶。波娃以有形的措辭來描述它，運用了工匠般的語言。「此時，我關心的是恢復我的人生——恢復遺忘的記憶、重新閱讀及重新審視人生、圓滿不完備的一些知識、填補缺口、澄清費解部分，並收集散落的元素。」

太多回憶並不好，會有束縛在過去自我的風險，像是成了永遠的英勇軍人，或永遠的美麗女子。這種過去是凍結的，而凍結的過去就是逝去的過去。

回憶還有一個危險——這也曾絆倒波娃一陣子——即「要是陷阱」。回首過去，她琢磨未曾做出的選擇、未曾行走的道路。要是她出生在不同時期，或是不同的家庭呢？她可能會生病，永遠無法完成學業，她可能永遠遇不到沙特。她最後瞭解到，這樣的思想沒有任何結果，所以她不再思考這件事。「我很滿意我的命運，我不該思考以任何方式改變命運。」她說，同時以迴盪的「再一次」，回答了尼采的魔鬼。

二·交朋友

最近的研究證實了伊比鳩魯兩千年前所觀察到的事：友誼是我們最大的快樂泉源之一。在快樂方程式中，我們人際關係的品質是等式中最重要的變數，而波娃直覺地瞭解這一點。她在回憶錄《說到底》（*All Said and Done*，暫譯）中寫道：「我和他人的關係——我的感情、我的友誼——占據我人生中最重要的部分。」

年輕時，朋友很重要；而年老時，朋友更加重要。除了共同興趣、有可以依靠哭泣的肩膀等一般好處之外，朋友也連接了你現在的自我，和過去的自我。在年老時，失去朋友會特別痛苦的原因就在此，因為你失去的不只是一位朋友，你也失去了部分的過去、部分的自己。

波娃和沙特的友誼跨越了半個世紀，是她最重要的一份友誼。而另一份友誼的開始則晚了許多，卻是緊追在後的第二名。

波娃十分珍惜她的時間，但對於學生的懇求卻毫無招架之力。所以，當他收到來自布列塔尼的十七歲哲學學生席爾維·勒龐（Sylvie Le Bon）的信件時，波娃毫不遲疑就同意去見她。

她們經常聯繫，而且很快就難分難捨，幾乎每一天都會見面。她們閱讀同樣的書籍、看同樣的節目，而且每逢週末就會去法國鄉間長途駕駛。她們也訂歌劇季票，前往歐洲等地旅遊。

這位比她年輕四十歲的女子所帶來的友誼，讓波娃覺得恢復了青春。「我們之間的交流讓我忘記了年齡感，她把我拉進她的未來。有好幾次，當前的時光恢復了先前已經消逝的維度。」但波娃對於她們是情侶的說法很火大，她說：「我們是非常、非常、非常要好的朋友。」

當波娃碰巧看到負面評論時，讓她打起精神的人，是席爾維；協助波娃在剛起步的女性主義世界中確認方向的人，是席爾維；同時也是席爾維，把波娃從沙特死後的抑鬱中拯救出來。她和席爾維參加了挪威峽灣的遊輪之旅，然後又開始動筆寫作。席爾維說：「她彷彿將一切拋諸腦後，她談論我們的關係，說這讓她喜歡人生，得到活著的理由。她說：『我不是為妳而活，卻是由於妳、經由妳而活著。』這就是我們之間的關係。」

三：不再在意別人的想法

年老時，會發生奇特美妙的事——我們不再在乎別人對我們的想法。更精確地說，是我們瞭解到他們一開始就沒想著我們。

西蒙·波娃也是如此。她變得更加自信，更加接受自己的癖好，同時也更加謙卑。她曾經歷以自己為中心的「哥白尼時刻」（Copernican Moment），而後來失去這種了「站在世界最中央的稚氣幻想」。

這是一種巨大的解脫。我們每個人都是行星，不是恆星。我們吸收光線，反射它，而不是創造光。

這種不去在意的心態，有助於解釋為何老年人能在智識上解放。波娃說：「以一種奇特的悖論，老年人往往就在已經老去的時刻，對於先前推向完美頂點的整個作品價值產生懷疑。」這對於林布蘭（Rembrandt）、米開朗基羅（Michelangelo）、威爾第（Verdi）、莫內（Monet）以及其他藝術家來說，皆是如此。不再追求讚美之後，他們便能隨心所欲質疑自己的作品，因此成為波娃所說的「超越自己」。

以波娃一本晚期作品的命運為例，這本短篇故事集《被毀的女人》（*The Woman Destroyed*，暫譯）在她六十歲生日時出版，受到了普遍的抨擊。書評家不屑一提，說這是「憤憤不平的文字表達，出自一個不管是人生還是文學，都不再有人要的老女人」。但波娃未受干擾，繼續寫作。

四：保持好奇

老人的問題不在行為過分年輕，而是行為不夠年輕。當他們應該模仿七歲的樣子，行為表現卻像是二十七歲。老年是和好奇心重新連結的時期，或更好的是，重新連結求知的心。畢竟，年紀只有七歲，卻有更好的頭腦，這是怎樣的哲學家呢？

「沒有人比活到失去熱情的人更老。」梭羅說。波娃從未失去熱情，從未停止求知。她有如專業劇評家般談論電影和歌劇；她經常看報紙，並以權威和真誠的熱情討論世界大事。她對於美洲產生了新的興趣，鄙視前美國總統隆納．雷根（Ronald Reagan），沒有什麼比健康及強烈的仇恨，更能防止衰老了。她和學者及記者碰面，傳達關切，經常穿著她的招牌紅浴袍見朋友。

她十年前放棄的愛好，也再度引起她的興趣。五十一歲時，她宣稱毫無興趣旅行去看一個「了無驚奇」的世界；但十年後，她卻再度上路，堅信「旅行是少數可以將新奇帶回生活的事物之一」。她贊同劇作家歐仁．尤內斯庫（Eugène Ionesco）的配方：在未到過的國家待兩天，抵得上在熟悉環境待上三十天。旅行使她對世界保持開放的心胸，並感受其美麗。在旅程中，她感到寧靜。「我處於一個擁抱永恆的時刻。我忘記了自己的存在。」她說。

五：投入謀畫

波娃相信，老年應該喚醒熱情，不應該消極，而且熱情應該往外推送。我們應該擁有謀畫，而非娛樂。謀畫提供意義，如她所說：「如果老年不想成為之前人生的荒謬惡搞，只有一個解決之道，就是要繼續追求賦予我們存在意義的目標——即投入個人、群體，投入目標、社會、政治或創作。」

在七十多歲時，波娃比她二十多歲時更活躍於政治。經過數十年再三躊躇後，她把名字借給許多志業。她抗議法國出兵中南半島及阿爾及利亞，以及美國參與越戰。她涉入監禁中的叛亂分子、遭受新聞審查的藝術家，以及被驅逐的房客等議題。

她依循著「老年人激進主義」（elder activism）的悠久傳統。伏爾泰儘管筆鋒魄力十足，卻直到晚年才把這樣的魄力訴諸行動。英國哲學家伯特蘭・羅素（Bertrand Russell）在八十九歲高齡，因為參與反核示威而入獄七天（地方法官願意豁免羅素，只要他承諾會循規蹈矩，但他的回答是「不，我不會循規蹈矩」。）一九六八年，知名的美國小兒科醫師班傑明・斯波克（Benjamin Spock）因抗議越戰的罪名被定罪，他當時八十歲。他說：「在我這樣的年紀，我為何要害怕進行公開抗議？」這是老年的好處之一，你可以付出的變多，可以失去的變少。波娃說：「老人脆弱的身體裡散發熾熱無畏的熱情，真是令人感動的光景。」

六：當一個「習慣」詩人

我們認為老年人是習慣的生物，並為此憐憫他們。但應該這樣嗎？波娃不以為然。習慣未必不好，而且它擁有自己的美。

我們需要習慣，不然人生就會碎裂成無意義的百萬碎片。習慣把我們拴在這個世界，拴在我們的世界。習慣很有用，只要我們回想起為何形成這些習慣，並持續質疑習慣對我們的價值。我們必須擁有習慣，而不是反其道而行。

波娃以每天下午都玩牌的男子作為例子：在下午的這段時間，他可以自由選擇在這咖啡館玩牌。這習慣有其意義，但要是他因為「他的」桌子被占據等理由生氣，這個習慣就會削弱成為「死氣沉沉的」要求，限制了他的自由，而非擴展自由。

習慣不是一成不變，請把它想成一個容器，你願意的話，或許也能想像成一個包包，一個能讓我們盛裝人生碎片的包包，而這就讓包包產生了效用。當我們將包包和其內容物，以及習慣和其含有的意義混為一談時，那麻煩可就大了。

在六十多歲時，波娃接納了「習慣」的詩意。她從事往常會做的事：寫作、閱讀、聽音樂；但她並未閱讀同樣的書，也並未聽同樣的音樂。「日子的節奏、我填滿日子的方式，以及我所見到的人們，讓我的日子如此相似。然而，我的生活卻一點也不顯得停滯。」波娃對自己的習慣如此寫道。

七：無所為

有活動的時間，就有懶散的「好時機」（Kairos）。就文化上來說，我們看重前者，而非後者。波娃和沙特當然都是多產的作家，但他們偶爾還是可以什麼都不做，就這樣。在羅馬的夏天，他們就是全面性的無所為。波娃在羅馬，會將她的謀畫及無止盡的奮鬥擱置一旁，然後「沉浸」在她自己，成了休息的河狸。

儘管「接受」不是波娃經常使用的文字，但她的確達成類似的成就。在她七十五歲生日的晚上，她說：「變老畢竟還是有一定的道理。」和尼采一樣，她毫不後悔。「我已經盡我所能、盡其長久地，享受了一切。」

八：擁抱荒謬

在我的成長過程中，我們家冰箱上貼了一張漫畫。我已不記得媽媽何時將時將它貼在上頭，而在我心中，它始終在那裡。漫畫內容畫的是一位瘋狂科學家，身處一個滿是形形色色怪物的房間，他沮喪地坐在巨大的雷射機器旁，對助手說：「二十七年來都在製造怪物，讓我得到了什麼？一屋子的怪物。」

對這幅漫畫，卡繆只會一笑置之。這位法屬阿爾及利亞作家，是荒謬主義哲學的主要擁戴者。這個世界非理性，毫無道理。我們所有的成就，都在時間無情的猛踢下坍塌了。然而，我們依然堅持不懈。這就是荒謬，這就是人生，在空無一人的劇院中，我們一齣精心製作的舞臺作品，一再又一再地熱情表演。荒謬主義者會說，波娃錯了。老年才不是人生的拙劣仿作，人生才是人生的拙劣仿作，老年只是壓軸妙語。

要如何回應這樣的荒謬？我們可以忽略它一陣子。我們的智慧手錶給予了進步及意義的假象；我們監看卡洛里燃燒，及賺得的福利，便認為我們即將有所成果。我的人生有意義，我可以看見它在這方小小螢幕上明亮閃現。但是薛西弗斯戴著智慧手錶，就和薛西弗斯沒有智慧手錶一樣荒謬。事實上，更加荒謬的是，他著迷於進步的假象，而沒戴智慧手錶的薛西弗斯則沒有沉迷。試著量化荒謬這件事，沒有比較不荒謬，而是更加荒謬。

很有趣，但這和變老有什麼關係？人生中，在二十五歲時和七十五歲時，不都一樣荒謬嗎？是的，但在七十五歲時，我們更清楚這一點。我們已經累積足夠的嘉獎、存了足夠的錢，得以瞭解這些事多麼沒意義。二十五歲的薛西弗斯仍保有希望，認為或許，這一次巨石不會滾下山。而七十五歲的薛西弗斯，就不再有這種錯覺了。

薛西弗斯的任務，和我們的任務一樣，是接受「慘重命運的確定性，又不帶著對慘重命運的順從之心」，卡繆說道。我們必須想像薛西弗斯的快樂，但該怎麼做呢？一個神智清醒的知識分子，如何能在枯燥乏味又毫無意義的任務之中，尋得快樂？

那就是，儘管徒勞無功，**也正是因為徒勞無功**，仍投身於自己的任務。卡繆說：「他的命運屬於自己。他的巨石屬於他……巨石的每一個原子、夜色瀰漫山地裡的每一片礦石，這些本身便形成了一個世界。推往山頂的艱難行進本身，就足以充實一個人的心。」

波娃不完全贊同卡繆的荒謬主義，卻確實地擁抱她稱為「充滿激情的英雄主義」，欣喜於工作本身的魔法。她說，置身於滿是怪物的房間，那就持續製造更多的怪物，直到最後。

九：建設性脫離

隨著年事漸增，我們就更緊密地攀附著人生。但我們必須學會如何放手，我們需要練習我稱為「建設性脫離」（Constructive Disengagement）的心態。這不是冷漠，也不是遠離世界，而是溫和地後退一步。你仍是火車上的乘客，仍舊在意你的同車旅客，但較不會因為碰撞、震顫而心慌煩惱；對於抵達目的地一事，也比較不在意。

活到九十七歲的羅素，則建議你擴展興趣圈，讓興趣「更加寬廣和不帶個人色彩，直到自我的牆壁一點點往後退去，人生就更能融入普遍的生命之中」。

將一個人的人生看成一條河流，一開始，它狹窄受限於河岸，然後衝過巨礫，穿過橋下，再從瀑布流瀉而下。「河流逐漸變寬，河岸後退，水流越發平靜。到最後已無明顯界線，與大海合而為一，毫無痛苦地失去個體存在。」

我認為，這就是老年的最後任務：不讓我們的水流變得狹窄，而是要擴展。不要憤怒於光線消逝，而是要相信這光線仍然留存於他人身上。「kairos」的智慧是：萬物皆有其時間，即使是這個時候。

十：交棒

法國評論家保羅．瓦樂希（Paul Valéry）對於詩的說法，也同樣適用於我們的人生：「從未完成，只是遭到遺棄」。未完成的事業，並不是失敗的象徵。正好相反，離開人世卻不留下任何待完成的事業，就表示尚未充實地活過。

隨著我們的未來消退，他人的未來增長，我們未完成的事業將由他人完成。這個想法或許比其他任何想法，都更能讓老年人愉快。如波娃所說：「我喜愛年輕人，如果從他們的計畫中，我認出自己的計畫，那麼我覺得在我入土為安之後，人生將被延長。」

當然，這件事不帶有任何保證。年輕世代可能會將我們的謀畫弄得一團糟，如同我們對上個世代做的事一樣。我們並沒有所有權，我們就像客棧中的旅人，只是經過。看到「禁止吸菸」的標示時，讓房間維持在我們造訪時的模樣，或許只是在意見箱裡留下一、兩張字箋。

我尚未準備好要交棒。還沒有，我還不老。但如果我——不，是「當我」——衝撞老年時，我會準備留下什麼字箋給女兒？

和她搭乘另一輛火車一起旅行時，我瞥了一眼這位即將成年的女孩。她牢牢戴著耳機，手指飛快滑過智慧型手機。她沒注意到我拿出我的老爸筆記本及老爸鋼筆，然後開始寫。

親愛的桑雅：

質問一切，尤其是妳的疑惑。帶著驚奇看世界，並懷抱敬畏之情與疑惑對話，以愛聆聽自己的疑惑。絕不要停止學習，什麼事都做，但也要留時間給無所事事。選擇妳想要的任何坡道過橋，別詛咒妳如人生課業一般的薛西弗斯巨石，要擁有它，愛它。哦，要少吃一點麥當勞。

但如果不這麼做，也是妳的選擇。

⑭ 如何像蒙田一樣死去

Montaigne

上午十一點二十七分，我搭乘著從巴黎開往波爾多的八四三三號車次法國高速列車。

車外一片灰濛濛的天空，如羽絨毛毯般包裹著法國鄉間；車內，不確定性主導了一切。我們沒有買對號座位就衝上車，所以隨著搭車旅客越來越多，我們每一站都必須換位子。這趟旅程難以安穩；我才剛熟悉了我的座位，就被驅離，必須再重新找位子。

沒有對號座的旅行就是這樣，而哲學之道也是如此。當我們剛感覺輕鬆舒適於某一個定位——例如，所有知識都源自感官——這時，卻有事物顛覆了我們確信無疑的認知；因此，我們必須重新開始。不斷逃離舒適圈及確定性，使人精疲力竭，但有其必要。

我瞄了桑雅一眼，她連結在她的數位世界，不受這種迫遷干擾。我不解，為何我不能更像她一點呢？

我的思緒纏繞著這個想法，才剛開始對此覺得自在舒適，此時，卻又有另一波乘客上來，打斷了我的思考。我收好我的老爸書籍以及老爸鋼筆，緩步行經走道，找尋另一個新居處。

◊

想像一個大到可以容納七十億人的巨大游泳池，沒有人曾經見過這個泳池，但不能否認它的存在。每個人到了某一時刻，便被丟進這泳池裡。大部分是在年老時被扔進去，但有些是在中年，還有一些是在年輕時。只有被丟進去的時機問題，沒有人能逃過被丟入的命運，也沒有人能在泳池中浮起。

考量到這一切，你可能會認為池裡有巨大的公共利益，你可能還有無數疑問：泳池有多深？是溫水還是冷水？我能怎麼準備被丟入池裡一事？我應該畏懼被丟入池裡嗎？

然而，人們很少討論泳池，而就算討論了，也是以迂迴的方式。有些人甚至不願說出「游泳池」，而是說「水體」，或更隱晦地說「你知道的那個大玩意兒」。老師不和學生討論泳池，父母也不和孩子討論（只有少數例外）。在晚宴或其他社交場合提起泳池，就會被視為不禮貌的舉動。人們甚至堅定地迴避思考這個泳池；他們做出結論，最好就把它交給泳池專家。

然而，不管他們有多麼竭盡全力推開它，這巨大泳池卻永遠存在，有如看不見的水怪縈繞在他們心底。當他們啜飲拿鐵、歸檔收支報告、替上床的孩子蓋好棉被，卻有一個隱約、但不容否認的問題，浮現在他們的意識之中：今天是我要被丟入泳池裡的日子嗎？

◊

在旅程中，我所遇到的每位哲學家都對著我說話，有些人比其他人更大聲，卻沒有人說得比米歇爾．德．蒙田（Michel de Montaigne）更清楚、更大聲。這位十六世紀的法國人，是我最想要一起喝啤酒的哲學家。我在蒙田身上見到自己，而我身上也有一些蒙田的哲理。吸引我的不太算是他的觀念，而是他曲折且小心翼翼地得到這些觀念的方式。蒙田收服了我，他是我哲學的靈魂伴侶。

和我一樣，蒙田的身心都焦躁不安。和我一樣，他享受旅行但更享受歸途。和我一樣，他有畫底線及作註釋的強迫性癖好。和我一樣，他的筆跡糟透了，難以辨識他寫下的東西。和我一樣，他不擅長應對金錢，對商業世界異常無能（「我願意做任何事，也不想看懂合約。」）。和我一樣，他不會煮菜（「如果你給我廚房的所有設備，我就會餓死。」）。和我一樣，他參與世界，但定期會有一種強烈到幾乎無法抵擋的逃離需求。和我一樣，他的情緒不穩定。和我一樣，他對於寫出自己的事很不自在，但還是這麼做了。和我一樣，他有兩種——也只有兩種速度：快與慢。和我一樣，蒙田也畏懼死亡，但和我不一樣的是，他迎頭面對他的恐懼。

死亡讓我們所有人都成了哲學家，即使是最不常沉思的人，都會在某個時刻思索：當我們死亡，會發生什麼事？死亡真的是需要畏懼的事嗎？我要如何接受它？死亡是哲學的真正考驗，如果哲學不能協助我們應付人生中最重大、可怕的事件，那它還有什麼用？如蒙田所說：「世上所有智慧及論證最後都歸於一點，即教導我們不要害怕死亡。」

然而，大部分的哲學家對待死亡的方法，和我們其他人一樣，就是忽略它或恐懼它。馬可．奧理略每當想到死亡，就會陷入深深的憂懼；叔本華則擔心他死後，歷史學者會扭曲、毀壞他的觀念。

而伊比鳩魯的結論是，最好別去想到死亡。「對我們來說，死亡不算什麼。」你不會每天早上醒來，就開始擔憂出生前的時光，那為何要擔心死亡？出生前你缺席了，而你將會再度缺席。「當我們存在時，死亡不在場；當死亡在場，我們就不存在。」

但我可不買帳。在我出生前的無我，和我死後的無我，是不一樣的。一個是始終無物的無我，而另一個是曾經存在的無我，這就是差異所在。空間的虛空和地面上的坑洞是不同的。空無是由它周圍那些曾經存在，以及現在仍然存在的事物，來定義的。

蒙田閱讀伊比鳩魯，及其他人對於死亡主題的看法，同樣感到不滿意。他們淺薄地碰觸這個主題，他說：「幾乎連表面都不曾碰觸。」他決心更加深入，而也的確辦到了。針對死亡和垂死的議題，沒有哲學家比蒙田更加誠實、勇敢地寫下想法。

就像波娃執著在變老的議題，蒙田則執著於死亡（death），或更加精確地說是，「垂死」（dying）。他說：「讓我驚恐的不是死亡，而是垂死。」這時時盤據他的心中，不管是在生病還是安好時都一樣，就連「人生最為放蕩不羈的時節……流連淑女與遊戲之間」時，也都是如此。

這不能怪他，在十六世紀當時，死亡氣息瀰漫。「死亡掐住我們的喉嚨。」蒙田說道。當時，天主教徒和新教徒以驚人的速度互相殘殺，而戰爭只是送死的一種方式，還有瘟疫造成波爾多半數居民死亡。蒙田的六個孩子，只有一人沒有夭折。他的弟弟阿諾德才二十三歲，便死於一樁扯到網球的怪異意外。被網球害死！死亡真是荒謬，如果它不是人生的終點，我們可能會對它一笑置之。

蒙田的好友拉波埃西（Étienne de La Boétie）逝去，造成他最深的傷痛。拉波埃西在三十二歲時死於瘟疫，蒙田感覺「自己像是被砍成了兩半」。

現今，死亡或許不像蒙田的時代那樣投下長長的陰影，但這只不過是小小的慰藉。陰影變短，陰暗程度卻不見減少。當時就像現在一樣，人類的死亡率是精準的百分之百，誤差值為零。

每個人都會被丟進泳池裡。

悲傷讓人消沉，悲傷讓人麻痺，但悲傷也能成為動力。正是悲傷促使傷心的蒙兀兒皇帝沙迦罕（Shah Jahan）建造了泰姬瑪哈陵，來紀念他心愛的妻子。正是因為失去妻女和視力的悲傷，啟發英國詩人彌爾頓（Milton）寫下《失樂園》（*Paradise Lost*）。也正是因為悲傷，驅使蒙田爬上三段螺旋階梯，登上紅頂高塔的最高樓層。這座高塔迎著風，聳立在山坡頂，蒙田在此寫下了他的《蒙田隨筆全集》（*Essays*），從沉重的悲傷中產生了偉大之美。

◇

我和桑雅爬上螺旋梯，就是蒙田四百五十年前所登上的那道樓梯，他在此地領略他的孤寂。我懷疑蒙田和我一樣都是性格內向的人，但在環境要求下，可以得體地模仿外向人。我們這些開朗的內向人格，可以愚弄世界，卻付出了個人代價。這些偽裝的外向作為，讓我們疲憊不堪、精疲力竭。

這座塔現今和蒙田當代的狀況，大致上沒什麼改變。眺望阿基坦鄉間的三扇窄窗仍舊存在，蒙田寫作的書桌和他的鞍具也都還在。他喜歡這座塔的一切，喜歡它俯瞰家族葡萄園的模樣，喜歡它的寂靜。他喜歡不管望向哪裡，目光所及都是書的樣子。

他珍貴的圖書室，一開始是拉波埃西贈與的禮物，對方堅持要蒙田收下這些書以「紀念你的朋友」。蒙田的確如此，雖然剛開始並不情願，他還是將書搬上螺旋梯，小心翼翼地放上書架。他開始喜愛他的藏書，藏書量也逐漸增加。到了蒙田死亡時，他已經累積了一千本書。

他花上好幾小時、好幾天在他的塔上，由書本和思考陪伴他。對蒙田來說，距離很重要。單獨留在塔裡，能讓自己與外在世界切割，某種方式上來說，也是與他自己切割。往後退一步，以便更清楚地看自己，就像人距離鏡子半步的情況。我們太靠近自己，便無法見到自身。他寫道：「我們全都擠作一團，專注於自己的事，我們的視野便只局限在鼻尖前。」所以，移動你的鼻子吧，在這裡，以及那裡到處徘徊。外在的距離，讓內在的親密成為可能。

就是在這裡，在他心愛的塔上，蒙田結束和世界的對話，並開始和自己對話。「該是轉身背對人群的時候了。」他說。「以及像烏龜一樣，退入殼裡。」

我抬頭，見到智慧回視著我：椽子上雕刻了大約五十句名言。蒙田本身的話語也在這些古代諺語中：「我知道什麼？」（Que sais-je?）這幾個字俐落地總結了他的哲學，以及他的生活方式。

蒙田是懷疑論者（Skeptic），並且是以這個字的原始意義來說——不是愛唱反調、為了好玩而戳穿別人想法的人，而是在追尋真理上抱持懷疑態度的人。蒙田懷疑，以便能夠確信。他一次用一個懷疑磚頭，慢慢打造一座確信的高塔。

他認為，人類永遠無法瞭解絕對真理。我們最能夠做的就是，捕捉視情況而定的「暫定真理」，或稱為「真理金塊」。這些真理金塊是流動的，不是固定的，蒙田稱之為「飄動」。你可以飄動很長一段道路，而蒙田正是如此。

和梭羅一樣，蒙田抱持各種角度的視野。他舉起一個想法，然後以不同角度來觀察它。他對一切都是採取這種做法，即使對是他的貓。他思忖，是他在和貓兒玩，還是貓兒在和他玩？這正是純粹的蒙田概念：找尋大家都知道的事——大家都以為自己知道的事——然後測試它，並玩味一下。蒙田說，你以為你知道什麼是死亡？再思考、玩味一下吧。

蘇格拉底就這麼做了；被判處死刑後，他說出他的疑惑。或許死亡不是那麼壞的事，或許是它愉快的「無夢長眠」，或許真的有來世。這個雅典牛虻說，這難道不是很棒的事嗎？想想看，他可以快樂地把永恆的時間，都用在以煩人的問題和人討論哲理，以及惹惱別人。

和蘇格拉底一樣，蒙田以他自己的說法，是「一個意外的哲學家」，也是「個人的哲學家」。他娛樂自己、惹惱自己，並讓自己驚訝。我欣賞蒙田的地方，是他並沒有把上述這些想法當成無心幻想而摒棄，而是仔細檢視它們。他認真看待的是他自己，而不是他的哲學。「認識你自己。」希臘人如此懇求，卻沒告訴我們該怎麼做。而蒙田提供了答案，藉由冒險嘗試、犯錯、再重新開始，以薛西弗斯式的做法，來認識你自己。

蒙田需要為他的「意外哲學」找到一種文體，卻找不到，所以他發明了一種，也就是隨筆（essay）。從法文的「assay」而來，它意指「嘗試」；「assay」是一種試驗、一種嘗試。他的隨筆就是一個巨大的嘗試，嘗試什麼？嘗試去認識自己。他要死得安然，必須先活得安然；而要活得安然，必須先認識他自己。

蒙田在寫作上，和人生一樣，都不是採取線性思維。像清少納言一樣，蒙田總是筆隨意走地寫下隨筆。他寫過同類相食和貞操的主題，也寫過懶惰和醉酒、脹氣和拇指，還寫過醃肉。他寫了關於他發癢的耳朵、疼痛的腎結石，還寫了關於他的陰莖。他寫了關於睡覺和悲傷、氣味、友誼，及小孩。他寫了性愛，也寫了死亡。但是，蒙田著作的真正主題，其實是蒙田自己。他說：「我對我自己呈現自己。」並說這是「狂野的巨大計畫」。

人類擅長否認令人為難的事實，而沒有比死亡更令人為難的事實。我看待死亡的方式，就跟看著鏡中老化的自己一樣。真要說的話，也是斜眼一瞥；那是一種孤注一擲的徒勞嘗試，想為自己先打預防針，以抵抗死亡的嘶咬。

蒙田認為迴避的代價太高了。當我們迴避死亡，他說：「其他一切快樂全被扼殺了。」不完整地面對我們的死亡，我們就無法過完整的人生。「讓我們消除對它的陌生感，開始瞭解它、習慣它。讓死亡比任何事物都更常駐於我們心中；在任何時刻，讓我們在想像中，都可以刻畫出它的各個層面。不管是馬兒步履蹣跚、瓷磚掉落，或是最輕微的針刺，都讓我們立刻細想這一點：嗯，如果這就是死亡本身呢？」

蒙田提醒我們，死亡隨時可能到來，並舉出希臘劇作家艾斯奇勒斯（Aeschylus），據說是被老鷹丟下的烏龜殼給砸死的例子。「我們必須隨時穿好鞋子，準備離去。」

◇

我來回於蒙田的塔和聖埃米利翁之間，聖埃米利翁是那種會讓人恨不得大家都是法國人的完美法國小鎮。現在只有我和蒙田，而桑雅已經撤退到青少年世界，很少從旅館現身。每天上午，我就費力地帶上厚達八百五十頁的《蒙田隨筆全集》，到當地咖啡館，點一杯雙倍義式濃縮咖啡。這是個廉價的地方，處處可見把晨間啤酒放上搖晃桌子的老菸槍。這裡也做著其他興隆生意，像是販賣廉價酒品和樂透彩券。這種邋遢散慢的地方吸引著我，因為，它們對我的要求較少，我因此可以更加清楚地思考。

我得知，蒙田是一個完全身體力行的哲學家。他走路，他騎馬，他吃東西，他也鬼混。文學大師亨利・米勒（Henry Miller）用以形容德國哲學家蓋沙令（Hermann von Keyserling）的說法，同樣也適用於蒙田：「他是一個以全副身體進行攻擊的思想家，就是那種會出現在故事結尾七孔流血的人。」

蒙田告訴我，他的步伐堅定快速，身材矮壯結實，有著棕栗色頭髮，臉龐「不胖但豐潤」，他還很自豪自己整齊潔白的牙齒。他喜歡詩，並痛恨夏季炎熱。他無法忍受自己的汗味，他絕不在晚餐後剪髮。他喜歡賴床。他排便時喜歡慢慢來，痛恨有人打擾。除了擅長騎馬之外，其他運動他都表現不佳。他不喜歡閒聊。他喜歡西洋棋和跳棋，卻都下得不好。他夢想著自己的夢想。他的記憶力不好。他吃得很快，狼吞虎嚥，有時會咬到舌頭，甚至是手指。他像古希臘人一樣，用水來稀釋酒。

蒙田可說是拼湊式的哲學家，彷彿一塊以借來的觀念所縫成的拼布。他在上面蓋下自己的印章，化為自己的觀念。蒙田以和我們——和我——不同的方式，相信他自己的經驗。

這花了他一段時間才達成。他說，早期的隨筆「有一點別人財產的味道」，但隨著頁數增加，他越來越自信、大膽。我發現自己很支持他，即使在他離題太久讓我快打嗑睡時也是如此（「是讀者不夠專心，才沒跟上我的主題，而不是我離題。」）。當他找到聲音時，我為他鼓掌。就算受過借錢及乞求的訓練，他說，我們每個人都「比我們認為的富有」。

蒙田不怕反駁自己，不管大小事都可改變態度。例如，他對小蘿蔔的想法。剛開始，這個蔬菜和他不合拍，後來卻變得合拍，但接著又不合拍。

而沒有比死亡這個主題，讓他更前後矛盾的了。在他的早期隨筆，蒙田相信學習和沉思可以讓人免於垂死的恐懼。其中一篇隨筆題目是〈推究哲理就是學習死亡〉（That to Philosophize Is to Learn to Die，暫譯）；到最後，他卻完全反轉了這個想法。他做出結論，「推究哲理就是要學習生活」。死亡是人生的終點，卻不是目標。

◇

蒙田沒有「想死」這個願望，他有的是想要生命的願望。然而，他知道如果不能接受死亡，這個願望就無法完全實現。我們或許認為，生與死是絕對嚴格的順序：我們生，然後死。但蒙田說，實際上是「死亡和我們的生命徹底混合，及融合在一起」。我們不是因為生病而死亡，而是因為我們活著才會死亡。

蒙田以我難以置信的方式看待死亡。他不只是思索死亡，還把玩它，甚至是——我知道這聽起來很奇怪——和它交朋友。「我希望死亡能和我一起分享人生中的輕鬆及舒適。死亡是生命很大、且很重要的一部分。」

我很難理解這個想法。我不確定是否想要死亡成為我人生的一部分，不管有沒有占很大一部分。我不解，我如何能接受死亡，又同時跟它保持安全距離？

蒙田說，你不能和死亡保持距離。如果不和它做朋友的話，你必須至少拔除它的尖牙。如果你把死亡當成敵人，當成與你無關的事，那就錯了。「死亡是你創造的環境，是你的一部分。你這是在逃離你本身的自我。」對於死亡，我們必須重新定位。死亡不是一種「他者」，你不是它的受害者。

蒙田和甘地一樣是實驗者，他們相信任何事都得嘗試一次。他說：「我們必須推門，才能知道它對我們關上門。」對我們關得最緊的一扇門，就是死亡，但我們還是必須推開它。他說，不要嘲弄死亡，除非你嘗試過死亡。

米歇爾．蒙田，你到底在說什麼？我們可以預演很多事——婚禮、成人禮、工作面談——但死亡絕對不行。有關於死亡和垂死的專家，但沒有「死者」（dier）專家（我的拼字檢查甚至不認得「dier」這個字）。我們不能練習死亡，難道可以嗎？蒙田辦到了。

那年是一五六九年，蒙田當時在離家不遠的地方騎馬，他選了一匹溫和聽話的馬兒。這段路他騎過好多次，認為自己絕對安全，此時，有人騎了強勁的馱馬，試圖全力加速超越他。蒙田回憶：「所有力量和重量襲來，有如霹靂打中我，讓我們兩人整個人不斷翻滾。」

蒙田從馬背上摔下，受傷流血地躺在地上，「和木頭一樣動也不動，也沒有感覺」。路人確信他死掉了，但接下來，他們卻察覺到非常輕微的動作。他們扶著蒙田起身，他立刻「吐了一整桶的血塊」。

他回想：「對我來說，我的生命像是僅僅掛在我的嘴唇尖端。」奇怪的是，他不覺得疼痛或害怕。他閉上眼睛，彷彿悄悄陷入沉睡，享受放任自己的快樂。蒙田心想，如果這就是死亡，那也不算太壞，甚至可說是一點也不壞。

朋友帶他回家。他見到他的屋子後，卻認不出來。人們提供他各種療方，但他全部謝絕，堅信自己受了致命傷。然而，他還是感覺不到疼痛，也沒有恐懼——只有「無限甜蜜」。他回憶，這將會是「非常快樂的死亡」。他輕鬆地任由自己慢慢溜走。

然後，他開始康復，而疼痛隨著復甦而至。「對我來說，就好像一道閃電狠狠擊中我的靈魂，而我逐漸從另一個世界回來。」

這個意外對蒙田產生深遠影響，他開始質疑他的假說，即死亡是我們無法練習的事物。或許我們可以，或許我們應該讓它一試。我們見不到死亡本身，卻可以「至少瞥見它，並且探索接近它的方式」。

和西洋棋或釀酒不一樣，死亡並不是我們所能夠掌握的事。它不是技巧，而是與大自然比肩的一種定位。蒙田說：「自然沒有無用之物，甚至連無用本身也沒有。」死亡不是生命的失敗，而是自然的結果。

蒙田開始慢慢接近死亡，「不是把它當成災難，而是美麗且無法避免的事」。就像秋天時葉子從樹上落下時，葉子並不擔心如何落下，而我們也不該擔心。「如果你不知道如何死亡，別擔心，大自然將會當場告訴你，怎麼恰當且完整地去做，它將會完美地為你做好這件事。因此，別讓你的頭腦為此費心。」

米歇爾・蒙田，大自然會這樣做嗎？但願如此。它非常陰晴不定，可能這個時刻綻放櫻花，接下來卻放出五級颶風。我可不贊同「自然就是好」的理論；蟑螂是自然的，地震是自然的，鼻毛也是自然的。

◊

美好的死亡，是什麼模樣呢？通常（但並非一定）來自美好人生的結束。氛圍也很重要，越少戲劇性越好。在蒙田時代，垂死的人身邊經常圍繞著「一群臉色蒼白的流淚僕人，房間陰暗，由燭光照亮；醫師和牧師圍繞床邊；簡而言之，我們身邊盡是恐怖及嚇人的事」。現今，照亮醫院病房的是日光燈，而不是蠟燭。但是醫師和牧師仍在，恐怖及驚嚇也一樣。

我和死亡最親密的經驗，是見到我的岳父去世。他同時以緩慢與急速兩種方式死去。額顳葉失智症造成他偏執易怒；一次發作讓他進了醫院，然後是安養院，接下來，當他的腎臟停工，他又回到醫院。我們知道這便是結束，醫師也知道，卻沒有人承認。在醫院病房中，一種心照不宣的沉默瀰漫，我們全是未被告發的共謀分子。這種佯裝成無知的偽裝，也闡明了我們這時代對瀕死的定義。

我看見岳父的胸口起起伏伏，眼神因為嗎啡顯得呆滯，一旁價值一個飛機駕駛艙的儀器嗶嗶作響。我凝視一個螢幕，上面顯示他的血氧濃度，四十五，然後是七十五，接著下降到四十。我盯著數據波動，彷彿盯視的行為可以多少讓他活著。醫學技術藉由麻木我們，讓我們得到安慰；藉著讓我們分心，來麻木我們。只要機器有發出嗶嗶聲，只要螢幕閃動，便一切安好。

但蒙田不會贊同。讓他憂慮的倒不是緩解療護，而是否認。死亡的現實性無非就是自然，但科技讓我們和它拉開距離；既然我們是自然的一部分，因此，這個舉動只是讓自己和自己拉開距離，逃離自我。一次一個嗶聲，蒙田會看著閃動的螢幕、跳動的心電圖、定量的點滴，然後清清楚楚地發現，這房間裡少了什麼，也就是「接受」。

死亡的治療藥方不是「更多的生命」，正如絕望的治療藥方並不是「希望」。其實，兩者都需要同樣的藥物：接受。和波娃一樣，這就是蒙田最後的歸結。不是敷衍的接受，而是全心全意的接受。是的，接受死亡，但也接受人生，以及自己。接受自己的正面特質（「把自己說得比真實狀況還不如，這是愚蠢，而不是謙遜。」），同樣也要接受自己的缺點，例如，懶散的個性。

蒙田常責怪自己浪費時間，最後他瞭解到這有多愚蠢。「我們是大傻瓜，我們會說：『他一輩子都遊手好閒。』『我今天一事無成。』什麼！難道你還沒活過人生嗎？」

◊

生病惹人厭是老生常談，同時是恰巧為事實的老生長談。我生病時，簡直像大嬰兒，而蒙田也是。與我不一樣的是，他遭受的是真正的病痛，也就是在他成年後，折磨他大半生的痛苦腎結石。蒙田詛咒「這些石頭」，這已經害死他父親，現在又來威脅他的生命。

疾病，是大自然讓我們為死亡準備的方式，讓我們得以慢慢進入死亡。就像牙齒不覺疼痛地脫落，我們也慢慢離開我們自己。從健康狀態到死亡，讓我們太難以承受，但是「從痛苦的生命到沒有生命，這樣的跳躍就不會太殘酷」，他說。

蒙田提出了一個徹底不同的「好的死亡」（good death）版本。我們認為所謂的「好的死亡」，是指在短暫的病痛、或根本沒有病痛過後的死亡。但蒙田說不是，這跳躍太大。最好是慢慢逐漸滑入，而不是突然墜落的死亡。

一方面來說，蒙田的滑入理論很有道理，最好是小小的跌落，而不要重重的摔落。但是，你和正處於墜落中的人說看看。過去這幾年來，我見到岳母逐漸墜落的過程，她的帕金森氏症一點一滴地偷走她。首先，它帶走了她穩定的步伐，然後是整個行走能力。它對這樣的掠奪還不滿足，繼續伸向她的心靈，奪走她閱讀、對話的能力。當她最後的墜落來到時，是的，將是一個小小的跌落，但只是因為她已垂直墜落許久。疾病，或許是大自然讓我們為死亡準備的方式，但我從公開演講得知，這也可能準備過度。有時候，對於危險一無所知，氣勢洶洶地進入情況還比較好；有時候，狠狠摔落比小小跌落要來得好。

和蒙田一樣，我也開始滑離自己。我的頭髮滑離幾十年前的位置，還有我洗衣板般的腹肌，及毫無瑕疵的皮膚都逐漸滑離。就我而言，這樣的滑離已足夠。我們現在能夠停止嗎？我不想死，該死的自然法則。我是可以習慣永生不朽的，真的嗎？

西蒙·波娃在她的小說《人終有一死》（*All Men Are Mortal*，暫譯）中，玩味這個問題。書中主角是一個叫作雷蒙·弗斯卡（Raymond Fosca）的義大利貴族，他因為在十四世紀時喝的藥水，而得到永生。剛開始，他覺得永生是莫大的恩賜，努力想要好好善用它。他想要提高人們的壽命，但後來，他就把自己的永生視為詛咒。他珍愛的人全都死去了，而且感覺人生乏味（就連他的夢想也很乏味）。從此之後，他沒有了慷慨的感覺。身為永生者，他沒有可稱為犧牲的事物，他的人生缺乏急迫和活力。我們或許害怕死亡，但作為另一種選項的永生，卻更加糟糕。

瞭解死亡，可以讓我們活得更加充實。古埃及人知曉這一點，在盛宴當中，他們會運來骸骨，提醒客人自身的「命運」。古希臘和古羅馬人也知曉，「說服自己，新的每一天都可能是最後一天。」詩人賀拉斯（Horace）說。「那麼，你就會心懷感激，得到意想不到的每一個小時。」

◇

蒙田在一五九二年九月十三日死於他的莊園，享年五十九歲，不算長壽。他死於膿性扁桃腺炎，這是因扁桃腺感染，造成喉嚨長出疼痛的膿腫。在他最後的時日，他已無法說話。對於一個認為對話「是人生最美好活動」的人來說，這是尤其殘酷的折磨。

在他最後的幾個小時裡，他召來家裡的僕工，給予他們遺產。一個朋友說，他「甜蜜地品味並接受死亡」。我們沒有更多資訊，這可是他騎馬事故後說的「無限甜蜜」的另一種版本？還是其他東西呢？蒙田到了最後，是否感覺被多騙了好幾年呢？

駕馭我們畏懼死亡的，不只是恐懼，還有貪婪。我們想要更多日子、更多年，而當我們克服種種困難，得到了這些時日，我們卻還想要更多。為什麼？蒙田不解。如果你已經活過一天，那便已活過全部了。「沒有另外的光線，沒有另外的夜晚。這個太陽、月亮、星辰，它們的排列布置，都跟你的祖先享受它們時的狀況一樣，而且也會如此，繼續娛樂你的子孫。」當我的時間到來，我希望能夠堅守蒙田的說法。

米歇爾．蒙田責罵，不，這不是我的說法，是你的。沒有所謂不具個人色彩的洞察，借來的真理的合適程度，就像借來的內衣一樣黏膩又討厭。你不是心中瞭解，就是根本不瞭解。不要把你的人生過得像是標準化的考試，而是要像甘地一樣，把它當成一個偉大實驗。在這種個人的生活哲學中，你的目標不在提取知識，而是尋求個人真理：不是要知道一件事，而只是單純地知道。兩者有巨大差異，例如，我知道一件事：愛是一種重要的人類情緒，具有許多健康的好處；而我知道，我愛我的女兒。

蒙田的哲學回歸到這一點：相信你自己。相信你的經驗，也相信你的懷疑。讓它們引導你的人生，直到來到死亡面前。培養能夠驚訝的能力，能被別人、也被自己驚訝。讓自己愉快，對所有可能性保持開放心胸。還有，蒙田說，看在上帝的份上，要保持關注；他和同伴西蒙．韋伊有同樣的看法。

◊

當我造訪過蒙田的塔，回到旅館時，我拿了筆記本和筆，準備試著描述我所見到的事物。然而，我卻寫不出隻字片語，什麼也沒有，我不夠關注。「該死。」我大聲說道。

「給我一張紙。」一個聲音回應。

誰在說話？聲音從房間另一端傳來，聽起來很熟悉。

「桑雅？」

「爸，給我一張紙。」

她從冬眠中醒來，我遞給她一張筆和一枝鉛筆。她開始寫字畫圖，五分鐘後，她把紙給我。我被打敗了，她畫出相當精準的蒙田塔透視圖，畫得非常仔細，甚至加上「二號窗戶」及「三號舊馬鞍」等標示。我一直假設，蒙田塔之旅讓她覺得乏味，認為她心靈上已經離開。我提醒自己，要記得隨時質疑假設。這樣的提醒不是第一次，也不會是最後一次。

幾天後，桑雅給了我另一張紙，上面寫著蒙田塔椽子上雕刻箴言的譯文。看著這張紙，有一句話特別顯目。這句話來自希臘哲學家塞克斯圖斯．恩丕里柯（Sextus Empiricus）：「既可能又不可能」。

我凝視這句話好一陣子。這是那種不是極為睿智、就是極為荒謬的哲學謎題之一；可能兩者皆是。我決定以蒙田式的做法，嘗試解決。我拿著老爸筆，在老爸筆記本上開始書寫：

一個有脹氣、且耳朵發癢的十六世紀法國人，不可能教會我們任何事。這個說法是有可能的。

帶著喜怒無常的十三歲少女一起來法國旅遊，不可能維持神智正常——甚至不可能學到關於人生及死亡的一、兩件事。這個說法是可能的。

面對死亡——是的，還有人生——不可能以熟悉、無懼的態度。這個說法是可能的。

至少，我認為是這樣，但我又知道些什麼呢？

尾聲 抵達

下午五點四十二分，我搭乘著從華府聯合車站開往馬里蘭州銀泉市的華盛頓地鐵紅線，準備返家。

熟悉不會導致鄙視，而是導致麻木。我們看不到鄰近之美，聽不到家的音樂。我們很容易去怪罪我們的周遭，我就是這樣。華盛頓地鐵不如瑞士美好，沒有阿爾卑斯的景觀，或是其他事物；只有汗流浹背、站得太過靠近的通勤者。我被叔本華的豪豬包圍，尖刺伸張，接近又撤離，接近又撤離。

然而，如果我的旅程教會了我什麼，那就是，觀點是一種選擇。世界是我的想法，那我何不讓它變成一個好想法？

我離開車站，走了幾個街區。我不像盧梭那樣散步，也不像梭羅那樣漫步，而是如通勤者的匆忙步伐。

我站在街角，等待行人通行號誌。我忍受不了這沒有外在刺激的二十秒，所以，我拿出智慧型手機。我胡亂摸索（並未關注），而手機從我手中落下，狠狠跌在人行道上。這絕對不妙。

果然，螢幕裂開了。蛛網似的裂痕，從左上角的原爆點輻射開來，玻璃碎片突起。我試著發簡訊給妻子，但打了幾個字母後，我就開始血流不止。

◊

有人可以泰然自若地應對人生的小挫折，如同你現在可能已經推測到的，我並不在這些人當中。我推論，碎裂的螢幕是一個徵兆，而且不是什麼好預兆。我計算了一下，我的手機螢幕朝下摔落，只有二分之一的機率，卻還是這樣發生了，結案。宇宙等著抓住我。就像火車一樣，碎裂的手機拖拽了憂鬱和焦慮的車廂到來。破碎的手機意味著破碎的人生；這是叔本華的意志在發揮作用，它吞噬其道路上的一切，包括我。以梭羅的說法，我「無限的分額」是在哪裡？

我接下來幾分鐘都用在發脾氣、咒罵，以及在碎裂手機的碎裂螢幕上搜尋。我必定流了接近五百毫升的鮮血。

然後，我讓自己驚訝了。我停頓下來，不是蘇格拉底式的萬能停頓——比較像是迷你停頓——但總是個開始。這個停頓引來了疑問和求知，我想知道為何這幾年來，我都在吸收史上十四名最偉大思想家賦予人生正能量的詩意，卻一直沒想到諮詢他們？如果哲學不能協助我應付這個迷你危機，那還有什麼用？

我聽見聲音：安慰的聲音、責備的聲音、睿智的聲音。蘇格拉底敦促我停下來，質疑我的假設。我假設手機是讓我快樂的必需品，我的「幸福」（Eudaimonia），但果真如此嗎？和許多人一樣，我以前所未有的高速，奮力取得前所未有的偉大連接能力，卻鮮少停下來質疑這個假設：連接能力和速度本身是好的嗎？蘇格拉底提醒我，我並不知道這是否為真。我手機的死亡是災難性的嗎？或許是，也或許不是。

伊比鳩魯啐罵我所謂的危機。我的手機是非自然也非必要的快樂，我可總算擺脫它了。清少納言提醒我，手機和櫻花一樣，都短暫無常；接受這個事實，歡慶它吧。斯多噶當然也給予憐憫，如果我有實踐「預謀困境」，就會預見這件事的到來。我無法控制導致我手機破裂的事件，但我可以控制我的反應。我可以同意我的「前情緒」，也可以不同意。我可以生氣，也可以不生氣。這都是我的選擇。像個男子漢！

太多聲音了，多到就快要壓倒我自己的聲音了。我撤退到一家「不特別，但是夠好」的咖啡館，並儲藏一些梭羅說的「轉瞬時刻」，這是他對這種零散時間的稱法。我讓視線流連在碎裂的螢幕；我沒有更加仔細觀看、沒有確實去看，而是以不同角度去看。先是這個角度，然後是那個角度。我並不是在看我碎裂的手機，而比較像是在和它對話。看是一種對話——通常是乏味的對話，但偶爾這些話語會有詩意的美感。對於梭羅這樣視覺語言流利的人來說，人生就是一個連續的詩篇。

幾分鐘後，我在手機上看到了藝術——我知道這聽起來很奇怪。不是現代藝術博物館的藝術，但仍舊是藝術。碎片構成形狀和圖案的模樣，三角形、矩形還有菱形。整體來看，螢幕就像我在佛羅倫斯一間教堂裡看到的花窗玻璃；就在我的眼前，它呈現了其附帶的美麗。

我把這支破裂的美麗手機塞進口袋，走路回家，對剛才經歷到的視覺詩篇心懷感激。我的還不是完整的一首詩，可能只有一節，但我會接受。我終於得到我無限的分額。

什麼東西改變了？不是我的手機，因為它依舊碎裂；也不是自然法則，因為它們是不可變的。改變的是我和自己的對話，我換了不同思考方式，所以見到的也不同。這是最輕微的觀念轉變，真的非常小；但有如清少納言提醒我的，小事擁有偉大力量，也擁有美麗。

隨著我的腳步，最後一個聲音凌駕其他聲音。它不是在跟我說話，而是在吶喊。是尼采！他提醒我，我將一再又一再地走上這條一模一樣的街道。我將摸索我的手機，而它將會再次摔落——每一次都是螢幕朝下。永遠如此。我將會流血，我將會煩躁，再一次，永恆不變。你能夠接受它嗎？他問，你能夠愛它嗎？

隨著我的腳步，我的回答跟著具體化：兩個簡單的字，陌生卻又熟悉、荒謬卻又可信，比真實還要真實的兩個字：「Da capo」（再一次）。

再一次，再一次。

參考書目

關於哲學的參考書目

Craig, Edward. *Philosophy: A Brief Insight*. New York: Sterling, 2002.

Curnow, Trevor. *Ancient Philosophy and Everyday Life*. Newcastle, UK: Cambridge Scholars Press, 2006.

———. *Wisdom: A History*. London: Reaktion, 2015.

Durant, Will. *The Story of Philosophy: The Lives and the Opinions of the Great Philosophers of the Western World*. New York: Simon & Schuster, 1926.

Hadot, Pierre. *Philosophy as a Way of Life*. Translated by Michael Chase. Oxford, UK: Blackwell, 1995.

———. *What Is Ancient Philosophy?* Translated by Michael Chase. London: Belknap, 2002.

Jaspers, Karl. *The Great Philosophers: The Foundations*. Translated by Ralph Manheim. New York: Harcourt, Brace & World, 1962.

Lehrer, Keith, B. Jeannie Lum, Beverly A. Slichta, and Nicholas D. Smith, eds. *Knowledge, Teaching and Wisdom*. New York: Springer, 1996.

Macfie, Alexander, ed. *Eastern Influences on Western Philosophy: A Reader*. Edinburgh, Scotland: Edinburgh University Press, 2003.

Magee, Bryan. *Confessions of a Philosopher: A Journey Through Western Philosophy*. New York: Random House, 1997.

———. *The Great Philosophers*. New York: Oxford University Press, 1987.

———. *Ultimate Questions*. Princeton, NJ: Princeton University Press, 2016.

Miller, James. *Examined Lives: From Socrates to Nietzsche*. New York: Farrar, Straus and Giroux, 2011.

Monk, Ray, and Frederic Raphael, eds. *The Great Philosophers: From Socrates to Turing*. London: Orion, 2001.

Needleman, Jacob. *The Heart of Philosophy*. New York: Harper & Row, 1982.

Nozick, Robert. *The Examined Life: Philosophical Meditations*. New York: Simon & Schuster, 1989.

Rodgers, Nigel, and Mel Thompson. *Philosophers Behaving Badly*. London: Peter Owen, 2005.

Solomon, Robert. *The Joy of Philosophy: Thinking Thin versus the Passionate Life*. New York: Oxford University Press, 1999.

Solomon, Robert, and Kathleen Higgins. *A Short History of Philosophy*. New York: Oxford University Press, 1996.

Sternberg, Robert, and Jennifer Jordan, eds. *A Handbook of Wisdom: Psychological Perspectives*. New York: Cambridge University Press, 2005.
Van Norden, Bryan, and Jay Garfield. *Taking Back Philosophy: A Multicultural Manifesto*. New York: Columbia University Press, 2017.
Walker, Michelle. *Slow Philosophy: Reading Against the Institution*. New York: Bloomsbury, 2017
Warburton, Nigel. *Philosophy: The Basics*. London: Routledge, 1992.

關於火車的參考書目

Nye, David. *American Technological Sublime*. Cambridge, MA: MIT Press, 1994.
Quinzio, Jeri. *Food on the Rails: The Golden Era of Railroad Dining*. New York: Rowan & Littlefield, 2014.
Revill, George. *Railway*. London: Reaktion, 2012. Schivelbusch, Wolfgang. *The Railway Journey: The Industrialization of Time and Space in the Nineteenth Century*. Oakland: University of California Press, 1977.
Wolmar, Christian. *The Great Railroad Revolution: The History of Trains in America*. New York: Public Affiars, 2012.
Zoellner, Tom. *Train: Riding the Rails That Created the Modern World—from the Trans-Siberian to the Southwest Chief*. New York: Penguin, 2014.

1 如何像馬可・奧理略一樣起床

Aurelius, Marcus. *Meditations*. Translated by Gregory Hays. New York: Modern Library, 2002.
Briley, Anthony. *Marcus Aurelius: A Biography*. New York: Barnes & Noble, 1966.
Camus, Albert. *The Myth of Sisyphus and Other Essays*. Translated by Justin O' Brien. New York: Vintage International, 1991.
Hadot, Pierre. *The Inner Citadel: The Meditations of Marcus Aurelius*. Translated by Michael Chase. Cambridge, MA: Harvard University Press, 1998.
Kellogg, Michael. *The Roman Search for Wisdom*. Amherst, NY: Prometheus, 2014.
McLynn, Frank. *Marcus Aurelius: A Life*. New York: Da Capo, 2008.
Needleman, Jacob, ed. *The Essential Marcus Aurelius*. Translated by John Piazza. New York: Penguin, 2008.

2 如何像蘇格拉底一樣求知

Gower, Barry, and Michael Stokes, eds. *Socratic Questions: New Essays on the Philosophy of Socrates and Its Significance*. New York: Routledge, 1992.

Johnson, Paul. *Socrates: A Man for Our Times*. New York: Penguin, 2011.

Kreeft, Peter. *Philosophy 101 by Socrates: An Introduction to Philosophy via Plato's* Apology. San Francisco: Ignatius, 2002.

May, Hope. *On Socrates*. Belmont, CA: Wadsworth, 2000.

Morrison, Donald, ed. *The Cambridge Companion to Socrates*. New York: Cambridge University Press, 2011.

Plato. *Plato: Complete Works*. Indianapolis: Hackett, 1997.

Taylor, C. C. *Socrates: A Very Short Introduction*. New York: Oxford University Press, 1998.

3 如何像盧梭一樣步行

Amato, Joseph. *On Foot: A History of Walking*. New York: New York University Press, 2004.

Damrosch, Leo. *Jean-Jacques Rousseau: Restless Genius*. New York: Houghton Mifflin, 2005.

Delaney, James. *Starting with Rousseau*. New York: Continuum, 2009.

Gros, Frederic. *A Philosophy of Walking*. Translated by John Howe. New York: Verso, 2015.

Rousseau, Jean-Jacques. *The Confessions*. Ware, Hertfordshire, UK: Wordsworth, 1996.

———. *Emile: or On Education*. New York: Basic Books, 1979.

———. *Reveries of the Solitary Walker*. Translated by Peter France. New York: Penguin, 1979.

———. *The Social Contract* and *Discourses*. London: Everyman' s Library, 1973.

Solnit, Rebecca. *Wanderlust: A History of Walking*. New York: Penguin, 2000.

Wokler, Robert. *Rousseau: A Very Short Introduction*. New York: Oxford, 1995.

4 如何像梭羅一樣去看

Cameron, Sharon. *Writing Nature: Henry Thoreau's Journal*. New York: Oxford University Press, 1985.

Casey, Edward. *The World at a Glance*. Bloomington: Indiana University Press, 2007.
Cramer, Jeffrey S., ed. *The Quotable Thoreau*. Princeton, NJ: Princeton University Press, 2011.
Goto, Shoji. *The Philosophy of Emerson and Thoreau: Orientals Meet Occidentals*. Lewiston, NY: Edwin Mellen, 2007.
Harding, Walter. *The Days of Henry Thoreau: A Biography*. New York: Knopf, 1965.
Leddy, Thomas. *The Extraordinary in the Ordinary: The Aesthetics of Everyday Life*. Calgary, Alberta, Canada: Broadview Press, 2012.
Petrulionis, Sandra. *Thoreau in His Own Time: A Biographical Chronicle of His Life, Drawn from Recollections, Interviews, and Memoirs by Family, Friends, and Associates*. Iowa City: University of Iowa Press, 2012
Richardson, Robert. *Henry Thoreau: A Life of the Mind*. Berkeley: University of California Press, 1986.
Sullivan, Robert. *The Thoreau You Don't Know*. New York: Harper Perennial, 2009.
Tauber, Alfred. *Henry David Thoreau and the Moral Agency of Knowing*. Berkeley: University of California Press, 2001.
Thoreau, Henry David. *A Year in Thoreau's Journal: 1851*. New York: Penguin, 1993.
———. *Letters to a Spiritual Seeker*. Edited by Bradley Dean. New York: W. W. Norton, 2004.
———. *The Major Essays of Henry David Thoreau*. Ipswich, MA: Whitston, 2000.
———. *Selected Journals of Henry David Thoreau*. New York: Signet, 1967.
———. *Walden* and *Civil Disobedience*. New York: Barnes & Noble, 2012.
———. *Walking*. Boston: Beacon Press, 1991.
———. *A Week on the Concord and Merrimack Rivers*. Mineola, NY: Dover, 2001
Versluis, Arthur. *American Transcendentalism and Asian Religions*. New York: Oxford University Press, 1993.
Young. J. Z. *Philosophy and the Brain*. New York: Oxford University Press, 1987.

5 如何像叔本華一樣聆聽

Cartwright, David. *Schopenhauer: A Biography*. New York: Cambridge University Press, 2010.
Janaway, Christopher, ed. *The Cambridge Companion to Schopenhauer*. New York: Cambridge University Press, 1999.
Lewis, Peter. *Arthur Schopenhauer*. London: Reaktion, 2012.

Magee, Bryan. *The Philosophy of Schopenhauer*. New York: Oxford University Press, 1983.
Odell, S. *On Schopenhauer*. Boston: Cengage Learning, 2001.
Safranski, Rudiger. *Schopenhauer and the Wild Years of Philosophy*. Translated by Ewald Osers. Cambridge, MA: Harvard University Press, 1991.
Schirmacher, Wolfgang. *The Essential Schopenhauer: Key Selections from* The World as Will and Representation *and Other Writings*. New York: HarperCollins, 2010.
Schopenhauer, Arthur. *Essays and Aphorisms*. Translated by R. J. Hollingdale. New York: Penguin, 1970.
———. *The World as Will and Representation*. Vol. 1. Translated by Judith Norman. New York: Cambridge University Press, 2010.
Sim, Stuart. *A Philosophy of Pessimism*. London: Reaktion, 2015.
Yalom, Irvin. *The Schopenhauer Cure: A Novel*. New York: HarperCollins, 2005.
Young, Julian. *Schopenhauer*. New York: Routledge, 2005.

6 如何像伊比鳩魯一樣享樂

Cooper, David. *A Philosophy of Gardens*. New York: Oxford University Press, 2006.
Crespo, Hiram. *Tending the Epicurean Garden*. Washington, D.C.: Humanist Press, 2014.
Epicurus. *The Art of Happiness*. Translated by George Strodach. New York: Penguin, 2012.
———. *The Epicurus Reader: Selected Writings and Testimonia*. Translated by Brad Inwood and L. P. Gerson. Indianapolis: Hackett, 1994.
———. *The Essential Epicurus: Letters, Principal Doctrines, Vatican Sayings, and Fragments*. Translated by Eugene O'Connor. Buffalo, NY: Prometheus, 1993.
Klein, Daniel. *Travels with Epicurus: A Journey to a Greek Island in Search of a Fulfilled Life*. New York: Penguin, 2012.
Long, A. A. *From Epicurus to Epictetus: Studies in Hellenistic and Roman Philosophy*. New York: Oxford University Press, 2006.
Lucretius. *The Way Things Are*. Translated by Rolfe Humphries. Bloomington: Indiana University Press, 1969.
Nussbaum, Martha. *The Therapy of Desire: Theory and Practice in Hellenistic Ethics*. Princeton, NJ: Princeton University Press, 1994.
O'Keefe, Tim. *Epicureanism*. Berkeley: University of California Press, 2009.

Seneca. *Letters from a Stoic*. Translated by Robin Campbell. New York: Penguin, 1969.
Slattery, Luke. *Reclaiming Epicurus: Ancient Wisdom that Could Save the World*. New York: Penguin eBooks, 2012.
Warren, James. *The Companion to Epicureanism*. Cambridge, UK: Cambridge University Press, 2009.

7 如何像西蒙・韋伊一樣關注

Gray, Francine. *Simone Weil*. New York: Viking Penguin, 2001.
Hellman, John. *Simone Weil: An Introduction to Her Thought*. Eugene, OR: Wipf and Stock, 1982.
Mole, Christopher, Declan Smithies, and Wayne Wu, eds. *Attention: Philosophical and Psychological Essays*. New York: Oxford University Press, 2011.
Murdoch, Iris. *The Sovereignty of Good*. New York: Routledge, 2001.
Pétrement, Simone. *Simone Weil: A Life*. Translated by Raymond Rosenthal. New York: Pantheon, 1976.
Seneca. *On the Shortness of Life*. Translated by C. Costa. New York: Penguin, 2004.
von der Ruhr, Mario. *Simone Weil: An Apprenticeship in Attention*. New York: Continuum, 2006.
Weil, Simone. *An Anthology*. New York: Grove, 1986.
———. *Formative Writings, 1929–1941*. Translated and edited by Dorothy McFarland and Wilhelmina Van Ness. New York: Routledge, 2010.
———. *Gravity and Grace*. Translated by Arthur Wills. London: Octagon Books, 1979.
———. *Late Philosophical Writings*. Translated by Eric Springsted and Lawrence Schmidt. Notre Dame, IN: Notre Dame University Press, 2015.
———. *Waiting for God*. Translated by Emma Craufurd. New York: HarperCollins, 2009.

8 如何像甘地一樣抗爭

Dalton, Dennis. *Mahatma Gandhi: Nonviolent Power in Action*. New York: Columbia University Press, 1993.
Easwaran, Eknath, trans. *The Bhagavad Gita*. Tomales, CA: Nilgiri Press, 1985.
Fischer, Louis. *Gandhi: His Life and Message for the World*. New York: Penguin, 1954.
Gandhi, Manuben. *Last Glimpses of Bapu*. Translated by Moli Jain. Agra, India: Shiva Lal Agarwala, 1962.

Gandhi, Mohandas. *The Bhagavad Gita According to Gandhi*. Translated by Mahadev Desai. Floyd, VA: Sublime, 2014.

———. *Mahatma Gandhi & The Railways*. Ahmedabad, India: Navajivan, 2002.

———. *The Penguin Gandhi Reader*. New York: Penguin, 1996.

———. *The Story of My Experiments with Truth*. New York: Dover, 1983.

Gandhi, Rajmohan. *Why Gandhi Still Matters: An Appraisal of the Mahatma's Legacy*. New Delhi: Aleph, 2017.

Guha, Ramachandra. *Gandhi Before India*. New York: Knopf, 2014.

Homer, Jack, ed. *The Gandhi Reader: A Sourcebook of His Life and Writings*. New York: Grove, 1994.

Juergensmeyer, Mark. *Gandhi's Way: A Handbook of Conflict Resolution*. Los Angeles: University of California Press, 1984.

9 如何像孔子一樣仁愛

Armstrong, Karen. *The Great Transformation: The Beginning of Our Religious Traditions*. New York: Anchor, 2007.

Confucius. *The Analects*. Translated by D. C. Lau. New York: Penguin, 1979.

Dan, Yu. *Confucius from the Heart: Ancient Wisdom for Today's World*. Translated by Esther Tyldesley. New York: Atria, 2006.

Gardner, Daniel. *Confucianism: A Very Short Introduction*. New York: Oxford University Press, 2014.

Goldin, Paul. *Confucianism*. Berkeley: University of California Press, 2011.

Ivanhoe, Philip, and Bryan Van Norden, eds. *Readings in Classical Chinese Philosophy*. Indianapolis: Hackett, 2005.

Mencius. *Mencius*. Translated by D. C. Lau. New York: Penguin, 1970.

Ni, Peimin. *On Confucius*. Belmont, CA: Wadsworth, 2002.

Phillips, Adam, and Barbara Taylor. *On Kindness*. New York: Farrar, Straus and Giroux, 2009.

Puett, Michael, and Christine Gross-Loh. *The Path: What Chinese Philosophers Can Teach Us About the Good Life*. New York: Simon & Schuster, 2016.

Schuman, Michael. *Confucius and the World He Created*. New York: Basic Books, 2015.

Tuan, Yi-fu. *Human Goodness*. Madison: University of Wisconsin Press, 2008.

Van Norden, Bryan. *Introduction to Classical Chinese Philosophy*. Indianapolis: Hackett, 2011.

10 如何像清少納言一樣欣賞小事

Hume, Nancy, ed. *Japanese Aesthetics and Culture: A Reader*. Albany: State University of New York, 1995.
Morris, Ivan. *The World of the Shining Prince: Court Life in Ancient Japan*. New York: Vintage, 2003.
Richie, Donald. *A Tractate on Japanese Aesthetics*. Berkeley: Stone Bridge Press, 2007.
Saito, Yuriko. *Everyday Aesthetics*. New York: Oxford University Press, 2007.
Shōnagon, Sei. *The Pillow Book*. Translated by Meredith McKinney. New York: Penguin, 2006.
Tanizaki, Junichiro. *In Praise of Shadows*. Translated by Thomas Harper. New York: Vintage, 2001.
Tuan, Yi-fu. *Passing Strange and Wonderful: Aesthetics, Nature, and Culture*. Washington, D.C.: Island, 1993.

11 如何像尼采一樣無悔

Cate, Curtis. *Friedrich Nietzsche*. New York: Overlook, 2005.
Danto, Arthur. *Nietzsche as Philosopher*. New York: Columbia University Press, 2005.
Haase, Ullrich. *Starting with Nietzsche*. New York: Continuum, 2008.
Magnus, Bernd. *Nietzsche's Existential Imperative*. Bloomington: Indiana University Press, 1978.
Nietzsche, Friedrich. *Basic Writings of Nietzsche*. Translated by Walter Kaufmann. New York: Random House, 2000.
———. *Ecce Homo: How One Becomes What One Is*. Translated by R. J. Hollingdale. New York: Penguin, 1979.
———. *The Gay Science*. trans. Thomas Common. New York: Barnes & Noble, 2008.
———. *Human, All Too Human*. Translated by R. J. Hollingdale. New York: Cambridge University Press, 1986.
———. *A Nietzsche Reader*. trans. R.J. Hollingdale. New York: Penguin, 1977.
———. *Thus Spoke Zarathustra: A Book for Everyone and No One*. Translated by R. J. Hollingdale. New York: Penguin, 1961.
Reginster, Bernard. *The Affirmation of Life: Nietzsche on Overcoming Nihilism*. Cambridge, MA: Harvard University Press, 2006.
Safranski, Rudiger. *Nietzsche: A Philosophical Biography*. Translated by Shelley Frisch. New York: Norton, 2003.
Solomon, Robert. *Living with Nietzsche: What the Great "Immoralist" Has to Teach Us*. New York: Oxford University Press, 2003.

Solomon, Robert, and Kathleen Higgins. *What Nietzsche* Really *Said*. New York: Schocken, 2000.
Steinhart, Eric. *On Nietzsche*. Belmont, CA: Wadsworth, 2000.
Zweig, Stefan. *Nietzsche*. Translated by Will Stone. London: Hesperus, 2013.

12 如何像愛比克泰德一樣應對人生

Graver, Margaret. *Stoicism and Emotion*. Chicago: University of Chicago Press, 2007.
Long, A. A. *Epictetus: A Stoic and Socratic Guide to Life*. New York: Oxford University Press, 2002.
———. *Hellenistic Philosophy: Stoics, Epicureans, Sceptics*. Berkeley: University of California Press, 1974.
Epictetus. *The Discourses*. London: Orion, 1995.
———. *The Handbook*. Translated by Nicholas White. Indianapolis: Hackett, 1983.
Irvine, William. *A Guide to the Good Life: The Ancient Art of Stoic Joy*. New York: Oxford University Press, 2009.
Robertson, Donald. *Stoicism and the Art of Happiness*. London: Hachette, 2013.

13 如何像西蒙・波娃一樣老去

Baars, Jan. *Aging and the Art of Living*. Baltimore: Johns Hopkins University Press, 2012.
Bair, Deirdre. *Simone de Beauvoir: A Biography*. New York: Simon & Schuster, 1990.
Beauvoir, Simone de. *All Said and Done*. Translated by Patrick O' Brian. New York: Putnam, 1974.
———. *The Coming of Age*. Translated by Patrick O' Brian. New York: Norton, 1996.
———. *The Ethics of Ambiguity*. Translated by Bernard Frechtman. New York: Open Road, 1948.
———. *Force of Circumstance*. Translated by Richard Howard. New York: Harper & Row, 1977.
———. *Memoirs of a Dutiful Daughter*. Translated by James Kirkup. New York: Harper Perennial, 2005.
———. *A Very Easy Death*. Translated by Patrick O' Brian. New York: Pantheon, 1965.
Booth, Wayne, ed. *The Art of Growing Older: Writers on Living and Aging*. Chicago: University of Chicago Press, 1992.
Cicero, Marcus. *How to Grow Old: Wisdom for the Second Half of Life*. Translated by Philip Freeman. Princeton, NJ: Princeton University Press,

2016.
Cox, Gary. *How to Be an Existentialist: or How to Get Real, Get a Grip and Stop Making Excuses*. New York: Bloomsbury, 2009.
Nussbaum, Martha, and Saul Levmore. *Aging Thoughtfully: Conversations About Retirement, Romance, Wrinkles, and Regret*. New York: Oxford University Press, 2017.
Sartre, Jean-Paul. *Existentialism Is a Humanism*. Translated by Carol Macomber. New Haven: Yale University Press, 2007.
Stoller, Silvia, ed. *Simone de Beauvoir's Philosophy of Age: Gender, Ethics, and Time*. Boston: De Gruyter, 2014.
Tidd, Ursula. *Simone de Beauvoir*. London: Reaktion, 2009.
Wartenberg, Thomas. *Existentialism: A Beginner's Guide*. Oxford, UK: Oneworld, 2008.

14 如何像蒙田一樣死去

Bakewell, Sarah. *How to Live: Or A Life of Montaigne in One Question and Twenty Attempts at an Answer*. New York: Other Press, 2010.
Beauvoir, Simone de. *All Men Are Mortal*. Translated by Leonard Friedman. New York: Norton, 1992.
Frame, Donald. *Montaigne: A Biography*. New York: North Point Press, 1984.
Frampton, Saul. *When I Am Playing with My Cat, How Do I Know She Is Not Playing with Me? Montaigne and Being in Touch with Life*. New York: Vintage, 2012.
Friedrich, Hugo. *Montaigne*. Translated by Dawn Eng. Berkeley: University of California Press, 1991.
Malpas, Jeff, and Robert Solomon, eds. *Death and Philosophy*. New York: Routledge, 1999.
Montaigne, Michel. *The Complete Essays of Montaigne*. Translated by Donald Frame. Stanford: Stanford University Press, 1958.
Zweig, Stefan. *Montaigne*. Translated by Will Stone. London: Pushkin, 2015.

蘇格拉底哲學特快車：用一天的時間，與14位哲學家散步，關於日常的壯闊思辨

The Socrates Express: In Search of Life Lessons from Dead Philosophers

作　　者　艾瑞克・魏納 Eric Weiner
譯　　者　陳芙陽 Erina Chen
責任編輯　黃蕆宥 Bess Huang
責任行銷　朱韻淑 Vina Ju
封面裝幀　Bianco Tsai
封面插畫　Bianco Tsai
版面構成　黃靖芳 Jing Huang
校　　對　陳柚均 Eugenia Chen

發 行 人　林隆奮 Frank Lin
社　　長　蘇國林 Green Su

總 編 輯　葉怡慧 Carol Yeh
主　　編　鄭世佳 Josephine Cheng
版權編輯　陳柚均 Eugenia Chen
行銷經理　朱韻淑 Vina Ju
業務處長　吳宗庭 Tim Wu
業務專員　鍾依娟 Irina Chung
業務秘書　陳曉琪 Angel Chen
　　　　　莊皓雯 Gia Chuang

發行公司　悅知文化　精誠資訊股份有限公司
地　　址　105台北市松山區復興北路99號12樓
專　　線　(02) 2719-8811
傳　　真　(02) 2719-7980
網　　址　http://www.delightpress.com.tw
客服信箱　cs@delightpress.com.tw
I S B N　978-626-7288-29-0
建議售價　新台幣450元
首版一刷　2021年4月
二版三刷　2024年6月

國家圖書館出版品預行編目資料

蘇格拉底哲學特快車：用一天的時間，與14位哲學家散步，關於日常的壯闊思辨／艾瑞克．魏納(Eric Weiner)作.；陳芙陽譯. -- 二版. -- 臺北市：悅知文化 精誠資訊股份有限公司，2023.04
432面；14.8×21公分
譯自：The Socrates express : in search of life lessons from dead philosophers.
ISBN 978-626-7288-29-0 (平裝)
1.CST: 哲學 2.CST: 通俗作品
100　　112004725

建議分類｜人文社會

悅知文化 Delight Press

線上讀者問卷 TAKE OUR ONLINE READER SURVEY

哲學可以協助你
透過不同的鏡頭觀賞，
而其中自有重大意義。

——《蘇格拉底哲學特快車》

請拿出手機掃描以下QRcode或輸入
以下網址，即可連結讀者問卷。
關於這本書的任何閱讀心得或建議，
歡迎與我們分享 :)

https://bit.ly/3ioQ55B